天大法学文库

孙佑海 主编

本著作为2019年度司法部国家法治与法学理论研究一般项目《中美城市青少年犯罪的时空分布与防范对策比较研究》（项目编号：19SFB2023）之阶段性研究成果

青少年违法犯罪的犯罪规律与防治对策研究

于 阳 等——著

法律出版社 | LAW PRESS
北京

图书在版编目(CIP)数据

青少年违法犯罪的犯罪规律与防治对策研究 / 于阳等著. -- 北京 : 法律出版社, 2022
ISBN 978 - 7 - 5197 - 6885 - 0

Ⅰ. ①青… Ⅱ. ①于… Ⅲ. ①青少年犯罪 - 研究 - 中国 Ⅳ. ①D669.5

中国版本图书馆 CIP 数据核字(2022)第 115729 号

天大法学文库	青少年违法犯罪的犯罪规律与防治对策研究 QINGSHAONIAN WEIFA FANZUI DE FANZUI GUILÜ YU FANGZHI DUICE YANJIU	于 阳 等著	策划编辑 似 玉 责任编辑 似 玉 装帧设计 鲍龙卉

出版发行 法律出版社
编辑统筹 法律应用出版分社
责任校对 朱海波
责任印制 刘晓伟
经　　销 新华书店

开本 710 毫米×1000 毫米 1/16
印张 18.5　　**字数** 270 千
版本 2022 年 6 月第 1 版
印次 2022 年 6 月第 1 次印刷
印刷 北京建宏印刷有限公司

地址:北京市丰台区莲花池西里 7 号(100073)
网址:www.lawpress.com.cn
投稿邮箱:info@lawpress.com.cn
举报盗版邮箱:jbwq@lawpress.com.cn

销售电话:010 - 83938349
客服电话:010 - 83938350
咨询电话:010 - 63939796

书号:ISBN 978 - 7 - 5197 - 6885 - 0　　**定价**:72.00 元

凡购买本社图书,如有印装错误,我社负责退换。电话:010 - 83938349

导　论

一、选题背景

青少年犯罪问题历来是犯罪学研究领域关注的一项中心议题，也是各国的立法与司法实践中亟待解决的一个难题。当前，我国的经济社会发展正在经历着广泛而深刻的历史性变革，青少年犯罪也随之呈现出一系列新的特征。虽然从整体上看，我国的青少年犯罪总量和犯罪率连续多年下降，但是，我国的青少年犯罪基数仍然较大，青少年犯罪呈现出低龄化、极端暴力化以及网络犯罪占比不断提升的新趋势。这给我国的青少年犯罪预防工作提出了更高的要求，也为我国的未成年人违法犯罪行为干预体系带来了新的挑战。此外，值得一提的是，2020 年 12 月 26 日第十三届全国人大常委会第二十四次会议审议通过了《刑法修正案（十一）》和《预防未成年人犯罪法》。新修订的两部法律将法定最低刑事责任年龄进行个别下调，明确并细化了对未成年人罪错行为的分级预防与矫治措施，有利于应对青少年犯罪新形势，回应社会关切。然而，新法修订仍有一些不足之处，贯彻执行中也仍有众多理论和实践问题亟待解决。本书拟结合当前的时代背景与立法变迁，考察特殊类型的青少年犯罪现状、原因与防治对策，分析我国未成年人违法犯罪行为干预体系中存在的各种现实问题，并从宏观与微观层面提出对策建议。

本书坚持贯彻“刑事一体化”研究理念，以犯罪学、刑事政策学、刑法学、刑事司法学、刑事执行法学为研究视角，以事前预防、事中干预和事后矫治为研究进路，对我国当前的青少年犯罪领域的重大理论与现实问题展开研究，因而具有较为重要的理论意义和实践价值。首先，本书通过个案分析、类案统计、问卷调查等实证研究方法，重点关注青少年校园欺凌、弑亲犯罪、网络虚拟财产犯罪、网络信用卡诈骗犯罪等特殊类型的犯罪行为，总结各种违法犯罪类型的现状、特点和规律，全方位、多角度综合分析犯罪原因，最终提出切实可行的防治对策。这有利于填补我国青少年犯罪问题类型化研究的缺失，精准面向当前青少年犯罪防治工作的新需求。其次，从文化特别是从犯罪亚文化视角来审视未成年人犯罪，能够在丰富和发展犯罪亚文化理论的同时，使我们更加深刻地认识犯罪、了解犯罪，从而做到用好“文化”、用“好文化”，这对于丰富和发展我国未成年人犯罪学理论体系也具有十分重要的意义。最后，从比较视野研究我国的未成年人违法犯罪行为干预体系，结合立法变化对罪错未成年人处遇决定机制、教育矫治措施进行分析。如此一来，宏观、中观与微观并重，兼顾中长期相关制度的合理构建与当下实际问题的妥当解决，有助于提升我国未成年人违法犯罪干预的有效性，同时推动我国少年司法制度的建设进程。

二、国内外研究状况

（一）国外青少年违法犯罪的研究状况

近三十年来，以美国为代表的西方国家的青少年犯罪状况发生了一些变化，青少年暴力犯罪和财产犯罪整体呈下降趋势。但是，青少年帮派犯罪形势依旧严峻。在美国和欧洲，青少年帮派犯罪的研究具有十分重要的政策价值。同时，美国的青少年毒品犯罪状况也不容乐观，给公共健康和社会安全带来了极大隐患。因此，国外学者除了对传统的青少年暴力犯罪、财产犯罪等进行研究外，还更多关注帮派犯罪、毒品犯罪等特殊问题。[1] 詹姆斯·豪厄尔（James

---

① See Marvin D. Krohn, Jodi Lane, *The Handbook of Juvenile Delinquency and Juvenile Justice*, West Sussex, Wiley-Blackwell, 2015.

而这与这类青少年所处的社会网络,尤其是家庭关系网络异化直接相关。基于原因不同,弑亲大致可分为迁怒型、逆反型和冲动型三类。[①] 汪明松(2013)通过对16年间我国媒体集中报道的47例青少年弑亲案例分析后得出结论:出生于家庭经济状况较差的独生子女家庭或者单亲家庭,同时又处于初中、高中阶段的男性青少年是实施弑亲行为的高危人群;青少年弑亲行为出现低龄化趋势;家庭教育方式失当和网络成瘾是导致青少年弑亲的主要原因;青少年犯罪心理成熟,犯罪动机和犯罪目的明确,且犯罪意志非常坚定。[②] 高瑞(2015)通过对近年来发生的弑亲案例进行总结分析,探究当前我国青少年弑亲这一特殊犯罪现象的特征、原因,并运用控制理论浅析其预防对策。[③] 王亚芳(2011)对"留学生弑母案例"进行分析,在探讨社会教育的内涵、功能和空间的基础上,对我国当前社会教育的现状进行反思。[④] 欧阳爱辉、刘旋(2020)以益阳弑母案为视角,对专制型教育模式理论与犯罪心理学进行跨学科分析。认为在专制型教育模式下,父母的专制粗暴教育会影响孩子性格"依恋情感"发展,从而导致父母在其成长期间的中心地位产生偏差。孩子对父母的专制、暴力行为也会出现阶段性应激反应,成为滋生青少年严重暴力犯罪的直接动因。[⑤]

青少年犯罪问题有着深刻的社会历史背景,因此学者常以社会学理论对青少年犯罪的原因进行阐释,亚文化理论便是其中之一。正如严景耀(1934)先生所言:"为了了解犯罪,必须先了解造成犯罪的文化……犯罪与文化的关系深刻而密切,其密切程度是大多数初学犯罪学者所估计不到的。"[⑥]韩宏伟

① 参见李峰:《游离于必然与偶然之间的青少年弑亲事件:失范的视角》,载《青少年犯罪问题》2011年第4期。

② 参见汪明松:《青少年弑亲行为探析——基于47例弑亲案例分析》,载《青年探索》2013年第4期。

③ 参见高瑞:《当代青少年弑亲犯罪的特点及对策研究》,载《江西警察学院学报》2015年第3期。

④ 参见王亚芳:《从留学生弑母案例反思我国社会教育变革的必要性与方向——兼论德国社会教育预防青少年成长危机对我国的启示》,载《青少年犯罪问题》2011年第4期。

⑤ 参见欧阳爱辉、刘旋:《专制型教育模式对青少年严重暴力犯罪心理的影响——以益阳弑母案为视角》,载《中国监狱学刊》2020年第1期。

⑥ 严景耀:《中国的犯罪问题与社会变迁的关系》,吴桢译,北京大学出版社1986年版,第202页。

(2005)指出,青少年生理心理的特殊性,决定了其对亚文化的极大倾向性,亚文化通过社会整体文化环境的熏染,诱导青少年实施违法犯罪行为和越轨行为。[①] 李锡海(2006)认为,暴力文化属于亚文化范畴,能为暴力犯罪提供诱发氛围、价值取向、社会暗示和模仿范本等,要控制暴力犯罪,必须采取有力措施遏制暴力文化泛滥,同时加强公民道德建设,消解暴力文化等。[②] 张晶、解立(2012)将研究聚焦于动漫文化中的动漫亚文化,指出其用暴力、色情等情节潜移默化地渗透到青少年的思想道德中,削弱青少年与主流文化体系之间的联系,直接或间接地造成了青少年犯罪行为和其他社会越轨行为的发生。[③] 李杨(2018)以美国的"街头守则"为视角探究暴力亚文化对青少年犯罪的影响,这套规则默认了人们可以采用暴力的方法解决问题。在其渗透下,青少年的家庭环境、同辈交往以及自身的性格特点,对青少年犯罪产生的影响甚为深远。[④] 单勇、侯银萍(2010)提出日常性治理是一种较为理想的犯罪防控模式。应当优先考虑弘扬主文化与压制犯罪亚文化,主要从价值观念和意识形态、制度层面,社会生活等方方面面维护主文化的权威性,在源头上控制犯罪亚文化。[⑤]

2. 青少年网络财产犯罪研究

进入21世纪以后,网络技术的发展普及对青少年犯罪产生深刻影响。青少年网络犯罪在客观上成为较为严重的社会问题,学者们对此类犯罪的现状特征、犯罪原因、预防措施等展开研究。于冲(2014)以三网融合为背景对青少年网络犯罪进行描述性研究,指出当前青少年网络犯罪在原有特征的基础上,进一步朝着团伙化、网上邀约化、智能化和向农村扩展的趋势发展。[⑥] 纪秋发

① 参见韩宏伟:《青少年犯罪的亚文化分析》,载《青年探索》2005年第2期。

② 参见李锡海:《暴力文化与暴力犯罪》,载《中国人民公安大学学报(社会科学版)》2006年第2期。

③ 参见张晶、解立:《动漫亚文化对青少年犯罪的影响及其对策探析》,载《预防青少年犯罪研究》2012年第2期。

④ 参见李杨:《暴力亚文化对青少年犯罪的影响——以美国"街头守则"为视角》,载《犯罪研究》2018年第4期。

⑤ 参见单勇、侯银萍:《中国犯罪治理模式的文化研究——运动式治罪的式微与日常性治理的兴起》,载《吉林大学社会科学学报》2009年第2期。

⑥ 参见于冲:《三网融合背景下青少年网络犯罪的现状和发展趋势探究》,载《青少年犯罪问题》2014年第1期。

(2007)、李淑娟(2014)等学者对青少年网络犯罪的内因、外因进行综合分析,认为青少年自身主观因素、学校和家庭的不当教育、不良网络环境等是诱发青少年网络犯罪的重要原因。[①] 郭开元(2010)从网络本身出发,更加有针对性地研究青少年网络犯罪的原因,指出青少年网络犯罪成因包括虚拟空间中道德和法律观念的异化与失衡,网络立法具有滞后性和不完善性,不规范的网络环境导致青少年社会化不足,网络亚文化诱发青少年网络心理障碍和青少年犯罪心理的形成等。段红伟(2010)运用西方社会学中的符号互动理论解读青少年网络犯罪,认为青少年网络犯罪最根本的诱因在于不良网络信息符号的传递和互动,社会各界要控制不良网络信息符号的传递和蔓延,为青少年的健康成长创造良好的网络环境,使青少年在网络符号互动中,形成一个健康的"自我"。[②] 邵雅利等(2001)、谢华等(2005)、张红薇(2005)、孔玉欣等(2009)等专门研究青少年网络犯罪的心理因素,指出好奇心与表现欲、逆反心理、孤僻心理、从众心理等容易导致青少年实施网络犯罪,应针对其认知、性格结构等特点加强心理矫治。[③] 关于青少年网络犯罪的预防与控制,除一般的家庭、学校、社会等多主体的综合性措施之外,学者们更多从法律方面进行研究。聂阳阳(2011)认为,对于预防青少年网络犯罪,完善法律并非仅针对刑事法律,对网络犯罪的刑法治理要基于其他相关民事、经济、行政法规对网络行为的规制,完善整个网络法律体系。[④] 姚建龙、王江淮(2015)指出,青少年网络犯罪之所以成为一个问题,在于其"新",而非其"严重性",我国青少年网络犯罪控制应以青少年保护为目的,在青少年网络犯罪控制的工具选择上,以软法为主,以

---

① 参见纪秋发:《青少年网络犯罪:原因与对策分析》,载《青年探索》2007年第5期;李淑娟:《青少年网络犯罪及其治理路径探究》,载《云南大学学报(法学版)》2014年第1期。

② 参见段红伟:《青少年网络犯罪诱因分析——基于符号互动论视野》,载《人民论坛》2010年第2期。

③ 参见邵雅利、张晓玲:《浅析青少年网络犯罪的特征及其心理成因》,载《北京人民警察学院学报》2001年第6期;谢华、罗嗣明:《青少年网络犯罪的心理因素及其预防》,载《中国临床康复》2005年第8期;张红薇:《青少年网络犯罪的心理原因及教育对策》,载《教育探索》2005年第10期;孔玉欣、赵向前:《青少年网络犯罪的心理分析》,载《青岛行政学院学报》2009年第1期。

④ 参见聂阳阳:《预防青少年网络犯罪之立法反思与重构》,载《北京青年政治学院学报》2011年第4期。

硬法及其他法外规范、道德等的建设为辅的柔性机制将能产生良好的作用，对于青少年网络犯罪控制活动中的公权力也应当加以制约。[①]

虽然国内有关青少年网络犯罪的文献较为丰富，但多是将青少年网络犯罪作为整体进行研究，极少针对某一具体类型（尤其是财产犯罪）展开深入研究。而在青少年犯罪研究领域，专门针对青少年财产犯罪问题的文献也相对较少。吴美照（2001）指出，财产犯罪是青少年犯罪的主要类型，从心理学的角度来看，青少年在初次实施财产犯罪时总会不可避免地表现出好奇、恐惧、侥幸、悔过等心理状态，需要准确把握其心理特征，及时进行教育警告，避免其滑向犯罪深渊。[②] 李旭、冯承才（2019）以上海市 HL 大学财产犯罪为研究对象，以环境犯罪学作为理论基础，对其空间环境状态及对大学生财产犯罪的影响机制进行研究，并通过环境设计预防犯罪（Crime Prevention Through Environmental Design，CPTED）的理论实践框架对大学生财产犯罪空间提出有针对性的治理手段。[③] 于阳、祝梦宇等（2020）在充分借鉴中美城市青少年财产犯罪理论研究资料和实证调研项目经验的基础上，发现青少年财产犯罪高发于傍晚与凌晨，季节性色彩不强，偏远省份、城市内部的各个功能区以及城市近郊区是此类犯罪的高发地，并据此提出我国预防和治理相结合的防治对策。[④] 王春林、潘炎莉（2013）指出，贪财图利心理的形成、补偿心理的影响、从众心理的产生、挫败感的出现、罪责感的缺乏、逃避处罚的侥幸心理的存在等，对青少年实施网络诈骗犯罪有着明显影响。[⑤] 张晓炜（2010）从犯罪学的角度对盗窃网络虚拟财产犯罪进行研究，发现此类犯罪最突出的特点之一就是行

---

① 参见姚建龙、王江淮：《青少年网络犯罪控制的若干思考》，载《公安学刊（浙江警察学院学报）》2015 年第 6 期。

② 参见吴美照：《探寻规律，预防犯罪——略论青少年初始财产犯罪的心理特征》，载《当代青年研究》2001 年第 5 期。

③ 参见李旭、冯承才：《大学校园财产犯罪的空间视角》，载《华东理工大学学报（社会科学版）》2019 年第 6 期。

④ 参见于阳、祝梦宇等：《中美城市青少年财产犯罪的时空分布与防范对策》，载《预防青少年犯罪研究》2020 年第 5 期。

⑤ 参见王春林、潘炎莉：《青少年网络诈骗犯罪心理因素评析》，载《广州市公安管理干部学院学报》2013 年第 2 期。

为主体低龄化,青少年群体是盗窃网络虚拟财产的高发人群。其认为社会针对盗窃网络虚拟财产犯罪的认识不足、对盗窃网络虚拟财产犯罪的立法有所疏失,政府对网络空间监管乏力、针对盗窃网络虚拟财产犯罪的司法打击力度疲软等是此类犯罪发生的社会原因,并从事前预防和事后惩治两个方面提出应对之策。① 王晶(2010)同样指出实施盗窃网络虚拟财产行为的多为未成年人,其从道德、技术管理、刑法三个方面分析此类犯罪的原因,并针对上述罪因提出相应的预防措施。②

3. 青少年违法犯罪行为干预体系与处遇措施研究

我国青少年犯罪学的研究重点具有明显的时代性特征。在20世纪80年代侧重于对青少年犯罪的现象、原因与预防对策的研究。20世纪90年代我国的未成年人审判机构蓬勃发展,推动了未成年人司法理论研究的进步。进入21世纪后,构建我国的未成年人司法制度、未成年人违法犯罪行为干预体系,成为该研究领域的中心议题。现有相关研究成果既包括对未成年人司法的宏观的系统性探索,也有微观层面的关于具体制度的考察研究。

我国学者对未成年人司法制度的系统性研究多涵盖未成年人司法制度的基本理论、机构组织体系、实体法与程序法等方面内容。姚建龙(2003)在《长大成人:少年司法制度的建构》一书中指出我国少年司法制度在实践中进行了许多改革与探索,形成了诸多有益经验与具体制度,但这些都没有把少年司法制度引入一个良性发展阶段和基本成型阶段。当前理论研究的薄弱已经成为严重制约少年司法制度发展和完善的关键性因素。③ 郝银钟(2005)的著作《中国青少年法律与司法特别保护制度研究》简要介绍了外国青少年特别保护的历史沿革与基本经验,并对中国青少年特别保护的意义、制度体系、存在的问题,青少年保护不力的社会危害性分析,以及完善中国青少年法律与司法特别

① 参见张晓炜:《盗窃网络虚拟财产犯罪的犯罪学思考》,湘潭大学法学院2010年硕士学位论文,第34~40页。

② 参见王晶:《论盗窃网络虚拟财产犯罪的预防》,吉林大学法学院2010年硕士学位论文,第10~25页。

③ 参见姚建龙:《长大成人:少年司法制度建构》,中国人民公安大学出版社2003年版。

保护制度的具体构想进行了论述。① 张鸿巍(2011)所著的《少年司法通论》(第2版)一书在系统全面地梳理国内外少年司法制度的历史脉络与发展现状的基础上,介绍未成年人权利与少年司法运作的原则、模式等基本问题,解析少年司法制度需要规制的未成年人犯罪与偏差行为以及与之相关的少年司法理论,进而以少年司法程序为脉络深入研究未成年人审前程序、审判程序以及矫正制度。② 此外,姚建龙(2014)所著的《青少年犯罪与司法论要》从司法论、权利论、立法论三个角度对中国少年司法制度进行整体性研究。其中司法论主要涉及我国的少年司法政策以及未成年人刑事司法机构和刑事司法程序制度的若干问题,并探讨恢复性少年司法在中国的实践与前景。该书的权利论一编则重点研究少年司法制度如何周全对未成年人的权利保护,充分体现了我国教育与惩罚并重的未成年人司法理念。③ 狄小华(2017)所著的《中国特色少年司法制度研究》一书将如何破解对少年犯罪行为干预过度与对少年违法行为干预不足的难题,建立兼顾保护少年与防卫社会、符合我国国情、顺应少年司法世界潮流,独立的、先进的、系统的少年司法制度作为研究重点,从价值取向、司法体制、管辖范围、司法模式四个方面寻求突破,探索建立中国特色少年司法制度的基本架构。④

近年来,学界关于未成年人罪错行为干预体系的研究成果较为丰富,"分级干预"或者"分类干预"理念得到广泛认可。宋英辉、苑宁宁(2019)指出,我国应当借鉴域外有益经验,吸取其他国家和地区的教训,立足我国现有的法律框架与国情,通过修改法律建立一套具有中国特色的未成年人罪错行为分级干预体系。⑤ 周光营(2019)认为,以刑法为核心的规制体系涵盖社会生活的各个方面,但对于未成年人,尤其是未达到刑事责任年龄的罪错未成年人,却力有不逮。因此,应针对未成年人心理生理特点,通过对处遇措施的系统整合,

---

① 参见郝银钟:《中国青少年法律与司法特别保护制度研究》,群众出版社2005年版。

② 参见张鸿巍:《少年司法通论》(第2版),人民出版社2011年版。

③ 参见姚建龙:《青少年犯罪与司法论要》,中国政法大学出版社2014年版。

④ 参见狄小华:《中国特色少年司法制度研究》,北京大学出版社2017年版。

⑤ 参见宋英辉、苑宁宁:《尊重未成年人司法规律建立分级干预体系》,载《检察日报》2019年2月11日,第3版。

以及对适用对象、行为等的层级体系组合来构建分级处遇机制。[①] 侯倩、林晓萌(2019)提出未来改革中,应当充分贯彻"以教代刑"的少年司法理念,以干预介入的及时性和教育矫治的专业性为改革方向,探索建立"家庭、学校教育—基地观护—收容教养—刑事处遇"的未成年人罪错行为社会化干预体系。[②] 张德沐、吴高飞(2019)从规范层面和人格层面论述如何构建开放的未成年人罪错行为分级干预体系。具体而言,从规范层面应形成未成年人罪错行为分级干预的一系列有机衔接、彼此呼应的法律法规和规章制度;从人格层面来看,可从"塑造"和"纠正"两方面出发,引导未成年人养成健康型人格。[③] 王勇(2020)认为,目前我国未成年人罪错行为治理的最大症结是"一刀切"的理念,破解之道唯有强调"轻轻重重"的未成年人罪错行为治理理念。其实现以对未成年人罪错行为进行分级为前提:"重重"的实现路径在于废除收容教养制度,但将其惩罚性措施融入专门学校之中;"轻轻"的实现路径在于将少年法庭从"专门化"提升到"专业化"的新阶段。[④] 何挺(2020)指出,体系化分级干预要求实现对适用对象和行为进行界定并分类分级,构建性质不同、递进衔接并能覆盖所有适用对象和行为的教育矫治措施体系,在不同的干预措施之间形成一定的转化和互通途径等体系性要求。为此,应当规定机构化处遇措施,并与半机构化处遇措施进行明确区分;充分关注专门学校和专门教育发展,将其作为分级干预体系的核心枢纽;在不同层级教育矫治措施内进行更为深入、细化的分级干预。[⑤]

在微观制度方面,除未成年人刑事程序中的若干问题外,处遇措施的改革与完善受到较多关注,包括对决定程序和实体内容方面的研究。在决定程序方面,有部分学者主张对收容教养制度(已废除)、专门教育制度等罪错未成年

---

① 参见周光菅:《罪错未成年人分级处遇制度构建论》,载《青少年犯罪问题》2019 年第 3 期。

② 参见侯倩、林晓萌:《试论未成年人罪错行为干预体系的分层构建》,载《青少年犯罪问题》2019 年第 4 期。

③ 参见张德沐、吴高飞:《未成年人罪错行为分级干预体系之构建》,载《中国检察官》2019 年第 21 期。

④ 参见王勇:《论轻轻重重的未成年人罪错行为治理理念》,载《吉林大学社会科学学报》2020 年第 3 期。

⑤ 参见何挺:《罪错未成年人分级干预的体系性要求》,载《人民检察》2020 年第 19 期。

人处遇决定机制进行司法化的程序改造,建议由法院对未达到刑事责任年龄的罪错未成年人作出限制人身自由的处遇决定。薛畅宇、刘国祥(2004)认为,收容教养制度明确规定在《刑法》中,行为人虽未达到刑事责任年龄不承担刑事责任,但其行为已经构成对犯罪客观要件的违反,因而具有刑事违法性,应当采取刑事司法程序进行规制。[①] 姚建龙(2014)通过对域外少年司法制度发展具有代表性的国家进行考察后认为,当前我国应当顺应世界潮流借鉴英美法系等国家出台专门的少年法,并成立特殊的少年法院从而实现对罪错未成年人的司法处遇。[②] 冯卫国(2016)认为,我国的收容教养等制度虽然涉及对人身自由的长时间剥夺,却都没有严格、细致的法律加以规范,缺乏正当程序的保障。基于保障人权和遵守国际公约的考虑应当由法院通过司法程序作出处遇决定。[③] 王贞会(2020)指出,在程序方面,决定和执行收容教养的权力统一由公安机关掌握,在整个过程中没有律师的参与和检察机关的有效监督制约,被收容教养人缺少有效的权利保障和救济渠道;从内容上看,收容教养的严厉程度较之一些刑罚有过之而无不及。因此,其改革的基本方向应当是改变公安机关决定收容教养的模式,实现收容教养的司法化。[④] 顾浍涓(2021)认为,收容教养制度权利保障功能孱弱,以致司法处遇效果不佳。为避免重蹈覆辙,当前的专门矫治教育应将核心功能定位为保障触法未成年人权利,塑造科学化、社会化、司法化的运行机制。[⑤]

《刑法修正案(十一)》和新修订的《预防未成年人犯罪法》取消了我国的收容教养制度概念,将有关措施纳入专门教育并细化和完善其程序规范。因此,不少学者撰文探讨专门教育制度在立法和司法实践中存在的问题与完善

---

① 参见薛畅宇、刘国祥:《论改革和完善收容教养制度》,载《中国人民公安大学学报(社会科学版)》2004 年第 4 期。

② 参见姚建龙:《论〈预防未成年人犯罪法〉的修订》,载《法学评论》2014 年第 5 期。

③ 参见冯卫国:《"后劳教时代"未成年人刑事处遇制度的改革与完善》,载《山东警察学院学报》2016 年第 3 期。

④ 参见王贞会:《罪错未成年人司法处遇制度完善》,载《国家检察官学院学报》2020 年第 4 期。

⑤ 参见顾浍涓:《专门矫治教育的权利保障功能及其运行机制展开》,载《预防青少年犯罪研究》2021 年第 3 期。

路径。姚建龙、孙鉴(2017)曾撰文探讨我国工读教育存在困境,提出从“工读”教育迈向“专门”教育的初步构想,指出应将工读教育置于少年司法保护处分的处遇措施下予以构建。① 王传敏、李子熙(2020)追溯我国专门教育制度的历史发展轨迹,分析当前专门教育制度的发展现状,并从司法体系的建构,管理体制、教学内容、校址场所的重构等方面,指出未来我国专门学校和专门教育的建设进路。② 林维(2021)认为,我国社会对于专门教育的潜在需求量较大,专门学校的建设工作迫在眉睫。其重点分析了当前专门学校存在的接受对象范围的含混性、普通教育转回程序中未成年人主体性参与的缺乏、未成年人专门教育去标签化措施的欠缺等问题,并提出相应解决措施。③ 李泊毅(2021)对专门矫治教育的性质进行分析,认为其是“较长时间剥夺人身自由的机构化措施”,具有公法上重大干预基本权利之处分的性质,且决定专门矫治教育不具有紧迫性。因此其决定宜采取法官保留原则,坚持比例原则,并提高个案评估机构的认识能力。④ 周颖(2021)以中美比较为视角思考专门教育的定义问题,认为借鉴美国经验,结合我国的国情,我们应该采用更广义的类型学定义,采用分级制区分专门教育中教育和司法的不同属性,将司法的负面影响控制在最小范围内。⑤

三、研究的主要内容

除导论部分外,本书共分为九章,具体研究内容如下:

第一章为“校园霸凌的行为特征与社会预防对策”。本部分指出,校园霸凌具有严重的社会危害性,社会反响强烈。通过对2010年以来国内50起典型校园霸凌事例进行分析后发现,校园霸凌有其独特的发生机理——个人因素、

① 参见姚建龙、孙鉴:《“工读”到“专门”——我国工读教育的困境与出路》,载《预防青少年犯罪研究》2017年第2期。

② 参见王传敏、李子熙:《我国专门教育制度的由来及未来制度建构》,载《中国司法》2020年第9期。

③ 参见林维:《未成年人专门教育的适用难题与制度完善》,载《探索与争鸣》2021年第5期。

④ 参见李泊毅:《专门矫治教育的基本权干预性质及规则完善》,载《预防青少年犯罪研究》2021年第5期。

⑤ 参见周颖:《专门教育定义的思考——以中美比较为视角》,载《青少年犯罪问题》2021年第3期。

学校因素与环境因素综合作用,共同催生了校园霸凌。笔者分析校园霸凌产生的个人因素、学校因素、环境因素,并评析当前应对校园霸凌适用刑事法律存在的障碍。在此基础上,建议采取相应社会预防对策以防治校园霸凌行为。主要包括:采用综合性的防治举措对施暴者施加个别预防;通过校方实施“噪声干扰”破坏犯罪环境进而对各主要类型欺凌行为进行预防;通过多措并举净化滋生霸凌行为的社会土壤;通过割离“被害倾向”进而促进对霸凌行为被害人的被害预防。

第二章为“青少年弑亲行为的主要特征、成因分析与防治对策”。本部分指出,青少年弑亲是一种极为罕见的社会现象,但近年来在我国部分地区却时有发生。弑亲行为在具有社会危害性的同时,也严重违背伦理道德。通过对2010～2019年发生在我国的31起青少年弑亲典型案件进行回溯性、描述性研究后发现,推动青少年实施弑亲行为的因素主要有两类:既有内在的个人因素,也有外在的家庭因素与学校因素。考虑到这一类青少年群体具有的特殊性,建议在具体预防对策方面采取与青少年有天然亲近感的“非正式的社会控制”。主要包括以社会资源提供全面支持、以心理干预化解弑亲倾向、以生命教育促进人格健全、以亲职教育实现被害预防。

第三章为“犯罪亚文化与我国未成年人暴力犯罪防控”。本部分从我国未成年人犯罪的相关调研数据分析着手,呈现和揭示出我国未成年人犯罪的表象特征与隐性特征。进而,在厘清犯罪亚文化及其相关概念之间关联的基础上,以犯罪亚文化的产生、消费为线索,分析犯罪亚文化作用于未成年人的规范性机制;以我国社会变迁为背景,探讨不同文化环境中的未成年人群体进行不同的社会选择之缘由;以当前社会中的文化冲突为前提,阐释新媒体环境之下的暴力亚文化对未成年人实施暴力行为的影响。基于此,指出应从犯罪预防与惩治的角度进行未成年人犯罪司法制度的构建,主要包括未成年人教育与惩治的司法程序、专门学校司法功能的激活、社会援助中心的构建以及文化政策与法律规制的创新。

第四章为“青少年网络虚拟财产犯罪的现状、成因与预防对策”。本部分指出,青少年网络虚拟财产犯罪的案件数量在逐年递增,主要类型集中在盗窃、诈骗和抢劫等传统犯罪,典型特征体现为以侵犯游戏中的虚拟财产为主、犯罪手段的技术性显著提升、团伙作案常见多发。调研发现,青少年受网络空间逆主流思想严重影响、以自我为中心的心理使青少年社会责任感愈加薄弱、被害人缺乏网络技术防范知识是该类犯罪频发的主要原因。青少年网络虚拟财产犯罪的预防对策包括加强虚拟财产犯罪的技术预防、广泛开展青少年网络虚拟财产法律知识教育、提高青少年在网络社会中的防范意识等。

第五章为"青少年网络信用卡诈骗犯罪的现状、成因与防控对策"。本部分通过开展问卷调查并结合中国裁判文书网检索出的40个网络信用卡诈骗案例,对网络信用卡诈骗犯罪的现状、罪因进行分析,提出防控此类犯罪的对策建议。从犯罪现状来看,该类犯罪以网络化方式呈现,具有网络化特性;犯罪数量的总量巨大,但增量在减少,国家打击力度逐年加强;犯罪主体整体较年轻,以青壮年为主;犯罪主体以低文化水平、低收入群体为主;团伙犯罪为其主要组织形式,犯罪行为复杂化,部分犯罪团伙组织性升级、发展性强,犯罪团伙反侦察意识增强;利用高科技手段进行诈骗较为普遍;犯罪整体涉案金额不高,但量刑普遍偏重。就犯罪成因进行分析,高营利性诱惑、部分网络平台怠于承担监管职责刺激犯罪高发;不良的个人生活经历、罪责感降低促使犯罪人实施犯罪;被害人认识不充分、维权意识薄弱、被害主体多样等被害人自身原因造成其被害。在防控对策层面,建议国家出台政策"组合拳",将打击个人信息贩卖与打击诈骗相结合;公安机关需要共享犯罪情报信息和治理举措,通过加大对违禁科技诈骗工具的审查力度,加强对网站的监管、加强监管对接,对犯罪各阶段开展针对性打击;通过建立大数据警企民联动网络举报平台,利用大数据预测犯罪案件趋势、优化犯罪定性思维模式,健全大数据辅助防控犯罪整体机制;采取有针对性的被害预防对策,针对较偏远或落后地区,针对年龄较小或社会经验不足的学生群体开展诈骗预防措施。

第六章为"罪错未成年人处遇决定机制的改革困境与合理构建"。本部分指出,当前我国罪错未成年人处遇决定机制的行政化模式面临立法、实践和社会接纳等多重困境,有学者主张对其进行司法化的程序改造。罪错未成年人的处遇困境是因为缺乏权威法律依据和明确细则,而非行政决定程序本身缺乏程序正义。在当前我国少年司法制度现实背景下，司法化改造不仅忽视了国情和司法实践状况，采取刑事司法模式也未能体现对未成年人特殊保护的需要。专门教育的行政化决定方式是符合当前我国国情的制度选择。应当以《预防未成年人犯罪法》修改为契机，完善行政化决定机制的可操作性和监督保障，具体包括：完善公安机关启动送入专门学校程序规定；落实专门教育指导委员会职权与责任；明确专门教育“三轨制”对应的三种入学方式。

第七章为“未成年人违法犯罪行为干预体系的制度构建”。本部分指出，刑事责任年龄制度作用之发挥有赖于与之相匹配的未成年人违法犯罪行为干预体系的构建。通过对两大法系主要国家少年违法犯罪行为的司法适用状况进行梳理与比较分析，发现各国普遍追求少年司法体制的独立性，不同的少年司法体制各有其优劣。我国对未成年人违法犯罪行为的干预存在行政干预措施有效性不足、刑事司法干预有“重刑主义”倾向以及干预体系内部管辖范围划分不当等问题。但我国长期以来坚持的兼顾教育与惩罚的混合干预模式较为合理，能够对构建层级式未成年人违法犯罪行为干预体系起到实质性的指导作用。当前，可以在充分借鉴国外经验并结合我国立法与司法实践的基础上，建立一套层次鲜明、架构完整、适用灵活的未成年人违法犯罪行为“社会—行政—司法”三元干预体系，即一般不良行为的社会干预体系、“轻微违法”行为的“行政”干预体系以及“严重违法”行为与犯罪行为的司法干预体系。

第八章为“未成年人违法犯罪的工读学校构建与工读教育完善”。本部分指出，在我国未成年人司法模式的转型时期，工读学校对于矫治未成年人的不良行为、预防犯罪有重大的社会现实意义。未成年时期是一个人的思想、行为正在形塑的关键时期，在这个时期实施过违法犯罪行为的未成年人，往往会更容易再次实施违法犯罪行为。预防这个特殊群体的再犯甚至“累犯”，应当成为当前社会关注的重点。我国现行的法律对于专门学校等教育矫治机构的规定并不十分完善，现实中对未成年违法犯罪人员的安置措施也多已僵化。且这些措施无论是对于未成年人的惩戒，还是持续提升社会治理效能等都难以体现，实现未成年人的矫治和再社会化也更是遑论。但对于改善未成年人处遇的现状而言，由国家对未成年人的处遇对策进行干预——工读教育仍然是相对有力且合理的方式。据此,通过对未成年处遇机构的历史发展分析,结合现实环境和实际效用,进行工读学校构建和工读教育完善的相关对策探究,有助于推动我国未成年人违法犯罪教育矫治工作的逐步完善。

第九章为“未成年人严重不良行为专门教育完善路径探索”。本部分指出,《预防未成年人犯罪法》的修订实施探索出一条适合我国国情的未成年人严重不良行为专门教育改革之路。但该法所构建的专门教育制度体系仍缺乏可具操作性的实施办法,面临实体条件不明确、程序规范不完善的适用困境,以及制度设计可能侵犯未成年人权利等诸多问题。制度构建存在的不彻底性将导致专门教育有可能重走收容教养制度的老路。为此,需要对专门教育的改革路径进行深入分析并积极探索出细密合理的完善对策。具体包括:修改法律规范,形成统一的罪错未成年人专门教育法律体系;整合当前未成年人违法犯罪和不良行为教育矫治资源,促进专门教育发展;坚持并完善行政化的决定方式;灵活设置多种机制构建分级分类处遇模式。

第一章 校园霸凌的行为特征与社会预防对策

2018年11月21日,天津市第十七届人大常委会第六次会议审议通过了防治校园欺凌的《天津市预防和治理校园欺凌若干规定》。[①] 这一地方性法规的问世从侧面反映出当前校园安全形势之严峻,并深刻揭露出校园霸凌基础理论研究较为薄弱以及相关预防对策相对滞后的窘境。[②] 近年来,有关校园欺凌和校园霸凌事件的报道屡见不鲜,霸凌行为手段的残忍性、影响的恶劣性引起社会舆论的极大关注。[③] 相关调研表明,校园霸凌行为的发生具有普遍性,特别是在经济落后地区的中小学校园。由于施暴者的恶趣味或者不良家庭教育的影响,加之其情趣低下、道德

---

① 从全国范围来看,以地方立法文件形式规制校园暴力行为尚属首次。

② 有学者指出,全国范围内校园霸凌事件的高发率特别引人关注,而相应的理论研究却未能及时跟进,致使校园霸凌的应对及治理缺乏相应的理论支撑。参见江界华、江帆:《校园霸凌心理形成机制及预防研究》,载《青少年犯罪问题》2018年第4期。

③ 笔者仅以"校园霸凌"为关键词进行网络检索,百度检索资讯约为299,000条;360检索资讯约为25,313条。

意志薄弱，难以养成良好的道德品质和行为习惯。同时，校方普遍存在不关注、不作为、不负责的态度，这是校园霸凌产生的重要原因。在校园霸凌行为治理的实践中，校方的常见做法是直接将相关责任转嫁给施暴者的家庭。此外，社会风气败坏和犯罪亚文化等不良因素的负面影响成为滋生霸凌行为的土壤，导致霸凌行为长期占据社会舆论的风口浪尖。上述这些问题严重影响校园安全和在校学生的身心成长，也严重影响社会稳定。当前，对校园霸凌行为进行理论创新与实践防治迫在眉睫。

将校园霸凌的危险后果放到更长的时间维度、更广的空间维度中进行考察，遭受校园霸凌的经历往往会对受害者产生恒久的负面影响。① 笔者对 2010 年以来发生的 50 起校园霸凌典型事例进行统计，对这些事例的发生现状、行为方式和行为特征等进行相关数据的实证分析，以期深刻剖析校园霸凌的本质特征和行为成因等。最后，笔者在针对校园霸凌产生的个人因素、学校因素、环境因素等进行罪因分析以及就应对校园霸凌适用刑事法律存在的障碍进行评析的基础上，提出防治校园霸凌行为的社会预防对策。

第一节　当前校园霸凌的基本问题

一、校园霸凌的概念

（一）校园霸凌行为之界定

“后现代社会”犯罪出现于 20 世纪 60 年代。随着“福利国家”的降临，部分年轻人对传统价值产生怀疑并对现存社会心存不满，将剩余的精力诉诸毫无指向的追求，旨在寻求“开心”、“取乐”或“消遣”的越轨行为。当越轨行为爆发于校园环境中，便酝酿为层出不穷的校园安全事故。校园霸凌的实质是校园内价值危机的一种表现，反映了隔断“原始纽带”后面临选择与责任的独立个体为“逃避自由”，②不甘沦为“单向度的人”而进行的非常规努力

---

① 参见朱焱龙：《校园霸凌的社会生态和协同治理》，载《中国青年研究》2018 年第 12 期。

② 参见[德]埃里希·弗罗姆：《逃避自由》，陈学明译，工人出版社 1988 年版，第 31 页。

及其失败。①

霸凌与校园两个概念的首次结合源自挪威。挪威学者欧维斯(Dan Olweus)将英文“bully”定义为一个学生长时间并反复地暴露于一个或多个学生主导的负面影响之下的现象。美国心理学家安德森(Anderson)认为凡是在公立或私立学校的校园内,学生上学或放学途中,学校举办的活动过程中所发生的暴力行为都可以归结为校园暴力。② 在美式英语语义中,“bullying”的定义是:任何破坏了教育的使命、教学气氛以及危害到学校治安秩序的行为。可见,国外部分学者认为校园霸凌不只局限于发生在校内的冲突,凡以校园学生为行为对象,且在校园相关情境下(并非场所内)的霸凌行为,均被认为是校园霸凌。换言之,该定义未将校园霸凌与校园暴力做明确区分。我国台湾地区“教育部门”认为,校园霸凌系一个学生长期重复地被一个或者多个学生欺负、骚扰或是被锁定为霸凌对象,而成为受凌虐学生,导致其身心受到严重伤害的情形。③

衍生至我国大陆,对于校园霸凌的概念、构成和发生机理,学者曾有广泛争论。代表性的观点主要包括:(1)校园霸凌,系发生在校园及其附近的以学校教师或学生为施暴对象的恃强凌弱的暴力行为。④ 该观点将校园霸凌的空间要素与对象要素进行限缩,对具体霸凌行为却未明确其定义,且未表现出校园霸凌的主要特征。(2)由“校园欺凌”转为“校园霸凌行为”。即在校学生、教师、管理人员或家长以个体或群体的角色,亲自或指使他人凭借体格或人格的强势,一次或多次对一个或多个同性或异性,通过言语、非言语、社交排斥等方式,在隐蔽场所或网络空间对其进行身心伤害的行为。(3)皮艺军教授指出,霸凌为一种群体虐待,即一群人在一段或很长一段时间内,对某一个或某

① 参见[德]赫伯特·马尔库塞:《单向度的人》,刘继译,上海译文出版社 1989 年版,第 9 页。

② 参见王玲编著:《校园突发事件的危机干预》,暨南大学出版社 2011 年版,第 119 页。

③ 参见许育典:《校园霸凌的法律分析》,载《月旦法学杂志》2011 年第 5 期。

④ 参见黄行福:《校园暴力:危害学校教育的毒瘤》,载《思想理论教育》2004 年第 1 期。

几个同学在校园内进行各种形式欺凌的一种青少年犯罪行为。①

以上观点对校园霸凌的基本问题进行了解析，但对于校园霸凌的本质属性却均有遗漏。笔者认为，对校园霸凌的考察，首先应通过平义解释进行理解。"霸"在汉语中的解释为"依仗权势或武力欺压他人的人或集团"，而"凌"同样具有"侵犯、欺压、凌辱"的含义。由此可见，校园霸凌的本质应当包含"压制"，力量的不均衡则是判断霸凌的首要特征。②

(二)相关易混词义之辨析

当前，将"校园暴力""校园欺凌""校园霸凌"三者词义混淆已为常态，新闻报道与学术研究同样有混同，甚至混用三者之倾向。事实上，"校园暴力"可谓是发生在校园内的"越轨行为"之总称，既包括"校园欺凌"，也包括"校园霸凌"。校园暴力是指行为人针对在校师生实施的身体上的和心理上的暴力行为，对学校财物或师生财物实施的暴力行为以及师生对社会人士实施的暴力行为，③其客体周延度要广于校园霸凌。校园"暴力"、"欺凌"与"霸凌"三者之间确实存在难辨之处，并非含义同一。笔者认为，可以从参与主体、发生原因、发生形式及频率等多个角度，对三者做一个明确区分(见表1-1)。

表1-1　校园暴力、校园霸凌、校园欺凌三者关系对照情况

	校园暴力	校园霸凌	校园欺凌
行为人	既可以是学生、教师，也可以是社会上的青少年以及成年人	在校学生	学生、教师、学校管理人员
行为对象	既可能是人，也可能是学校的财物	仅限于人	仅限于人
受害人	一般为在校学生和教师，不排除校外人士	在校学生	一般为在校学生

① 参见张自然：《面对校园暴力，美法两国零容忍》，载《中国教师报》2015年9月30日，第3版。

② 参见何树彬：《美国霸凌的有效治理论析》，载《青少年犯罪问题》2017年第6期。

③ 参见徐久生主编：《校园暴力研究》，中国方正出版社2004年版，第6页。

续表

	校园暴力	校园霸凌	校园欺凌
发生原因		以欺凌弱者为乐、为实现自身价值没事找事，带有寻衅滋事意图	为维护自身利益（群体权利、交往机会等）、让对方“长点记性”
行为影响	造成人身、财产损害，破坏校园的正常学习生活秩序	受害人身心受损，造成严重后果	受害人身心受损
行为频率		具有重复性	发生一次即可构成欺凌
表现形式		一对一 多对一 多对多	一对一 多对一 一对多 多对多
典型特征		重复性 压制性	戏谑性

综上，关于校园霸凌与校园欺凌、校园暴力行为或者现象，从行为人、行为对象、行为起因、行为频率等角度均可进行区分。在校园霸凌中，施暴者与受害者往往均为在校学生；校园暴力则囊括社会人员、教师等主体在内，主体、客体范围更加广泛；在校园暴力事件中，通过参与主体双方力量的不对等以及霸凌行为具有的重复性、压制性等特性亦可对三者进行区分。通过对校园暴力、校园欺凌和校园霸凌的词义进行辨析，笔者认为，校园霸凌是指在校学生之间，带有显著压制性的凌辱行为。在发生频率上，施暴者通常具有重复加害，受害人也具有重复被害的特性。

二、校园霸凌的类型

当前，我国校园安全形势依然较为严峻。据中国高等教育学会保卫学专业委员会对13个省、自治区、直辖市的77所院校的调查发现，2010年至2014年，77所高校共发生刑事、治安案件和事故、意外事件13,510起。其中刑事案件2820起，治安案件10,101起，事故及意外事件589起。刑事案件发案率为1.6%，治安案件发案率为8.4%，远高于国家综合治理考核指标0.5%与1%。[①] 相关数据显示，2014年至2015年，媒体曝光的校园霸凌事件共43起，自东北至华北，再到海南省，覆盖面广，具有全国范围内的普遍性。仅2016年1～11月，全国检察机关受理提请批准逮捕涉校园霸凌和暴力犯罪案件的犯罪嫌疑人1881人，经审查批准逮捕1114人。[②] 在这种高频次的犯罪发生率下，校园安全问题也呈现出显著的地域特征：农村寄宿制学校霸凌行为发生率高于国内城市地区学校，且远超国际平均水平。[③] 乡村发生率远高于城市，是我国校园霸凌行为存在的特征。此外，我国台湾地区的经验调查显示，相比那些非住校生，寄宿在学校的学生生活在一个相对封闭的、矛盾冲突更复杂的社会环境中，校园霸凌的发生更为普遍，言语威胁、肢体冲突以及人际排斥等霸凌现象在住校生中更为常见。[④]

通过对2010年以来我国50起校园霸凌典型事例进行分析后发现，现阶段校园霸凌的类型主要有身体霸凌和精神霸凌两种。此外，还存在一些校园霸凌的衍生类型即性霸凌、财物霸凌等[⑤]（见表1－2）。

---

① 参见叶萍、高黄斌、马毅：《云南省呈贡大学城校园暴力问题研究——以三所高校为例》，载《新疆警官高等专科院校学报》2014年第3期。

② 参见《吴为，郭超，张维等代表委员关注“校园欺凌”：应制定专门的校园安全法》，载《新京报》2017年3月7日，第A09版。

③ 参见陆伟、宋映泉、梁净：《农村寄宿制学校中的校园霸凌研究》，载《北京师范大学学报（社会科学版）》2017年第5期。

④ 参见周羚敏：《台湾地区校园霸凌的处理机制与经验》，载《吉林公安高等专科学校学报》2011年第5期。

⑤ 随着网络的不断普及，网络霸凌即通过电子邮件实时散播威胁辱骂性言语，或取得当事人邮件密码，散播不实谣言信息。但此类行为是否属于“霸凌”范畴有待商榷。施暴者在实施上述某一具体霸凌行为后再进行网络辱骂、散布谣言等行为，可看作是霸凌的“附随行为”。因为，先前行为已经致使受害人不敢反抗或不愿反抗，这种状态归因于压制效果的延续性。网络霸凌的实施者只是通过网络进行诽谤或者通过通信工具进行辱骂，导致难以对这种行为与一般“网络暴力”进行区分。笔者认为，“网络霸凌”不宜直接认定为校园霸凌的主要类型，而应当认定为校园霸凌的一种“附随行为”或者单纯的“网络暴力”。

表 1-2 校园霸凌典型事例的发生形式,N=50

变量			频次	百分比
校园霸凌的主要形式	身体霸凌	掌掴	2	4%
		围殴	44	88%
	精神霸凌	辱骂	2	4%
		其他形式	2	4%
		班级冷落	3	6%
		寝室隔离	2	4%
衍生霸凌类型	性霸凌	猥亵	3	6%
		拍裸照	1	2%
		下春药	1	2%
		性侮辱	4	8%
	拍摄视频上传网络		23	46%
	抢劫/索要财物		3	6%
	虐待		1	2%

数据来源:笔者统计的 50 起霸凌热点事例。

注:校园霸凌的行为类型往往重叠存在,因此变量之间具有非互斥性。

(一)身体霸凌

身体霸凌表现为学生或学生群体之间的殴打、体罚等,包括侵害他人身体健康以及对肢体造成损伤等攻击行为。身体霸凌也是校园霸凌最为常见的表现形式,网络空间中多数恶性视频所呈现的校园霸凌行为多为身体霸凌。身体霸凌是校园安全问题的集中表现,在一场身体霸凌事件中,施暴者凭借其野蛮行径得以“树立威严”,而受害者因为不敢反抗或无力反抗进而沦为重复被害的“胆小鬼”。身体霸凌是受害者遭受霸凌的起点,多数身体霸凌行为发生后,精神霸凌和关系霸凌往往连带产生。

在笔者统计的 2010~2018 年发生的 50 起校园霸凌典型事例中,46 起霸凌事件表现为殴打、掌掴、虐待等形式的肢体霸凌,占总数的 92%。另有 23 起肢体霸凌事件中,施暴者实施了拍摄行为并广为发布,即约有一半的肢体霸凌伴随着摄录行径,对受害者身心造成二次伤害。施暴者一方人数多于受害者的霸凌事件占总数的70%。例如,2015年6月,江西省永新县的多人围殴初中女生事件。在该起事件中,共计9名未成年人参与到对受害人黄某的霸凌行为中。①

(二)精神霸凌

精神霸凌是校园霸凌事件中的软暴力行为,其具体通过谩骂、诋毁、藐视、嘲讽等语言暴力方式,或是恶意散布不利谣言,对被霸凌者的精神、心理进行侵犯或损害。例如,2016年5月,山东日照五莲县中学因某学生被起外号而引发的霸凌事件。② 现实中,精神霸凌的主要表现形式为语言霸凌。语言霸凌具有随时性、多样性的特点,但语言霸凌本身并不能独立压制被害人的反抗,其往往附随于身体霸凌的行为。典型事例分析表明,纯粹的语言霸凌常发于以女性为主体的校园霸凌事件中。

语言暴力是精神霸凌的主要载体,但非语言的精神冷暴力也时常发生。主要包括团体对个人的冷隔离,施暴者们对受害者的群体冷暴力——关系霸凌。关系霸凌是一种容易被忽视的"冷暴力",经常在校园集体之间发生。其具体的暴力行为是散播谣言,孤立他人、冷漠对待他人,而使被霸凌者遭受到排挤。受害者受到整个群体的孤立,容易产生过激行为。例如,2016年3月,安徽省某学校的女生被下春药事件。③ 事件发生后,该女生受到班级同学的集体孤立。值得一提的是,关系霸凌在寄宿制学校中尤为常见,经常演化为一种寝室关系冷暴力。相关事例显示,关系霸凌往往先于肢体暴力发生,是身体霸凌行为的重要先兆。

(三)衍生的霸凌行为

衍生的霸凌行为,是指既定的施暴行为完成之后进而引发的与行为目的无关的霸凌行为。除以上两种主要表现形式外,针对"性"侵犯的校园霸凌可

---

① 《网曝江西永新县多名女初中生围殴女生警方介入》,载搜狐网2021年12月30日,http://news.sohu.com/20150623/n415461634.shtml。

② 《日照某中学:因被起外号而对同学大打出手,现已和解》,载大众网2021年12月30日,http://sd.dzwww.com/sdnews/201605/t20160517_14298464.htm。

③ 《同性恋女生遭男生下"春药",警方:按校规处理》,载搜狐网2021年12月30日,http://news.sohu.com/20160306/n439549422.shtml。

以作为一个专项分类——性霸凌。这类霸凌包括性骚扰、性伤害、性侵犯甚至强奸，以及某些侵犯到受害者性自由权、性羞耻心的其他行为，例如，给受害者拍摄裸照或者裸体视频等。在笔者统计的50起校园霸凌典型事例中，有9起霸凌事件表现为侮辱、猥亵、拍裸照等形式，占比约为18%。性霸凌侵犯的对象多为女性，由于事件的特殊性及私密性，受害者一般难以启齿，使得此类事件难以被发现。性霸凌的本质，经常表现为压制受害人反抗之余所进行的强制性侮辱或者猥亵，可以归纳为霸凌行为的“连带性行为”。此外，同样具有连带属性的霸凌行为，还包括对他人财物的强拿硬要以及刻意勒索他人财物的“财物霸凌”。

三、校园霸凌行为的典型特征

近年来，我国高发的校园霸凌典型事例具有以下三个典型特征。

（一）霸凌施暴者和受害者的力量不均衡

施暴者利用自身人数、体力、经济能力或其他优势，对受害者进行控制或伤害。[①] 其中，常见的优势来源于人数和体力，其力量不均衡的程度，足以压制受害者的反抗或使受害者丧失反抗意志。这一特征系校园霸凌区别于其他校园不良行为的本质所在，即为霸凌行为产生的逻辑起点——个体实力不对等，施暴者在校园内往往呈现出显而易见的优势地位，而受害者往往处在比一般学生更为弱势的境地。相关典型事例显示，只有10%的霸凌案件为一人作案，90%的霸凌行为存在人数上的绝对优势。在大多数霸凌案件中，施暴者也存在显著的体格、经济优势。这种体格或经济优势，使得施暴者更容易“结交朋友”进而形成团伙优势地位，致使受害人不敢反抗、无力反抗。

（二）霸凌行为往往具有重复性、长期性

有别于校园欺凌中的被害人，校园霸凌中的受害者往往会成为霸凌行为的重复受害者。偶发性、一次性、短期性的校园暴力行为不能认定为校园霸凌，主要原因在于在行为人瞬时和一次的不良行为中，其行为的性质和恶性程度难以认定。同样难以认定的还有受害人意志被压迫的程度，带有戏谑性质

---

① 参见谢银迪：《美国：“霸凌零容忍”》，载《国际教育》2015年第35期。

的欺凌一般也不被认定为校园霸凌。实践中，校园中发生的戏谑行为与霸凌行为往往也难以区分。因此，这一特征对于霸凌的认定系必要条件而非充分条件。

（三）校园霸凌的发生呈现出低龄化、女性化趋势

中国预防青少年犯罪研究会统计数据显示，校园霸凌事例发生时，一半以上的受访者就读于初中，占总人数的57.95%。52.27%的受访者遭受霸凌至今已有5～10年的时间，18.18%的受访者是在10～15年前遭受霸凌。在发生霸凌行为的未成年人中，14～16岁年龄段所占比重逐年提升，至2013年已突破50%，未成年人犯罪低龄化趋势可见一斑。近年来，以在校学生欺凌弱小和敲诈勒索为主的校园霸凌事件发生率呈上升趋势。据教育部统计，2017年5～8月全国上报的中小学校园暴力事件达到68起。此外，女性霸凌事件层出，在笔者整理的50起校园霸凌典型事例中，施暴者包含女性的事件有26起，占比达52%。其中，有19起霸凌事件施暴者仅由女性构成，占比达38%。可见，女性群体在校园霸凌事件中，扮演着越来越重要的角色。

第二节　校园霸凌行为之罪因分析

根据犯因性主体的不同，可以将校园霸凌行为的产生因素分为个人因素、学校因素和环境因素。个人因素与环境因素互相作用，导致了校园霸凌的产生和发展。笔者基于对校园霸凌典型事例的整理，重点分析了校园霸凌行为产生的个人因素、学校因素与环境因素。此外，针对当前我国应对校园霸凌的刑事法律在适用上的障碍，笔者还将从年龄因素的阶层判断失位与缺乏单独有效的少年司法体制两个层面进行论证。

一、校园霸凌行为产生的个人因素

犯罪行为发生的个人成因又称为犯因性个人因素，是指行为人自身存在的诱发、推动和助长犯罪心理及促进犯罪行为实施的因素，个人因素根据行为人及其家庭特征提炼而来，是环境因素发挥作用的基础。笔者通过对校园霸

凌的50起典型事例的梳理，将校园霸凌行为产生的个人因素概述如下。

(一)施暴者的恶趣味及不稳定的感情因素

霸凌行为具有低级性、反社会性等特征。在笔者统计的50起典型事例中，因无故、看不顺眼等原因，由施暴者主动挑衅而发起的霸凌事例有16起，占总数的32%。在校园霸凌行为中，施暴者一般存在“缺乏高雅兴趣”和“缺乏创造精神”等特征，并借此将初级生物本能发泄于无辜同学身上。苏联犯罪学者的研究发现，在霸凌施暴者身上，初级生物本能占据绝对优势，施暴者精神境界不开阔。在多数场合下，他们的兴趣是粗俗的和偏向一面的，并且缺乏创造精神。而长期实施霸凌行为会加重这种低级本能，促使其走上更加严重的犯罪道路。该学者的研究还表明，相比没有过霸凌行为的学生，施暴者更容易走上违法犯罪的道路，更容易沾染赌博、吸毒、酗酒等不良习惯。①

由于未成年人自身的弱势，加之青春期的心理特征，对感情的未知和悸动，更有不少学生陷入“早恋”的旋涡中。笔者统计的50起典型事例显示，因早恋、男女关系而引发的霸凌事例有7起，占总数的14%，并且，因早恋引发的霸凌事件与身体霸凌和摄录行为相关度为100%。因此，起伏不定的情绪和微妙的情感构成了校园霸凌行为产生的感情因素。

(二)不良家庭因素导致家庭教育缺失

家庭是个人最重要的社会化机构之一，对个人早年心理的发展起着尤其重要的作用，是将生物意义上的人转变为社会意义上的人的关键机构。一方面，家长过度溺爱导致孩子任性骄横等不良心理产生，这使得孩子在校期间一旦与同学发生矛盾不会想着双方如何共同解决，而是肆意妄为，以自己的想法作为处理一切事情的根据。② 另一方面，破裂家庭、母爱剥夺③、虐待子女等不良家庭现象，也是催生施暴者产生逆反心理乃至犯罪心理的重要原因。有关校园霸凌的研究表明，不良家庭对于霸凌行为的产生负有不可推卸的责任。

---

① Bender D.，F. Lösel，*Bullying at School as A Predictor of Delinquency，Violence and Other Anti-social Behavior in Adulthood*，Criminal Behavior and Mental Health，2011，21(2)，p. 99－106.

② 参见徐久生主编：《校园暴力研究》，中国方正出版社2004年版，第6页。

③ 母爱剥夺是指儿童失去母亲或者不能与母亲交往，因而在生理和心理方面得不到母亲给予的照料与关怀的现象。

典型事例统计也表明，约 50% 的校园霸凌事件，施暴者或受害者一方的家庭为留守儿童家庭或者单亲家庭等异常家庭。此外，大多数施暴者的家长或者监护人均承认在日常生活中对子女疏于管理。

（三）生活琐事、经济纠纷和其他生理因素

典型事例统计显示，有 10 起霸凌事件的起因是生活琐事、卫生习惯或者言语冲突，占总数的 20%。另外，以收保护费、债务纠纷等经济事由引起的校园霸凌，占比为 18%。在其他生理因素中，典型要素主要体现为年龄。近代统计学之父、比利时犯罪学家阿道夫·凯特勒（Lambert Adolphe Jacques Quetelet）指出，年龄是影响暴力的最大因素之一，且暴力的类型也与年龄相关，年龄与暴力之间的相关性是永恒的。① 校园霸凌典型事例数据显示，校园霸凌双方主体均为 20 岁以下，94% 的霸凌事例，施暴者与受害者均为不满 18 周岁的未成年人，仅有 3 起事例发生于高等教育校园内，剩余 47 起均发生于义务教育阶段或中等教育阶段（见表 1－3）。

表 1－3 校园霸凌事例起因情况，N＝50

变量		频次	百分比
行为人的恶趣味	看不顺眼/无故	16	32%
	收保护费	4	8%
早恋	同性早恋	1	2%
	异性早恋	6	12%
勒索财物	索要保护费	4	8%
	财物纠纷	2	4%
被害人介入	言语冲突	6	12%
	“打小报告”	4	8%
生活摩擦	生活琐事	6	12%
	卫生习惯	4	8%

数据来源：笔者统计的 50 起霸凌热点事例。

注：校园霸凌之起因往往呈现出多因一果的关系，因此变量之间同样具有非互斥性。

① 参见吴桂翎、辛涛：《校园暴力研究的回顾与前瞻》，载《中国特殊教育》2009 年第 6 期。

二、校园霸凌行为产生的学校因素

校方是维护校园安全的主要责任主体。① 然而,部分学校存在基础教育乏力、规章制度失范等问题,导致校风校纪败坏、学生自由散漫。学校是仅次于家庭的社会化机构,对人的良好心理品质和行为模式的发展,起着极其重要的作用。有学者指出,学校管理者的下列行为会催生校园霸凌行为:(1)片面追求升学率,忽略德智体美劳全面发展;(2)人为地划分快慢班,快班学生精耕细作,优越感顿生,慢班学生则遭遇歧视,被冷落一旁。某省少管所调查显示,72%的少年犯在学校时都是备受冷落的慢班学生。②

此外,校园管理者对霸凌现象缺乏认知也是校园霸凌行为产生的重要原因。一些学校管理者包括部分教师或出于维系学校声望的考量,或出于避免自身绩效受到影响的考量,均对霸凌行为表现出轻视或者淡化处理的态度。③例如,2016 年 12 月,北京中关村二小发生的“向厕所内其他同学投掷垃圾筐”事件。在此事件中,校方给出的官方回应认为当事学生之间关系正常,不存在校园霸凌的行为,即为典型的“淡化处理”方式。在笔者统计的 50 起霸凌事例中,校方处理结果不明的为 33 起,占总数的 66%;校方处理结果为调解、批评教育、责令赔礼道歉等为 8 起,占比 16%;校方处理结果为开除、劝退的仅 2 起,占比 4%。(见表 1 - 4)可见,校方应对校园霸凌事例时的手段及力度相对有限,并且在有限的手段中,又以批评教育为主。惩罚力度过于轻微成为霸凌行为广泛产生的重要因素。

表 1 - 4　校方在校园霸凌事件中的应对手段,N = 50

变量		频次	百分比
校方有无针对该事件的应对措施(N = 50)	没有或未知	42	84%
	有	8	16%

---

① 以天津市为例,据天津市 2018 年 11 月 21 日出台的《天津市预防和治理校园欺凌若干规定》的责任配置相关规定,学校是预防校园欺凌的责任主体,校长是预防校园欺凌的第一责任人。

② 参见于阳:《城市青少年犯罪防控比较研究——基于英美国家的理论和实践》,天津社会科学院出版社 2015 年版,第 125 页。

③ 参见滕飞:《校园霸凌行为法律规制进路探析》,载《行政与法》2017 年第 8 期。

续表

变量			频次	百分比
校方面对霸凌事件时调查频率(N＝50)	未调查/未知		32	64%
	调查	有结果	8	16%
		未知	10	20%
校方应对校园霸凌的处理方法(N＝8;方法不具有互斥性)	责令退学/劝退		2	4%
	通报批评/批评		3	6%
	教育手段		3	6%
	责令赔礼道歉		2	4%

数据来源:笔者统计的50起霸凌热点事例。

三、校园霸凌行为产生的环境因素

导致校园霸凌的个人因素并非凭空产生,而是在有关环境因素综合作用下形成的。德国刑法学家李斯特认为,特定的犯罪行为是个人素质与社会环境的共同产物。在承认个人生理因素对犯罪行为的产生有重要影响的同时,该理论重点指出了社会因素对犯罪人行为的决定性因素。① 主要包括犯罪亚文化、大众传播等。当前,环境因素以渐进、隐性的方式对行为人施加影响,辐射面广、影响深远。

(一)犯罪亚文化发达催生校园"丛林法则"

犯罪亚文化②发达是校园霸凌产生的重要原因。亚文化是指在一个社会的某些群体中存在的不同于主流文化的价值观念和行为模式。③ 研究表明,当社会形成统一的价值目标,或者主流文化发达时,社会总会呈现出一种稳定而团结的状态,而当主流文化受到冲击或者亚文化发达之时,社会就会发生混乱,违法犯罪率就会上升。④ 在不同的学校之间,存在不同的亚文化类型。对于校园霸凌而言,暴力亚文化和团伙亚文化发挥着重要作用。暴力亚文化发

① 参见[日]大谷实:《刑事政策学》,黎宏译,法律出版社2000年版,第43页。

② 美国犯罪学家科恩的"亚文化理论"认为,未成年人的犯罪亚文化具有非功利性、恶意性、否定性、及时享乐和群体意识性的特征。

③ 参见王牧主编:《新犯罪学》,高等教育出版社2016年版,第102页。

④ 参见王牧主编:《新犯罪学》,高等教育出版社2016年版,第256页。

达的地区或学校，往往推崇“丛林法则”，以拳头论英雄；而在团伙亚文化发达的地区或学校，往往容易形成校园霸凌的违法犯罪团伙。在社会治安较差、教育资源匮乏的地区，校园霸凌事件时有发生。

犯罪亚文化通过“诱导”和“激发”两种形式发挥作用，但最终目的都是诱使未成年人犯罪。① “诱导”作用诱使潜在的行为人加入霸凌团伙、学习霸凌技能；而“激发”作用使得合格的霸凌者在机会降临时对受害人施以伤害。在封闭的校园环境中，亚文化的酝酿与发展具有更高的破坏力。国外研究表明，不同学校的少年犯罪率有较大差别，有的学校犯罪率较高，有的学校犯罪率很低，在所谓的“少年犯罪学校”中，校园霸凌更是屡见不鲜。②

（二）大众传媒“暴力美学”的消极影响

青春期的青少年还没有形成完整的世界观、人生观、价值观。外界的诱导对青少年的影响很大，青少年往往有从众、模仿的心理。目前涉黑题材的电影中黑社会组织及其成员的生存手段都是依赖极端暴力，不少未成年人在犯罪后均坦言，曾受《古惑仔》等黑帮电影的影响。③ 随着网络、媒体、通信行业的发展，各种信息满天飞，加之青少年对信息的识别能力差，容易受不良信息的误导。网络游戏暴力、影视色情暴力等是青少年校园霸凌的重要催化剂。④

（三）社会工作角色的缺位导致社会关怀不足

就域外应对校园霸凌经验而谈，由社会工作者、志愿者协同参与的社会预防与校园霸凌机制相结合的模式，由于具备操作灵活性、人文关怀的特点，实践中起到了不可或缺甚至无可比拟的关键作用。⑤ 在我国社工体系建设尚未成熟的今天，“家庭—街头—社会组织—志愿者—学校”的防范链条出现缺位，致使学生在走出家庭进入学校之间的中间地带成为校园安全防范工作的空白

① 参见齐辉：《未成年人犯罪亚文化分析及对策研究》，载《犯罪与改造研究》2016年第9期。

② 参见［英］R. 布来克本：《犯罪行为心理学：理论、研究和实践》，吴宗宪、刘邦惠等译，中国轻工业出版社2000年版，第152～154页。

③ 参见张莎白、刘传稿：《影像中的有组织犯罪亚文化——以香港黑社会题材电影为例》，载《犯罪研究》2013年第6期。

④ 参见段松、司汉武：《关于校园霸凌现象的思考》，载《法制与社会》2017年第4期。

⑤ 参见安琪：《校园欺凌问题的困境解构与法律破解——以美国反欺凌立法为借鉴范式》，载《中国青年研究》2017年第5期。

区。一方面，街头社工人员和志愿者的缺位，为大量的霸凌行为提供足够的犯罪空间；另一方面，由于校方心理工作环节的专业程度不足，致使大量潜在的霸凌者无法得到及时的疏导。如果社会工作防范链条健全，将会大大压缩霸凌行为的发生空间。就施暴者心理健康而言，完善的社会工作防范链条同样有助于减少由于社会关怀不足导致施暴者产生愤懑不平的危险情绪。

四、应对校园霸凌行为适用刑事法律存在障碍

当前，学界在讨论校园霸凌犯因要素时，一些学者将立法不完善和司法实践不规范列为引发校园霸凌的重要原因甚至首要原因。有学者指出，“从根本上解决校园的安全问题，必须通过校园安全立法。以法律特有的强制性、权威性来规范校园安全管理行为”。[①] 我国长期以来对青少年不良行为所采取的方针以教育和矫正为主。然而目前民众对教育和矫正的效果尤为失望，转而要求诉诸惩治力度更大的刑罚。[②] 这也是“立法优先”论不断被强调的社会原因。笔者认为，立法与校园霸凌的辩证关系，需要进行综合考量。一方面，校园霸凌现象中的行为人，往往具有“低级生物本能主导”“低龄”“智力相对低下”等特征。要求其“知法而不敢犯”难免强人所难。因而将校园霸凌的发生归结于行为人“钻法律空子”的论点值得商榷。另一方面，我国目前尚未出台《校园安全法》，但现有法律法规在应对校园内的恶性行为时并非一筹莫展。《刑法》《治安管理处罚法》等法律均可以对恶性校园霸凌行为进行有效规制。这也充分表明，目前校园安全立法并非完全缺失，而是在法律适用中存在一些障碍。笔者这里以刑法为例，从年龄因素的阶层判断失位和缺乏单独有效的少年司法体制模式两个方面加以论证。

（一）年龄因素的阶层判断失位导致未成年犯罪的“绝对排除”

在我国犯罪构成体系当中，年龄因素本应属于消极的、最后的责任要素。然而，实践中普遍存在“年龄因素提前介入判断范式”或“年龄绝对排除犯罪

---

① 姚金菊：《我国校园安全立法模式探究》，载《青少年犯罪问题》2016年第2期。

② 参见谭堃：《校园暴力问题的风险治理与少年司法模式》，载《青年探索》2017年第2期。

论”的倾向。例如,在南平校园追砍案[①]中,警方直接以未达到刑事责任年龄为由不予立案。依据《刑事诉讼法》第110条第1款的规定,人民法院、人民检察院或者公安机关认为有犯罪事实需要追究刑事责任,应当立案。持刀追砍评价为故意伤害行为合法合理,而《刑法》第17条第2款对刑事责任年龄宽宥进行限缩的规定涵射行为而非罪名。对于类似本案程度的恶性伤害行为,即便是未遂,也应当适用故意伤害罪乃至故意杀人罪(未遂)的相关规定。笔者认为,实践中将年龄因素提前判断,进而不再判断违法性和有责性,将会放纵大批未成年人校园行凶事件,不利于校园安全的维护和学生身心健康的保护。

(二)缺乏单独有效的少年司法体制不利于青少年犯罪治理

当前,校园霸凌事件乃至未成年犯罪呈现高发态势,完善少年司法体制模式尤为重要。目前我国已经逐步实行共同犯罪中未成年人与成年人分别关押、分别侦查、分案起诉、分案审理的刑事诉讼程序模式。此外,2012年《刑事诉讼法》新增未成年人案件诉讼程序,提出办案主体专门化——以少年法庭为审理主体的司法制度改革,但少年司法体制仍存在诸多需要完善之处。首先,基于未成年人诉讼主体的特殊性,建议可以与少年法庭对等设立少年检察院或少年检察厅。[②] 其次,在我国行政处罚与刑事处罚二元并存的制裁体系下,我国少年司法处遇措施缺乏对未成年人犯罪行为的刑事处分和针对少年严重不良行为的非刑罚处罚措施。因此,需要根据不良行为的社会危害程度,增设针对未成年人的非刑罚处罚措施。最后,在应对未成年人不良行为的理念上,应当将“仁慈少年司法”,即教育为主、惩罚为辅的方针,转换调整为“适当少年司法”,即兼顾教育与惩罚,摒弃朴素的“同情弱者”心理。

笔者认为,相对于将立法不完善归结为校园霸凌的产生原因(甚至是首要原因),不如将目光转移至行为人本身和行为所处的环境之中进行分析。正如有学者所指出的,针对校园霸凌,与其关注犯罪原因消灭式的探讨,不如锁定

① 2018年10月25日,南宁一名初二学生围殴、持刀追砍同学,事后,校方以义务教育为由未加处分,警方以年龄不足为由不予立案。

② 参见岳慧青:《关于在我国建立少年检察院的构想》,载《预防青少年犯罪研究》2018年第4期。

联系切断式的研究。① 在校园霸凌行为发生前,立法手段对于懵懂轻率的青少年所能起到的规制作用非常有限,因而不能期待行为人因为"熟悉"法律而克制行为。但在校园霸凌行为发生时(尤其是在发生后),通过司法活动对行为人单独追责,对霸凌实施者的"再犯"行为和周边类似行为会产生明显的威慑效应。

第三节　校园霸凌行为的社会预防对策

校园霸凌的预防对策由刑事政策和社会预防政策构成,社会预防政策可再细分为一般预防、专门预防与个别预防。其中,一般预防着眼于全国范围内的校园霸凌一般现状,旨在塑造能够极大限度地抑制和克服霸凌现象的宏观社会环境。专门预防进一步将视野限缩于一地一校,特别是霸凌高发地和"犯罪学校"。此外,针对校园霸凌的个别预防,现有研究将目光集中于政府职责、校方职责和家庭职责,对施暴者和被害人分别进行研究,并提炼出校园霸凌的个别预防方案。笔者拟从上述多个角度进行综合剖析,有针对性地提出防治校园霸凌行为的社会预防对策。

一、采用综合性的防治举措对施暴者施加个别预防

内因在事物发展的过程中起决定性作用。防治校园霸凌问题,还需从内因着手,对症下药以预防和治理。其中,针对施暴者的个别预防,有两点需要重点提及。第一,施暴者同所有犯罪人一样,是一种精神性存在。犯罪人兼具理性认知和意识清醒的基础条件。这些基础条件不仅使其能够观察、认识自然与社会,并在一定程度上接受外界环境和规范的影响与制约,还能表现为一定的自我完善和行为选择能力。第二,施暴者往往表现为人格品质的欠缺或者变异。这种欠缺导致其认知能力、适应能力和自我控制能力低下,进而在特定情境下选择实施霸凌行为。此外,在针对施暴者进行个别预防时,要兼顾三

① 参见江界华、江帆:《校园霸凌心理形成机制及预防研究》,载《青少年犯罪问题》2018年第4期。

个原则：(1)在校园霸凌行为出现之前，普遍开展集体教育和心理辅导，消除潜在的施暴者，减少初犯。(2)校园霸凌行为一经发生，重点在于训诫，避免再犯。中和理论①认为，在少年犯罪行为已经发生时，必须加以训诫，阻止其犯罪行为"内心合理化"的进程。否则，从实施霸凌行为中获得的成就感或者对于施暴者的"推崇"，便会造成极高概率的重复施暴。(3)应当以个体社会化过程的推进为抓手，推进青少年形成个性特质及社会规范意识。

对于施暴者而言，有些因素依靠社会手段是难以有效预防的，譬如生理因素、年龄因素。此类影响因素只能寄希望于行为人的自我成熟，难以依靠外力予以纠正。然而，其他影响行为人的因素是能够通过社会、学校以及家庭手段进行规制的。通过对50起校园霸凌典型事例进行分析后发现，针对行为人的个别规制手段主要包括：(1)着力培养霸凌者的创造力和高雅趣味，可以抑制行为人内心的施暴冲动，进而切断因"无故""看不顺眼"等无诱因情形引发的霸凌行为，激励其回归正轨。(2)普及中学生性教育，普及正确的恋爱观，一味地对"早恋"严防死守只会使之成为引发恶性事件的导火索。(3)拥有较强社会关系的人，其在暴力行为中的影响力也较强。针对这一特征，通过"莫里诺社网图"②来筛选潜在的霸凌行为人，进而对潜在行为人开展思想教育和心理教育，调节其心理状态是行之有效的举措。(4)在面对一些异常人格和特殊人格的行为人时，则应采用专门的治疗方式，如物理疗法、行为疗法、生物反馈疗法等。

二、通过校方实施"噪声干扰"破坏犯罪环境进行预防

与生活环境、工作环境别无二致，犯罪同样需要"平稳"的犯罪环境。一般而言，破坏校园霸凌的犯罪环境功效更为显著。因此，破坏犯罪联系与犯罪环

---

① 犯罪学中和理论认为，大多数少年犯罪人并不把自己看作是犯罪人。因此，当他们准备进行犯罪行为时，他们会采用一些抵消或中和其行为的犯罪手段，并尽快学习将其行为合理化的一些技巧。通过使用这种技巧消除心理上的罪恶感，进而实施行为。

② 雅各布·莫里诺通过社会测量学技术，构建了"莫里诺社网图"。该图表明了群体内部人们的相互关系及疏密程度。其中，群体内部成员交际最为广泛、信息传播最为扩散者称为"社会计量明星"。在校园中，应当重点关注"社会计量明星"以及被排除在边缘的个体。前者更有可能成为施暴者，后者则是潜在的被害者。参见江界华、江帆：《校园霸凌心理形成机制及预防研究》，载《青少年犯罪问题》2018年第4期。

境应当是发力重点。施暴者往往具有人数上的优势，因为"一旦团体形成，他们就会急切期待着干点什么。无论是什么，只要能够让他们立即行动起来，他们就会欣然接纳"。[①] 由此可见，在团队集体行为之前即插入"噪声干扰"极为重要。

(一)通过"噪声干扰"避免身体霸凌

身体霸凌是整个霸凌事件的起点，一方面对受害者威胁较大，另一方面也容易被发觉和阻止。笔者统计的50起校园霸凌典型事例主要表现为殴打、掌掴等形式。此外，身体霸凌多发于校园及校园附近，统计显示有88%的肢体霸凌事件发生于校园旁或校园内，校方对此应承担主要责任。在具体"犯罪噪声"的选取中，校方可采取的主要措施包括：首先，规范校内摄像监控系统的安装配置，构建科学预警机制，在合理的成本之内，最大限度限缩犯罪空间、破坏犯罪环境；其次，完备校内紧急报警系统，建立迅捷的犯罪切断渠道；在对物的管理上，完善校内物品的安全基准，强化危险器具管理手段；最后，增加校内警卫人员的巡逻频次，提高"噪声干扰"霸凌的频率。

(二)将学生开发为"信息源"化解精神霸凌

精神霸凌具有较强的隐蔽性，预防难点在于如何发现。由此可见，预防精神霸凌有赖于学生之间的监督和举报，这就需要将学生自身改造为信息源、干扰源。首先，鼓励学生互相监督，勇于举报。50起典型事例统计显示，有4%的霸凌事件起因为被害人向老师"告密"。因此，应格外重视对举报者的保护，避免提供"信息源"而成为受害人。其次，要重视防控语言霸凌。对于语言霸凌的防控，首先需要校方提高判断力，对一般的辱骂行为和语言霸凌要加以区分，其区分标准在于针对特定行为对象是否长时间、是否重复侵害等。

关系霸凌极具隐蔽性，破坏关系霸凌的犯罪环境，应当从更宏观的角度入手。主要包括：第一，适当增强校内人际关系的流动性，重视受害人调换寝室乃至调换班级的要求。第二，加强班级文化建设，主动帮助学生化解隔阂，转变潜在的犯罪环境为生活环境。第三，发挥学生自治组织功能，如学生会、班

---

① ［法］古斯塔夫·勒庞：《乌合之众——大众心理研究》，戴光年译，新世界出版社2015年版，第28页。

委等。在校园生活中，学生及学生组织最容易发现关系霸凌，在发现时，应及时履行报告义务和帮助职能。

三、通过多措并举净化滋生霸凌行为的社会土壤

（一）净化社会文化进而引导校园文化

社会学意义上的文化，不但以“社会潜意识”的形式深刻影响着处于该文化之中的个人的行为和态度，而且深刻制约着该社会的结构模式。① 校园文化是指作为一种校园精神或校园共享价值的精神文化。校园文化健康程度直接关系着师生的精神面貌和言行举止，能够从“潜意识”的角度对校内人员的不良行为进行规制。特别是在一些“犯罪亚文化”发达的地区和学校，抢占文化阵地更是势在必行。当前，我国正经历着急剧而深刻的社会转型，校园环境面临着人口流动、构成复杂、生源质量参差不齐等难题，国外一度盛行的极端个人主义、享乐主义、物质主义等思潮弥漫在我国校园中，对学生的戕害尤烈。因此，无论是从适应教育管理体制改革的角度还是从预防校园霸凌的角度考量，校园文化的引领乃至重建都迫在眉睫。

引领校园文化的目的和任务，是在保留我国传统文化中尊师重教的基础上，对根植于传统文化中教育文化和校园文化糟粕的部分予以剔除，在对古今中外教育文化和校园文化的扬弃过程中实现社会价值的整合与统一，并在社会上形成一个共同的、向上的、阳光的校园文化氛围。另外，加强对社会舆论的管控，特别是针对未成年人的信息筛选制度，严格监管文化市场。对暴力、血腥、淫秽、低俗的文化物品加大监督和管制力度，抵制社会不良风气。通过营造健康的舆情环境，引导公众形成正确的舆论导向，理性认知校园霸凌，提高公众保护未成年人的责任意识。②

（二）及时建立健全社会工作制度

相较于美国、日本等发达国家，我国社会工作及志愿者建设尚处于起步阶段。街头防范与治理是遏制校园霸凌的重要环节。然而，目前街头的社工队

---

① 参见王牧主编：《新犯罪学》，高等教育出版社2016年版，第255页。

② 参见张祎：《校园霸凌的现状、原因及防止路径》，载《广西青年干部学院学报》2017年第5期。

伍却存在大量缺位。预防青少年犯罪是司法工作的重要目标,而社会工作与少年司法的衔接,既非偶然,也非尝试,是历史和社会的必然选择。[①] 社会工作对于预防校园霸凌的防治应当是贯穿全过程的综合介入。具体包括以下三个方面:(1)在事前,社会工作应当介入校园霸凌的预防环节,在宣传教育、心理疏导抑或制度构建上,社会工作人员均具较强的专业性;(2)在事中,社会工作人员的存在本身就是极强的"犯罪噪声",能够大幅压缩校园霸凌的行为空间,同时能够对恶性的身体霸凌行为做出快速反应,避免损失扩大;(3)在事后,不同于校方的手段有限,社工组织能够开展的纠偏手段更为多样和全面,主要包括对霸凌者的社会矫治及社会考察等。目前,社会工作与校园安全的结合,社会工作与预防青少年犯罪的结合,其中仍有较大空间有待挖掘。

四、通过割离"被害倾向"进而促进对霸凌行为的被害预防

校园霸凌行为中的被害人是指因其他学生的霸凌行为而受伤害或受阻碍的学生。校园霸凌中的被害人,一般存在被害重复性、被害影响严重性、被害抚慰紧迫性等基本特征。被害人自身的某些特征会引起加害人的犯意,在校园霸凌情境中,被害人具有的被害倾向的特殊人格,往往会引起或增强加害人的犯意。美国犯罪被害人学研究者路易斯·德曼·斯帕克斯(Louise Derman-Sparks)和马库斯·费尔森(Marcus Felson)创立并发展了"个人被害因素理论"。该理论指出,有些人和团体之所以重复被害,是因为他们具有被害倾向,即具有许多导致被害的因素。[②] 笔者对50起校园霸凌典型事例进行统计后发现,48%的霸凌事例受害人曾多次遭遇类似的霸凌行为,只有14%的受害人系首次面临校园霸凌。此外,言语失律和交往失衡同样是被害人遭遇霸凌行为的重要因素。[③] 相关统计显示,12%的受害人遭遇霸凌行为源于其与施暴者先前的言语冲突或者交往冲突。笔者认为,预防校园霸凌应从被害人预防和被害情景预防两个层面入手。

---

① 参见席小华:《社会工作介入少年司法制度之探究》,载《青少年犯罪问题》2009年第4期。

② 参见王丽华等:《犯罪被害救济制度》,社会科学文献出版社2013年版,第44页。

③ 言语失律指受害人在日常生活中口无遮拦,故意或过失地触动了加害人的心理,激起犯意产生。交往失律系受害人在日常生活中有着不恰当的交往方式,在霸凌行为的受害群体中,这种失律往往体现为社交能力不足、缺乏社会交往和人际关系不良等。

(一)通过“割离被害倾向”进行被害预防

被害人预防即直接通过对被害人的教育或规制,减少校园霸凌的发生。具体而言,首先,要鼓励被害人勇于举报。施暴者在霸凌行为实施时会产生与外界之间的信息交流与反馈机制(互动理论),而忍气吞声的被害人则会反馈一种加强犯意的信息。其次,要规范被害人的日常生活方式。日常活动理论认为,人们的日常生活方式与犯罪被害密切相关。在校园霸凌中主要体现为言语失律和交往失衡。因此,鼓励被害人拓宽交际、热衷群体交往是一种有效手段。最后,要及时对被害人进行心理疏导,一方面,可以安抚被害人情绪,将损失降到最低;另一方面,由于青少年拥有较强的自尊心,及时安抚和疏导也有助于避免由被害人到加害人的角色转变。

(二)破坏犯罪要素的集合进行被害情景预防

基于“日常生活理论”①,可以提出校园霸凌的被害情景预防对策。首先,破坏校园霸凌产生的空间要素,在上文中已经提及的“校园监控覆盖”“校内巡逻无死角”均能够有效破坏校园霸凌产生情景的空间元素。此外,社会工作人员的介入是压缩街头犯罪空间的有效手段。其次,增加“保卫者”角色,在校园霸凌的高发学校、易发班级试行高等教育中的“导师责任制”,为学生指定“安全导师”,通过“安全导师”开展定期关怀和教育,尽可能地阻断校园霸凌行为的发生。最后,在具体的犯罪人要素控制及被害目标要素控制上,需要通过破坏犯罪要素的集合来进行被害情景预防。

结　语

对于犯罪问题的预防和治理,既需要充分考虑我国地域发展的不均衡因素,更要结合时代发展、科技进步等多维度进行综合研究。当前,任何犯罪现象都不存在彻底的、绝对的解决之道,科学、系统的观察分析与及时应对乃是

① 日常生活理论认为,犯罪就是一个事件,这个事件的发生需要三个基本元素在时间和空间上的集合。这三个元素分别为:有犯罪动机的犯罪人、适当的被害目标、缺乏有能力的保卫者。

有效治理路径。其中，校园安全的建立与维持是一个长期、复杂的系统工程。本章关于校园霸凌问题的讨论，实质上是关于整体校园安全问题的讨论。笔者认为，要认识校园霸凌行为的本质，应当将其置于整个校园暴力体系之内进行比较与分析。应对校园霸凌行为的防治对策及具体措施，应当以认识其行为特征、辨析其行为类型为逻辑起点，在认识论建构的基础上，再总结并提炼出相关成因与社会预防对策。

第二章 青少年弑亲行为的主要特征、成因分析与防治对策

西方世界中有许多关于杀父或者杀母的神话传说,此类以弑亲为主题的文本反映出在西方社会观念中父母权威的可挑战性。在17世纪关于父权制度的争论中,弑亲行为被看作是对权威的反抗。① 与此不同,我国的历史或是传说中几乎难以找到以弑亲为主题的故事,即使存在代际之间的冲突也多以年轻一辈的失败和服从而告终,挑战父母权威的行为不仅在现实中不被认可,在文学作品中也“难觅其踪”。我国古代社会奉行的儒家文化强调伦理纲常,并有相对应的严厉惩罚机制,在这样的文化观念中对父母的敌意和冲突是被绝对禁止的。但是将目光转向现代,我们会发现,即使中国和西方社会的思想观念差异巨大,现实中却都存在弑亲的现象,尽管弑亲行为相对来说比较罕见。在美国,全国各地执法机构向联邦调查局报告的杀人案表明,平均每年有200名至300名父母被他们的

---

① See Marianna Muravyeva, Raisa Maria Toivo, *World Histories of Crime, Culture and Violence*, Palgrave Macmillan Press, 2017, p. 1.

未成年或成年子女杀害。有关逮捕数据表明,在1976年至2007年的32年间,美国平均每年约有132位生父、115位生母、47位继父和7位继母被杀。在美国、日本、澳大利亚和加拿大,父亲和母亲约占所有谋杀案受害者的2%;在加拿大和塞尔维亚,这一比例不到4%;在法国是2%~3%;在突尼斯的统计中弑亲案件占所有谋杀案的1%~5%。① 在我国,虽然没有发现大范围的统计数据,但是从现有的国内研究来看,我国的弑亲案件同样在不同区域时有发生。有学者曾经统计分析了2011~2013年我国中部某省区域内发生的135起"杀亲案件",结果是两年间在我国的一个省份内发生了44起子女杀害父母的案件。②

当前,我国的相关研究多集中于各个年龄段的弑亲案件,在笔者看来,将青少年阶段的弑亲案件作为独立的研究对象具有重要价值。一方面,青少年在生理和心理方面有其特殊之处,当所处的家庭环境对他们不利时,他们往往别无选择,因为尚无摆脱家庭独立生活的能力,反倒更有可能去选择这种极端的弑亲行为。同时,这一年龄阶段的孩子社会经验匮乏,也导致其在面临复杂的环境时没有更多处理方案,更不会尽可能去权衡利弊。与此相反,面对同样的困境,那些完全成熟的个体更可能选择离开这样的环境。另一方面,弑亲犯罪往往有潜伏期,青少年时期所受到的各种诱发弑亲行为因素的影响,可能在成年后演变为现实中的弑亲犯罪。因此,相对而言,青少年弑亲行为更容易进行预防和矫治。本书通过对相关典型案例的分析整理,发现那些影响青少年弑亲行为的相关因素,从而有针对性地采取预防措施。如此一来,不仅能够直接针对青少年弑亲者这一特殊群体进行有效防治,对于预防其他年龄段的弑亲犯罪同样具有十分重要的理论意义和社会实践价值。

---

① See Kathleen M. Heide, *Understanding Parricide: When Sons and Daughters Kill Parents*, Oxford University Press, 2013, p. 5.

② 参见方俊杰、肖圣兵、秦明、陈林:《"杀亲案件"135例法医学回顾分析》,载《中国法医学杂志》2017年第3期。

第一节　青少年弑亲行为的概念界定

青少年的年龄范围在世界犯罪学领域始终没有统一明确的界定。因而，出于事前预防的需要，青少年的年龄范围也不需要与相关刑事法规完全一致。笔者认为，将青少年犯罪中的年龄范围界定为6～25周岁是合理的。① 具体到弑亲案件中，美国最近的一项青少年弑亲犯罪研究显示，被确认实施了弑亲行为的人中，年龄最小的是8岁，这与美国允许合法持枪有一定联系。一般而言，年龄在8岁的孩子往往不具有单独杀死父母的体力，除非使用枪支。② 从笔者收集到的2010～2019年我国发生的青少年弑亲案件来看，行为人最小年龄为12周岁，所以将本书研究的青少年弑亲案件中青少年年龄下限界定为12周岁。③ 同时，将青少年弑亲案件中青少年的年龄上限界定为25周岁，在笔者看来具有一定合理性。主要基于以下三点原因考虑：其一，美国的一项研究显示，弑亲犯罪中未成年人(18岁以下)所占比例是20%左右，超过30%的弑亲者年龄在20岁以上。而将年龄上限提高到25岁，是因为在所有因杀害父亲而被逮捕的人中，年龄在25岁以下的占比超过50%；因杀害母亲而被逮捕的人中，超过33%的人年龄在25岁以下。④ 为使本研究覆盖更多样本，提高结论的普适性，有必要适当提高行为主体的年龄上限。其二，英国一些心理学家研究发现，人类的大脑直到25岁才能完全发育成熟，此前人的认知水平也会随着大脑皮层的发育而不断发展。英国伦敦塔维斯托克诊所的儿童心理学家拉弗内·安特罗伯斯(Laverne Antrobus)就认为，满18岁就进入成年其实是不恰当的。

---

① 参见于阳：《城市青少年犯罪防控比较研究——基于英美国家的理论和实践》，天津社会科学院出版社2015年版，第24～25页。

② See Thompson S. A., Thompson B., *Youthful parricide: child abuse is not the primary motivator*, Journal of Criminological Research, Policy and Practice, 2019, 5(4), p. 253–263.

③ 《湖南12岁男孩弑母案》，载搜狐网2018年12月12日，http://www.sohu.com/a/281423594_732563。

④ See Kathleen M. Heide, *Understanding Parricide: When Sons and Daughters Kill Parents*, Oxford University Press, 2013, p. 5.

英国的临床心理学家莎拉·赫普斯(Sarah Helps)也表示,大脑的发育会持续到20岁中期甚至30岁早期。心理学领域将青春期划分成了三个阶段:早期为12~14岁,中期为15~17岁,后期则为18~25岁。① 因此可以作出判断,从12~25岁都是心理学意义上的青春期。其三,当前随着社会经济和教育事业的发展,青年人接受学校教育的时间普遍较长,25岁的青少年无论是在经济方面还是在心理方面,一般还无法完全脱离对家庭的依附进而独立生活。综合分析各方面因素后,笔者认为,将弑亲案件中青少年的年龄范围界定为12~25周岁是较为合理的。

此外,关于"弑亲"的概念也需要予以重新界定。自汉代起,儒家思想成为封建社会的正统思想,其所倡导的伦理纲常等礼教被法律所吸纳。为维护以父权为主体的家庭关系,进而达到稳固封建统治秩序的目的,我国古代的法律对弑亲行为有不少规定。《北齐律》中有"重罪十条",其中"恶逆"指的是殴打、谋杀尊亲属的行为,其后隋朝的《开皇律》将"重罪十条"修订为"十恶",其中的"恶逆"在原来的基础上增加了谋杀父母、祖父母这样的列举。②《唐律疏议》沿用了《开皇律》中的"十恶"。从国外立法规定和相关研究状况来看,1907年4月24日公布,1908年10月1日起施行的《日本刑法典》第200条规定了"杀害尊亲属罪",将尊亲属定义为父母。③ 英美法系国家一些专门研究弑亲犯罪的学者也将弑亲概念限定为杀害父母的行为。④ 因此,宜将弑亲定义为杀害父母的行为,包括杀害母亲、杀害父亲或者杀害双亲。其中"亲"的范围涵盖亲生父母、继父、继母以及养父、养母。⑤ 综上所述,笔者将青少年弑亲行为定义为12~25周岁的青少年实施的故意杀害(包括预备、未遂和中止等各种故意犯

---

① 《最新研究发现:人类25岁左右大脑发育才完全》,载人民网2021年12月30日,http://scitech.people.com.cn/n/2013/1025/c1007-23325347.html。

② 参见周东平:《隋〈开皇律〉十恶渊源新探》,载《法学研究》2005年第3期。

③ 参见高瑞:《当代青少年弑亲犯罪的特点及对策研究》,载《江西警察学院学报》2015年第3期。

④ See Yalcin Buyuk et al., *Medico-Legal Evaluation of Adolescent Parricide Offenders: Thirty Nine Cases from Turkey*, Journal of Family Violence, 2011, 26(1), p. 1-7.

⑤ See Marc Hillbrand et al., *Parricides: Characteristics of Offenders and Victims, Legal Factors and Treatment Issues*, Aggression and Violent Behavior, 1999, 4(2), p. 179-190.

罪的未完成形态）父母（包括亲生父母、继父母、养父母）的行为。

第二节　青少年弑亲行为的主要特征

笔者从国内新闻媒体报道以及中国裁判文书网上，随机地收集到2010～2019年发生在我国境内的31起典型青少年弑亲案件。针对这些典型案例，笔者进行了描述性的数据统计，并分析了青少年弑亲案件在时间与空间、行为、行为人以及被害人等方面具有的基本特征。相关结果统计分析如下：

一、时空特征

（一）案件数量变化趋势较平稳

从2010～2019年的青少年弑亲案件数量变化趋势来看（见图2－1），除2016年出现发案高峰外，其余年份案件数量基本平稳，近年来并无明显上升或下降趋势。其中3起行为人年龄为12周岁的案件中，有2起发生在2012年；另有1起发生在2018年。总体来看，低龄青少年弑亲案件并未明显增多。我国青少年弑亲案件本身罕见，数量趋势平稳，年平均发案数在3～4件。

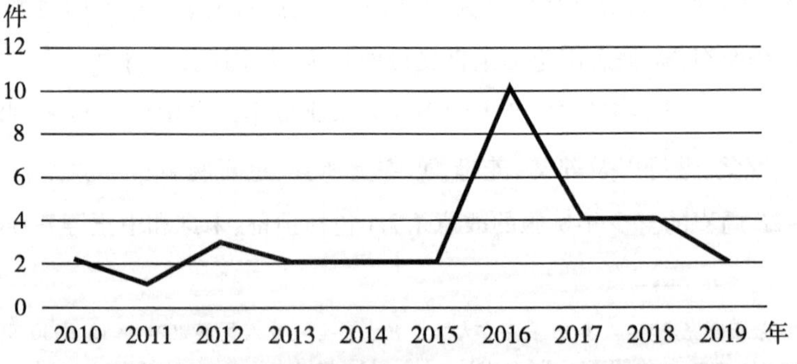

图2－1　2010～2019年我国青少年弑亲案件数量变化趋势

数据来源：笔者统计的31个青少年弑亲案例。

（二）案件发生地域广泛，南方省份居多

我国青少年弑亲案件发生的地域广泛。31个案例遍及全国16个省（自治区、直辖市），可见青少年弑亲案件并非个别省份的特有问题。其中西南部、东

南沿海、东部沿海省份案发数量偏多，这与西南部经济不发达，东部及东南沿海外来务工人员较多有一定关系。此前有研究表明，青少年弑亲案件多发生在农村地区。① 与此不同的是，本章研究的案例中青少年弑亲案件在城市和农村的地域分布较为均衡，基本各占50%。可能是因为近年来离开农村外出务工的人员较多，子女随其迁入务工城市，对周边环境的不适应成为弑亲行为的可能诱因。例如，2015年重庆市发生的一起14岁少年杀害其父的案件，行为人本为留守儿童，后辍学随父亲打工，因工作劳苦多次提出想要回家，父亲非但不允反而当众责骂，便心生怨愤趁父亲熟睡将其杀死。②

二、弑亲行为特征

（一）作案手段趋向暴力化

在31起案件中，有90%以上的行为人采用暴力手段作案，少数犯罪行为极其残忍并伴有毁坏尸体的行为。其中有一半以上的行为人使用菜刀或水果刀砍刺被害人。除此之外，还有行为人采用铁锤或榔头击打、铁棍击打、电棍击打、勒颈等方式，少数行为人结合使用上述多种作案工具。绝大多数行为人选择有巨大杀伤力的工具，而且袭击部位多为脑后、脖颈等致命部位。可见，行为人目的性明确，同时也反映出这些青少年生命观的缺失和对于生命的漠视。

（二）即发性犯罪相对较多

虽然从样本中来看，青少年弑亲案件中即时犯与预谋犯并存，但预谋犯罪的数量明显较少，只有不到30%的弑亲者有事前预谋。但是，这些青少年即使有预谋，也并非进行了成熟细致的谋划，只不过是进行了大多数案件所体现的谋划现象，如提前购买了工具和选择被害人熟睡时作案等。大部分青少年弑亲者是在与父母发生了言语或者轻微肢体冲突后，情绪激动之下即时实施杀人行为。这与青少年生理心理发育不成熟，情绪控制能力弱，冲动易怒的特点有一定关联性。值得关注的是，这些一时冲动实施弑亲行为的青少年，虽然达

① 参见高瑞：《当代青少年弑亲犯罪的特点及对策研究》，载《江西警察学院学报》2015年第3期。

② 《14岁少年不满父亲管教太严选"吉时"弑父》，载新浪教育2021年12月30日，http://edu.sina.com.cn/zxx/2015-06-05/1447471528.shtml。

不到早有预谋的程度，但是一般在内心早有过弑亲的想法，对父母的不满和怨愤通常压抑已久。如2016年的一起弑父案中，行为人坦言，自己早在10岁时就有了杀死父亲的念头，因为从小父亲就一直有酗酒的习惯，经常酒后打骂他，小时候他便怨恨父亲。直到20岁那年，在父亲再一次酒后责骂他后，他在凌晨趁父亲熟睡时挥刀弑父。[①] 弑亲行为虽然多为激情犯罪，但通常有很长的潜伏期，这从另一个方面说明弑亲行为具有预防的可能性。

三、行为主体特征

（一）行为主体以男性为主

行为主体中绝大多数为男性，所占比例超过90%。笔者收集的31个青少年弑亲案例中只有3个行为主体是女性，其中一例采取下毒手段，另一例采取囚禁方式将母亲饿死并伴有暴力殴打行为，还有一例是在父母一方服用安眠药的情况下将其勒死。男性相比于女性发育成熟更晚，更冲动易怒，发生冲突时更容易采取极端暴力方式，而且相比于女性具有体力上的优势。在当前的青少年犯罪中，女性暴力犯罪案件虽然呈现出逐年上升的趋势，但在极端暴力犯罪案件中，女性行为主体依然极为罕见。[②]

（二）行为主体多为辍学、无业者，且文化水平较低

本章收集的31个青少年弑亲案件，有14个是未成年人所为，17个是成年人所为。前者中有接近一半的人辍学，后者中则有近60%的人无业。同时，如图2－2所示，从学历状况来看，在成年弑亲者中有超过70%的人学历在初中及以下，只有极少数接受过高等教育（大专）。在两例受过高等教育者实施的弑亲案中，行为人的杀人动机与其他案例有较大差异——并非由于单纯不服父母管教或是厌烦父母对自己行为的干涉，而是具有特殊性和偶然性。例如，在2011年吴飞龙与其母共同杀害其父的案件中，行为人吴飞龙与家人长期受到父亲严重家暴，曾被辱骂殴打，其母亲郑某某右眼被踢失明，其妹不堪忍受

---

① 《福建20岁男子凌晨挥刀杀死父亲》，载搜狐网2020年5月7日，http://www.sohu.com/a/73993858_194456。

② 参见于阳：《城市青少年犯罪防控比较研究——基于英美国家的理论和实践》，天津社会科学院出版社2015年版，第34页。

父亲虐打曾欲自杀,后离家出走。某日父亲再次酒后生事殴打吴飞龙与母亲,二人不堪忍受便使用电线共同将被害人勒死。① 在另一起 2019 年的弑亲案例中,21 岁的行为人因支付培训费用等原因在多个银行和网络公司贷款,后无力偿还到期贷款,其父亲案发前曾受到电话催债骚扰。行为人便有预谋地杀害母亲取得钱款。② 可见,受教育程度是对青少年弑亲犯罪影响较大的因素。

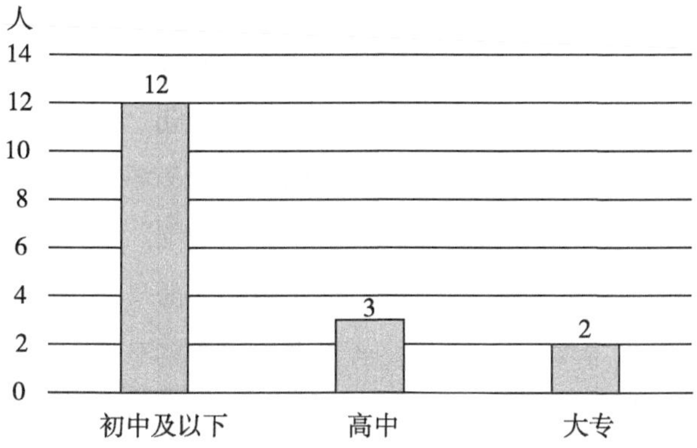

图 2-2　2010~2019 年弑亲案件中成年青少年学历状况

数据来源:笔者统计的 31 个青少年弑亲案例。

(三)成年弑亲者更多患有精神疾病

样本案例中有 4 个案件行为人患有精神疾病,其中 3 个均为成年青年,这与国外临床医生的观察和学者的研究结果有一定符合性。即从逻辑上来看,成年人毕竟相对于未成年人而言,在情感和精神方面的发育都更为成熟,其实施弑亲行为是更加不寻常的事情。国外的研究者也在杀害父母的成年犯罪人中,发现更多人有精神疾病史和广泛的精神病会诊史,而在未成年弑亲者中则没有这种现象。所以有学者指出,弑亲行为本可以通过更加密切的精神病学

① 《淮安市人民检察院诉吴飞龙、郑素青故意杀人一审刑事判决书》,载无讼案例数据库 2021 年 12 月 30 日,https://www. itslaw. com/detail? judgementId = d1d7564d - 69dc - 43ab - 9594 - 2d832590b7d9&area = 0&index = 13&sortType = 1&count = 14&conditions = searchWord% 。

② 《唐明健故意杀人一审刑事判决书》,载无讼案例数据库 2021 年 12 月 30 日,https://www. itslaw. com/detail? judgementId = 6da94ab0 - 9766 - 4ba7 - 8669 - 54a77e0520a1&area = 0&index = 1&sortType = 1&count = 13&conditions = searchWord% 。

观察和护理来加以避免。①

四、被害人特征

(一)被害人的身份特征

总体来看,只杀害母亲、只杀害父亲、同时杀害双亲的案件数量基本各占1/3,父亲受害数量并未显著高于母亲。但在分别观察12~18岁弑亲者与19~25岁弑亲者的行为对象后,可以发现前者中母亲被害比例比父亲被害比例约高出40%,而在后者中正好相反,父亲被害比例比母亲高出40%左右。有大约2/3的未成年弑亲者为留守儿童或有过留守经历,父亲常年不在家,多在母亲或祖父母(外祖父母)的溺爱下长大,因对母亲干涉自己的行为产生不满而将其杀害,如因母亲阻止自己打游戏、上网、抽烟等。同时囿于未成年人自身体力和对父亲权威的忌惮,更可能选择比较弱势的母亲作为行为对象。在已成年的青年人中,有超过一半的弑亲者实施弑亲犯罪是由于父亲曾经对自己有过严重暴力行为或者打骂行为。因此,成年青年的弑亲行为更多体现出行为人有能力之后对父亲权威的反抗与挑战,以及对一直以来压抑的怨愤的极度宣泄(见表2-1)。

表2-1　2010~2019年青少年弑亲案件中被害人身份特征统计

行为人年龄(周岁)	被害人身份			案件总数
	母亲	父亲	父母	
12~25	11	10	10	31
	35.48%	32.26%	32.26%	100.00%
12~18	8	2	4	14
	57.14%	14.29%	28.57%	100.00%
19~25	3	8	6	17
	17.65%	47.06%	35.29%	100.00%

数据来源:笔者统计的31个青少年弑亲案例。

① See Ogunwale A., Abayomi O., *Matricide and schizophrenia in the 21st century: A Review and Illustrative Cases*, African Journal of Psychiatry, 2012, 15(1), p. 55-57.

（二）被害人的行为特征

由于弑亲案件的行为人与被害人关系特殊，二者之间的互动性体现得更为明显，被害人的行为直接影响到行为人所处的生活环境，正如德国犯罪学家、被害人学先驱汉斯·冯·亨蒂希（Hans Von Hentig）所指出的，被害人"影响和塑造了他的罪犯"。[①] 在笔者所研究的样本中，父母一方或双方外出常年不在家的家庭占30%，父母离异或一方死亡的约占25%。由此分析，有超过一半的行为人生活在并不完整的家庭环境中。从被害人与行为人的日常互动中来看，约有1/4的被害人是溺爱型家长，虽然实施过家庭暴力的被害人只在4起案例中出现，但是严厉管教并使用简单粗暴的方式与孩子沟通的被害人则超过1/3。同时，在案发时（前）打骂行为人，与其发生言语或肢体冲突的被害人所占比例高达70%。如2017年发生的四川大竹13岁少年弑母案，其父母文化水平低，教育方式简单粗暴，不知如何与孩子沟通，只知道"不听话就打"。最终，这个在旁人眼里听话、有礼貌而且时常帮爷爷奶奶干活的男孩，以杀害母亲的方式结束了她对自己过于严格的管教。[②] 近年来，国外一些学者开始反思先前将家暴（虐待）与弑亲行为紧密联系的研究方式，进而不再认为家暴（虐待）是导致青少年弑亲主要原因。但不可否认的是，被害人简单粗暴的沟通方式（尚未达到家暴和虐待的程度），仍然在很大程度上影响着青少年的弑亲行为。[③]

第三节　青少年弑亲行为之成因分析

我国犯罪学界对于罪因结构最具代表性的认识，即罪因由内因与外因共同组成。内因与外因的划分以犯罪主体自身为基准，二者之间的互动最终促

---

① 李伟：《犯罪被害人学教程》，北京大学出版社2014年版，第67页。

② 《四川大竹13岁弑母少年：会帮爷奶干活和常遭父母打的独生子》，载澎湃新闻网2017年12月11日，https://www.thepaper.cn/newsDetail_forward_1899647。

③ Marleau J. D., Auclair N., Millaud F., *Comparison of Factors Associated with Parricide in Adults and Adolescents*, Journal of Family Violence, 2006, 21(5), p. 321–325.

成犯罪行为的产生。据此,笔者结合上文对青少年弑亲行为特征的描述,将引起弑亲行为的因素划分为内因与外因。内因即个人因素,外因则包括家庭因素与学校因素。个人因素与家庭因素和学校因素相互依存、相互作用,推动青少年实施弑亲行为。

一、个人因素

犯罪原因中的个人因素主要是指诱发主体实施犯罪行为的内在生理和心理特质。个人因素在青少年弑亲行为中具有不可忽视的地位。一方面,外在环境因素只有通过个人的内在缺陷才能触发犯罪行为;另一方面,只有具体地分析个人因素,才能更好地解答为什么处于同样的环境中,有的个体选择实施犯罪行为,而有的个体却并非如此。

(一)特殊年龄阶段成为弑亲犯罪的现实客观因素

青少年时期作为生命历程中一个特殊的年龄阶段,在犯罪学领域受到诸多关注。处于青少年时期的个人,大脑结构尚未发育成熟,认知能力也随之处于发展阶段。其个性发展中存在的诸多缺陷,如"辨别能力弱""道德意识淡薄""叛逆意识"等,均有可能成为弑亲行为的推动性因素。在2016年福建省发生的一起17岁女孩毒杀父母案中,还是高中生的行为人王某与有妇之夫陈某相恋。后来王某为了摆脱父母对自己恋情的干涉,向家里的锅中投入带有剧毒的氰化物,父母发现米饭有异味后并未食用,但王某却没有就此收手,而是继续找机会向父母食用的饭菜中投放鼠药。最终其父母中毒就医,东窗事发。该起案件中的行为人陷入畸形恋情而不能自拔,对父母的纠偏行为有严重逆反心理,反映出其社会经验匮乏、辨别是非能力薄弱以及道德感的缺失。正是基于行为人在这一年龄阶段特殊的心理特质,父母的不当干涉(令其辍学打工)以及陈某的引诱等外在因素才得以在推动其弑亲行为中发挥重要作用。

(二)不良情绪成为弑亲犯罪的内在主观因素

不良情绪是消极的、具有破坏性的情感力量,往往表现为痛苦、仇恨、失意、愤怒等。不良情绪本身不一定导致犯罪行为的产生,重点在于不良情绪能否被合理排解。如果不良情绪能通过适当的渠道得以宣泄,或者得以转化为正面情绪,则不会推动犯罪行为的产生,反之则会成为引发犯罪的内在因素。

在笔者收集的31个案例中,行为人最常见的不良情绪就是仇恨与愤怒,这通常是由其与父母的不良互动所产生的。正如犯罪学家艾奇霍恩所指出的,父母行为所造成的子女情绪伤残是导致行为主体行为失范的重要因素。相关案例分析数据显示,在弑亲行为发生之前,约有70%的青少年与父母之间发生了不同程度的言语或肢体上的冲突。在其与父母沟通不畅、处于相对薄弱的社会联系中(案例中行为人多为辍学或无业)的状况下,加之自身情绪控制能力较弱,这部分青少年往往无法排遣和宣泄自己的仇恨、愤怒,从而产生复仇的想法,并有可能因此实施极端行为。在有弑亲行为的青少年中,这些不良情绪还包括绝望、失意、自卑等。如在2010年的齐某某杀害父母案中,齐某某父亲得了脑血栓,不仅丧失了工作能力,还因治病给家庭带来了经济困难,家境困难加之父母每日争吵不休,让齐某某对生活感到绝望,最终产生了杀父弑母的想法并付诸行动。

(三)反社会人格与罹患精神疾病成为弑亲犯罪的推动因素

国外很多关于青少年弑亲犯罪的文献将研究的重心放在父母对孩子的虐待上,认为大多数弑亲犯罪是青少年为了结束持续多年的虐待而杀害自己的父母。甚至有研究指出,高达90%的青少年弑亲行为与父母的虐待有很高的相关性。① 这些研究对司法实践产生了影响,很多律师在为弑亲者辩护时过度依赖这一理论,审判中也往往将被害人定性为本应受到惩罚的施虐者,但实际情况是很多青少年指控的父母虐待行为并没有得到证实。因此,越来越多的学者开始转变研究思路,发现青少年弑亲犯罪中的其他影响因素。曾经为100多个弑亲案凶手做过心理评估的犯罪学家凯瑟琳·海德(Kathleen Heide)在自己原有研究的基础上,提出了另外两种类型的弑亲犯罪,即有反社会人格的青少年和患有精神疾病(精神分裂症、精神抑郁症)的青少年。②

反社会人格(Anti Social Personality)的概念最早出现在1986年美国的《精

---

① See Rowe J., *Escaping A Life of Abuse: Children Who Kill Their Batterers and the Proper Role of A Battered Child Syndrome: in Their Defense*, Criminal Law Brief, 2006, 2(1), p. 26 – 35.

② See Heide K. M., *Parents Who Get Killed and the Children Who Kill Them*, Journal of Interpersonal Violence, 1993, 8(4), p. 531 – 544.

神病诊断和统计手册中》(DSM－Ⅱ),其与犯罪行为之间的关联性已经得到研究证实。一般认为,反社会人格所具有的特征包括:(1)其行为常与社会规则发生冲突;(2)不诚实,欺诈成性;(3)冷酷自私且没有责任意识;(4)对自己的行为没有悔过感。英国的精神病学家将反社会人格突出的特点归纳为:"无情"以及"冲动",前者是指其对被害人没有感情、冷漠,后者是指其行为往往出于激情、冲动,未经思虑,没有明确的动机。在本章收集的案例中,部分青少年弑亲者在杀害父母后并没有悔过之意,他们或是继续去网吧玩游戏,或是平静而冷漠地隐匿尸体、策划逃离。同时样本中的行为特征描述也显示,青少年弑亲案件中,有超过70%的弑亲者属于即时犯,并没有事先预谋,其动机在一般人的角度看来也并不充分。

患有精神疾病的弑亲者往往有长期精神病史和广泛的会诊史。法医心理学家杰拉德·库克(Gerald Cooke)曾经指出,精神病患者的一些与父母有关的妄想或者幻觉,会增加家庭冲突并对父母产生特定威胁。一些因素的存在会增加成年患者弑亲的风险,主要包括男性性别、与父母同居或关系密切、失业或者在经济上依赖父母、未婚等。而且研究者同时还注意到,精神疾病型的青少年弑亲者在杀害父母之前,常常表现出对父母情感上的阻碍、压抑和沮丧,并且内心经历着对父母的仇恨。① 在31个样本案例中,患有精神疾病的弑亲者有4个,其中3个均为成年人。这些案例中的行为人特征与学者的研究结果是基本相吻合的。1名未成年精神病弑亲者休学在家,其余3名成年精神病弑亲者无业、未婚、与父母同居,且4人均为男性。其中的一名成年精神病弑亲者在供述中提到:"我的父母对不起我,从小他们便不想让我好好做人,我头上的伤口就是他们故意造成的,他们还想让我替他们还债。后来我之所以杀了另一名学生,是因为我想被判死刑或者无期徒刑,我想永远在监狱里待着。"②该弑亲者还曾经试图自杀,因为觉得自己被别人嫌弃、生活没有意义。可见,因

---

① See Dakhlaoui O. et al., *parricide: clinical and analytic study of 16 cases*, La Tunisie medicale,2009,81(12),p. 824－828.

② 《杨甯故意杀人一审刑事判决书》,载无讼案例数据库2021年12月30日,https://www.itslaw.com/search? searchMode＝judgements&sortType＝1&conditions＝searchWord%。

精神疾病而导致弑亲的案件类型虽然并非绝大多数，但却占到一定比例，而且较容易通过一些干预措施加以预防。

二、家庭因素

作为以婚姻和血缘关系为纽带形成的生活共同体，家庭往往是个体最基本的生存环境和社会化的最初形式。家庭因素深刻地影响着个体的发展，其与青少年犯罪的关系也备受学者关注。由于在青少年弑亲犯罪中，行为人与被害人具有特殊亲密关系，家庭因素更应该成为重点考察的对象。本章在家庭因素中着重分析家庭结构、家庭意识与家庭互动三个方面。

（一）家庭结构不完整对孩子造成较多负面影响

在犯罪学家特拉维斯·赫希提出的社会控制理论中，首先强调的便是个人对父母的情感依附。该理论指出，如果孩子对于父母的情感依恋程度足够高，这种父母与孩子之间的联系就更有可能阻止青少年实施犯罪行为。而家庭结构的完整性正是孩子形成对父母情感依恋的基础条件。在观察的31个样本中，行为人所处家庭结构不完整的接近60%，包括父母双方或是一方常年外出打工的、父母离异或是一方死亡的。父母双方均在家庭中缺位固然会让孩子无法形成对父母的依恋，由此造成对父母没有感情、极端冷漠，而父母一方缺位的家庭也存在同样的问题。一般在家庭中，父亲的坚强勇敢和母亲的关怀体贴共同对孩子产生影响，二者相互补充、配合，使孩子形成健全人格。而单亲家庭的孩子往往会因为父爱或者母爱的缺失，出现不同程度的心理失衡的问题，从而产生强烈的自卑、怨恨等消极情感，甚至导致严重的性格扭曲。有研究表明，这种家庭结构对孩子造成的不良影响往往不会随着时间流逝而逐渐消失，反而会逐步累积，愈演愈烈。[①] 例如，在王振弑母一案中，行为人王振的母亲陈某某，在王振出生后便离开他与父亲。在王振19岁时经母亲提议与其同住。次年某日，王振放羊时被母亲指责不专心，二人发生争吵，王振认为自己从小缺少母爱，与母亲同住的一年中，非但没有感受到家庭的温暖，反而常因生活琐事被母亲责骂，因此心生怨愤，在与母亲争吵时用烟灰缸、菜刀

---

① 参见于阳：《父母离异的未成年人犯罪原因探析》，载《天津大学学报（社会科学版）》2010年第6期。

将母亲杀死。[1] 本案中的行为人自小缺少母爱,对母亲并没有感情,却又渴望在与母亲的接触中得到亲情。现实与理想之间的落差给行为人带来的消极情绪,最终以一种极端方式得以宣泄。

(二)家庭意识中的极端主义观念导致冲突加剧

这里的家庭意识是指父母与孩子之间在观念上的冲突。当前我国的市场经济体制在激发市场活力、推动生产力发展的同时,也在深刻地改变着人们的思维方式,冲击着传统思想观念。在一个家庭中的两代人之间,这种冲突尤为明显。得益于科技的进步,孩子们往往能通过信息网络等各种渠道,接触到社会现代化进程中的各种外来文化。追求自由、独立、个体权利等思想观念,在一部分辨别是非能力弱、本身存在心理缺陷的青少年那里,反倒异化成了极端的个人主义观念。而我国传统文化中强调集体本位,不重视个人独立价值,要求个人服从于自己所依附的集团,体现在家庭观念中就是要求孩子对家庭、对父母顺从,而在某些父母那里,这种观念也走向极端,要求孩子对自己绝对服从,稍有不顺便动辄打骂。某种意义上,弑亲行为其实是父母与孩子两代人极端思想观念冲突之下的非理性、非常态的解决方式,而且是一种极具破坏性的应对方法。正如样本案例中所体现的,孩子在极端个人主义观念的引导下,对父母的一些稍有过度的管教方式,甚至是正常的纠偏行为,都能产生强烈的仇恨与怨愤。相反地,有些父母在极端传统观念的引导下,要求孩子完全服从自己,殴打、责骂成为常见的惩罚孩子“不听话”的方式,有些甚至演变成家庭暴力和虐待行为,招致孩子的不满与反抗。

(三)家庭互动模式演化为“冲突模式”

青少年弑亲案件中的父母既是家庭环境的塑造者,也是暴力行为的受害者。对于家庭互动的分析,其实也是对弑亲案件中被害人的分析。这一分析试图回答的问题是,为什么一些家庭中的父母会受到伤害而另一些则不会,父母在弑亲行为发生之前有哪些自身的行为促进了自己受害。从已经侦破的杀

---

① 《王振故意杀人一审刑事判决书》,载无讼案例数据库2021年12月30日,https://www.itslaw.com/detail?judgementId=001862e2-a197-4db2-91ad-22ff0cbe4eb9&area=0&index=3&sortType=1&count=357&conditions=searchWord%。

人案件来看,“一个人更可能被熟识的人杀害,而非陌生人”。这说明了在杀人这种极端暴力案件中,行为人与被害者之间的互动往往至关重要。① 根据英国犯罪学家史帕克斯·理查德(Sparks Richard)归纳出的导致受害的个人因素,青少年弑亲案件中的个人被害因素突出表现为鼓动因素,即父母的行为或者言辞激起了孩子的负面情绪,从而产生了弑亲行为。② 样本中70%左右的父母在被害前曾殴打或者责骂行为人,不论在此前行为人受到的是溺爱型教育方式还是严厉型教育方式。2018年发生的湖南12岁男孩弑母案中,行为人吴某某被爷爷奶奶以溺爱的方式教养长大,在实施弑亲行为之前曾被母亲用皮带抽打以阻止其吸烟。③ 2015年的重庆14岁男孩弑父案中,行为人张某某在弑父前,父亲嫌他懒惰,于是在工地上当众辱骂他。④ 可见,绝大多数的青少年弑亲案件中,行为人与被害人的互动模式为“冲突模式”,孩子与父母之间长期互动的不利因素不断累积,这些矛盾和纠纷累积到临界值,最终以极端破坏性的方式表现出来。

三、学校因素

在赫希关于青少年犯罪的社会控制理论中,除了提到家庭这一依恋对象之外,还着重强调了青少年对学校的依附同样是控制越轨或犯罪行为的重要因素。美国犯罪学家罗伯特·J.桑普森和约翰·H.劳布提出了逐级年龄非正式社会控制理论,该理论以非正式控制为中心解释青少年的越轨和犯罪行为。这里的非正式控制主要是指家庭与学校的控制,而学校对于控制青少年行为失范的影响甚至比家庭控制更大。⑤ 在影响青少年弑亲行为的学校因素中,需要重点探讨义务教育阶段的辍学问题以及忽视素质教育的问题。

---

① 参见[美]安德鲁·卡曼等:《犯罪被害人学导论》(第6版),李伟等译,北京大学出版社2010年版,第77页。

② 参见任克勤:《被害人学基本理论研究》,中国人民公安大学出版社2018年版,第48页。

③ 《湖南12岁男孩弑母案》,载搜狐网2018年12月12日,http://www.sohu.com/a/281423594_732563。

④ 《14岁少年不满父亲管教太严选“吉时”弑父》,载新浪教育2021年12月30日,http://edu.sina.com.cn/zxx/2015-06-05/1447471528.shtml。

⑤ 参见崔海英:《生命历程理论对未成年人犯罪危险防控的启示》,载《预防青少年犯罪研究》2017年第1期。

（一）义务教育阶段农村地区辍学现象时有发生

教育部数据显示，2016年我国的义务教育巩固率为93.4%，2018年这一数据提高到94.2%。但是，这一数据仍然意味着每100个进入小学学习的孩子中，约有6人会在九年义务教育完成前辍学。辍学仍然是农村地区面临的一大难题。而且当前导致农村孩子辍学的主要原因已经不再是贫困问题，取而代之的是孩子自身的厌学情绪，与身边同伴外出打工的诱导。这些没有接受完整义务教育的青少年往往成为文盲、半文盲、法盲，其辨别是非能力、道德感以及规则意识往往存在缺陷。同时，不参与传统校园活动更容易染上恶习，进而实施极端的犯罪行为。上文中提到的2015年“重庆男孩弑父案”，行为人是单亲家庭的留守儿童，初二时便辍学随父亲打工，案发前曾多次向父亲提出想要回家，不但均被拒绝而且受到父亲责骂，因此心怀怨恨将父亲杀害。① 在2017年的欧燕雄故意杀人案中，行为人仅有小学文化，且染上吸毒恶习，案发前曾多次吸毒后殴打父母。②

（二）素质教育在传统学校教育中仍被忽视

当前，许多学校的办学指导思想受到学生家长、社会以及政府部门的制约，其依旧采取填鸭式的应试教育方式，片面追求高升学率，甚至将升学率当作唯一的教育质量衡量标准。多数学校仅仅注重教授学生文化知识，而忽视了像法制教育、心理教育等这些对于青少年健康人格的养成至关重要的方面。这样的教育体系下的差生往往更容易出现自卑、厌学等消极情绪，而一些好学生、乖孩子也会出现心理方面的问题，这些都是导致青少年行为失范的重要因素。罗伯特·J.桑普森和约翰·H.劳布的生命历程理论中提到，学校这种非正式社会控制对于青少年的犯罪行为有抑制作用，但是孩子的学业表现则与

① 《14岁少年不满父亲管教太严选“吉时”弑父》，载新浪教育2021年12月30日，http://edu.sina.com.cn/zxx/2015-06-05/1447471528.shtml。

② 《欧燕雄故意杀人二审刑事判决书》，载无讼案例数据库2021年12月30日，https://www.itslaw.com/detail?judgementId=5c8dc6cc-0c5e-4198-a261-4d9daf6032a8&area=0&index=1&sortType=1&count=3&conditions=searchWord%。

此无关。[①] 本章收集的样本数据显示，青少年弑亲案件中，成年弑亲者有超过70%的人学历在初中及以下。这更反映出义务教育阶段素质教育的重要性，文化教育与心理健康教育不可偏废。

第四节　青少年弑亲行为的防治对策

虽然青少年弑亲犯罪发生的低概率性使其更加难以准确预测，但是从其基本特征中分析提炼出的各种原因，可以帮助我们有效降低青少年实施弑亲行为的风险。由于青少年这一群体具有特殊性，即其行为更易失范，也更易矫正。因此，在具体的防治对策层面，笔者更倾向于采取与青少年有天然亲近感的非正式的社会控制措施。主要包括社会支持、心理干预、生命教育、亲职教育四个方面。

一、以社会资源提供全面支持

预防青少年弑亲行为，不能成为单一主体的责任，而是必须依靠社会资源形成完整的预防体系。一方面，社区作为宏观社会的缩影，某种程度上将其他微观主体的干预功能有机融合，对于置身其中的青少年产生重要影响。20世纪初，发端于美国的社会解组理论认为，犯罪行为本质上是社区各种不利状况的产物，社区中客观存在的一些不利生态学特征（经济水平落后、文化市场不良、教育工作不到位等）会削弱社区的非正式控制力量，从而使得青少年更容易实施越轨和犯罪行为。[②] 因此，有必要充分发掘社区内的可用资源，通过社区自身建设防止青少年在其中形成反社会人格。如注重社区内邻里关系建设，提高邻里亲密程度和交往频率，邻里可与家长相互配合对青少年加以疏导、教育，避免青少年不良情绪进一步恶化；以我国社区内特有的群众自治组

---

① 参见［美］罗伯特·J.桑普森、约翰·H.劳布：《犯罪之形成——人生道路及其转折点》，汪明亮等译，北京大学出版社2006年版，第122页。

② 参见张威：《社会解组理论视角下青少年犯罪的社区预防》，载《青少年犯罪问题》2016年第6期。

织为着力点，加强社区活动建设，促进社区整体文化环境的改善，为青少年提供适宜的活动场所，增强青少年在社区中的归属感等。另一方面，下文中所重点提及的面向个体的心理干预、面向家庭的亲职教育、面向学校的生命教育等三个预防对策，其最终效用的发挥还有赖于社会资源的全面支持。在心理干预方面，教师、医生、医院的其他工作人员、社区工作者等，都是有可能在与青少年互动过程中发现潜在弑亲者的主体，他们的报告或是提醒对于青少年弑亲行为的预防有着重要作用。同时，应当通过各种宣传途径让孩子知道自己在面临困境且因各种原因（家庭结构存在缺陷、与父母沟通不畅等）无法寻求家庭帮助时，可以求助于执法机构或是社会服务机构。这样的社会支持力量有可能成为制止弑亲行为发生的一道有力防线。在亲职教育方面，应当向父母提供更多可利用的社会资源，如以社区为基础向问题家庭、缺陷家庭的父母提供支持项目，帮助父母学习适当的育儿技巧，在危急时刻为其提供帮助，同时以非正式的社会控制力量为家庭内部冲突提供更多元的解决方式。最后，在生命教育方面，也不能单方面依靠学校。需要举全社会之力，在整个社会中形成尊重生命、热爱生命的生命教育氛围，让置身其中的每个个体受到潜移默化的影响。毕竟将更多的时间与精力投入到健康人身上而不是严重患者，会让我们在较短时间内取得更大的收益。

二、以心理干预化解弑亲倾向

在影响弑亲行为的个体因素中，年龄等生理方面的因素只能依靠个体自身的成长得以完善，而难以通过外界力量进行干预。但个体的心理和性格方面的因素则更容易受到外界环境的引导。因此，对青少年的不良情绪进行干预，以及对青少年的反社会人格和精神疾病进行积极治疗，是较为可行的预防对策。

从宏观层面来看，我国社会的心理卫生事业与西方国家相比起步较晚、发展缓慢。西方心理治疗业务领域较为完善，公民寻求心理干预是非常普遍的现象。而在国内，一方面，社会公众对于心理干预的观念较为保守，尚未认识到心理健康的重要性，寻求专业心理帮助的人较少；另一方面，目前我国社会中的心理咨询机构数量不多，尚未普及，社会的心理健康支持体系有待完善。

因此，有必要通过社会媒体的广泛宣传，改变大众忽视心理健康的传统观念，纠正社会对于心理干预和心理治疗的偏见。同时，加强社会心理卫生机构的建设，引导社会开展形式多元的心理健康咨询活动，从"量"与"质"两方面建立完善的心理干预体系。

具体到青少年的生活环境中，应当在家庭、学校和医疗机构之间形成合力，对潜在的青少年弑亲者进行心理干预，化解青少年的弑亲心理，具体包括以下三点。第一，家长在日常生活中，要特别关注孩子的情绪变化，尽可能多地与孩子进行良性沟通，以便及时发现其不良情绪，并提供抒发和宣泄消极情绪的合理途径，避免不良情绪累积。同时，家庭教育往往是通过暗示与模仿的机制对孩子的人格形成施加影响，因此家长更应注意自己的言行举止，引导孩子正确面对生活环境中的压力和诱惑，以积极、合理的方式达到自我实现的目的。第二，与家庭中潜移默化的干预机制不同，学校的干预相对来说计划性和目的性更强。有必要在教育体系内部建立完整的心理干预机制，从学生群体到老师、再到校内专门的心理咨询室，层层递进，将心理干预融入日常的学习生活中。同时学校应当和家庭建立联系，吸收父母参与，重点关注家庭环境有缺陷的学生的心理健康状况，对其定期进行专业的心理健康状况评估，一旦发现有问题及时与家长沟通解决。第三，对于已经患有精神疾病的青少年，更需要寻求专业医疗机构的帮助。韩国的一个研究小组发现，卡普格拉综合征(Capgras delusion)是一种妄想型的精神疾病，患者往往认为自己的父母被顶替者所取代，因此与其他的精神疾病患者相比，具有更高的暴力倾向和杀害父母的倾向。根据美国精神病学会精神病学和法律委员会前主席杰弗里·梅茨纳(Jeffrey Metzner)所言，如果患者拒绝服药并且对父母表现出敌意或暴力威胁时，医生就应当对其进行风险评估，当达到一定危险程度时应当住院治疗。通过医院的干预减少患者与父母的接触，以免发生弑亲行为。① 如果一些患有精神疾病的青少年的父母能够在专业医生的指导下，关注并重视孩子的异常行为，及时对其隔离进行专业治疗，也许能避免一些弑亲惨案的发生。

---

① See Kathleen M. Heide, *Understanding Parricide: When Sons and Daughters Kill Parents*, Oxford University Press, 2013, p. 357 - 358.

三、以生命教育促进人格健全

全面型的教育是形成青少年健全人格的必要保障,其中的"生命观"教育尤为重要,可以说是其他一切教育的基础。青少年弑亲行为不但极端暴力,而且发生在具有亲密关系的主体之间,行为人对待生命的冷漠态度,反映出其生命观念的缺失。虽然当前的学校教育中有部分日常课程涉及人身安全、欺凌防治等有关生命教育的内容,但是在此基础上的更高水平、更高质量、针对性更强的生命教育还亟待完善。

生命教育的理念最早在20世纪60年代的美国出现。1979年,澳大利亚建立了专门的生命教育中心,明确了"生命教育"这一概念。此后生命教育在世界范围内广泛传播,不断发展。[①] 我国当前应当重视对国民的生命教育,将生命教育纳入教育发展战略之中,并提高生命教育的质量和水平。具体应做到以下三点:一是在生命教育的内容方面,要注重道德教育与生命教育的一致性,不能将二者割裂开来。生命教育如果仅容纳最低层次的生命健康或安全,便失去了存在的意义。人类的生命不仅是物质层面的,更是精神层面的。倡导生命教育的目标应当是让受众懂得保护生命、尊重生命,凸显对于生命的关怀,同时更要强调生命质量的提升与生命价值的实现。学校的生命教育应当包含由低到高、逐渐递进的三个层次即生命意识、生存能力以及生命价值。[②] 二是在生命教育的形式方面,应体现生命教育形式的多元化,尽可能多地采取"体验式"的教学模式,避免枯燥的说教,探索更多关于生命教育的实践课题。通过丰富多样的实践活动,调动孩子的主动性,避免被动接受式的学习方式,让孩子能够接触自然、感受生命,触发其心底对生命的热爱。教师应当重视教育内容的设计,通过视觉、听觉等多种感官渠道,让学生产生共鸣、受到震撼,进而能更好地理解、更容易接受生命教育的丰富内容。三是将生命教育融入其他科学文化课程中、融入校园日常环境中,根植于自身土壤,形成以热爱生命、尊重生命为中心的校园文化,致力于促进学生全面发展。从课堂生活到班

---

① 参见左敏:《浅析大学生生命教育——从心理健康教育到生命教育》,载《当代教育论坛》2009年第8期。

② 参见冯建军:《走向道德的生命教育》,载《教育研究》2014年第6期。

级管理、再到师生课下互动等环节，都是使学生感受生命关怀，进而形成积极生命气质的好机会，形成良好的整体氛围，才能让置身其中的青少年在不知不觉中受到感染和影响。

四、以亲职教育实现被害预防

在上文关于青少年弑亲行为的原因分析中提到，被害人(父母)与加害人的日常互动存在一些特征，如肢体冲突、言语冲突、不适当的教育方式等，这些都可能成为父母的个人被害因素。通过对父母的亲职教育，让父母能够扮演好自己的角色，使其将降低被害风险的行为融入日常家庭生活，在对行为人形成正面影响的同时，也能有效实现被害预防。

20 世纪中叶，在一些欧美国家的影响下，我国台湾地区开始了亲职教育的实践，并取得了良好效果，而目前亲职教育是我国大陆教育系统中尚欠缺的一环。社会上的一些专业性不强的“家长学校”往往是有名无实，其讲授内容的针对性不强，教育质量参差不齐，在提高家庭教育质量方面能发挥的作用十分有限。① 当前，首先需要通过媒体等宣传渠道，唤起社会公众对于亲职教育的重视，让家长意识到树立正确教育理念的重要性，逐渐转变传统僵化的教育观念。其次，政府应当加大对亲职教育的支持力度，整合现有社会资源，为亲职教育提供制度与经费保障，推进亲职教育的专业化、系统化和常规化。对于部分严重不称职的、缺乏教育能力的监护人实施强制亲职教育，确保亲职教育的执行力度。再次，政府应当与社会力量合作建立专门的机构，负责研究开发广泛的亲职教育项目和对该领域从业人员进行培训，并对项目的实施效果进行实证评估，基于评估结果筛选出真正有效果的亲职教育项目，再将更多的资源集中于核心项目，逐步向全国范围推广。② 最后，应当注重亲职教育的个别化、层次性，以“按需施教”为指导原则，按照家庭中孩子所处的不同年龄阶段、不同类型的家庭结构等设计有针对性的教育内容。重点关注缺陷家庭的亲职教

---

① 参见岳玉阁、邓惠明：《提升亲职教育质量的实践模式探索》，载《继续教育研究》2019 年第 5 期。

② 参见范洁琼：《国际早期儿童家庭亲职教育项目的经验与启示》，载《学前教育研究》2016 年第 11 期。

育,为留守家庭、单亲家庭等特殊家庭的父母提供适当的家庭教育指导。必要时,需要让那些实施严重违法、犯罪行为的青少年的家长(监护人)接受强制的亲职教育,进而弥补家庭教育功能的缺失,最终为青少年罪犯的矫正、对其重新犯罪的预防提供有效的支持。

结 语

青少年弑亲案件的低概率性让我们不得不承认其难以可靠预测的特征。然而,随着研究的不断深入和研究成果的不断累积,我们有可能发掘出一些与之相关的因素,如此才能警惕并积极消除青少年身边正在形成或者已经形成的可能引发其弑亲行为的各种原因,从而有效预防此类案件的发生。基于此,笔者采取典型案例分析与实证研究方法,通过对2010~2019年我国的31起相关案例进行定性分析与定量分析,归纳总结出我国青少年弑亲行为在各方面呈现出的典型特征。结合相关犯罪学理论揭示其背后存在的包括个人、家庭、学校在内的多方面原因,并以青少年这一群体的特殊性为着眼点,提出社会支持、心理干预、生命教育、亲职教育这四个方面的非正式的社会控制对策。在开展这项研究中,我们发现国内学者以往对于青少年弑亲行为的关注相对较少,多是研究各个年龄段行为主体的“杀亲”(被害人和加害人有亲属关系,但不限于亲子关系)犯罪,且在原因分析与对策建议方面的研究较为宏观,针对性不强。鉴于此,笔者将视野转向国外相关学者的研究成果,发现其前期对于青少年弑亲行为的研究重点放在家庭暴力和虐待方面,而后期开始转向发掘更多的弑亲者类型——引起这一转变的重要原因是研究样本数量的大幅增加。这不但为本研究提供了更加广泛的思路,同时也促使笔者对所采用的研究方法进行深刻反思。受制于时间、精力和个人研究能力、水平等各项综合原因,该研究尚存在调查研究方法较为单一、案例数据分析简单、研究样本数量过少等问题。今后在本领域的研究中,应当更多地采取个案追踪、个案访谈等多种质性研究方式,同时结合对于大样本的问卷调查、大数据统计分析的定量研究范式,以期能增加研究的深度、精度和广度。此外,研究还需要同时注重对预防策略及措施信度效度的验证,以及开展相关中后期的调查与评估。最后,通过着力提升研究成果的应用价值,进而为本项研究所提出的防治对策提供更有力的实证数据支撑。

第三章 犯罪亚文化与我国未成年人暴力犯罪防控

对于未成年人这一特殊群体，刑罚的惩罚功能并非首要选择，更应凸显的是其在犯罪预防层面的功能。而要实现刑罚的上述功能，首先需以未成年人对刑法理念的认知与消化为基础。但在市场经济的环境下，各媒体平台无孔不入，对未成年人的健康成长及社会化造成了极大的干扰，致使未成年人的道德敏锐度下降，蒙蔽住了其对法律的客观态度，因而极易产生越轨和犯罪行为，进而影响社会稳定。笔者以学习理论、失范理论、日常活动理论等为基础，尝试融入我国的特殊文化背景，进而讨论当下的社会文化对未成年人犯罪的作用机制，探索以合理的方式实现积极的犯罪预防。首先，在司法制度领域寻求未成年犯司法处遇、社会处遇的完善路径，激活已有的工读教育制度，支持未成年人的社会化。其次，针对未成年人成长环境改善，提出从源头上规范文化类型，严格取缔包含暴力亚文化、帮派亚文化、色情亚文化的内容。同时坚持落实防止网络沉迷的一系列措施，强化新媒体的社会责任。

概言之，家庭教育不应只看到“教育”，一个好的家庭环境将对未成年人的健康成长起到莫大的帮助。学校不仅是知识的传授者，更是育人的冲锋兵。当法律施加于未成年人时，惩治往往不是第一位的，教育与社会化的稳步推进才是“治愈良方”。此外，需要维护好未成年人的周边环境，家庭、学校、社区、社会等各有关方面均负有不可推卸的责任。而这也是未成年人对不良亚文化及犯罪亚文化增强免疫力的重要基础和必要保障。

第一节 文化与未成年人犯罪概述

人类社会的传统习惯、日常生活、科技进步无不与文化休戚相关，文化的变迁也无时无刻不在影响犯罪率、犯罪方式、犯罪区域等犯罪特征。因此，要想探究文化与犯罪学更深层次的关联，以跨学科方式开展研究迫在眉睫。可以说，犯罪学的发展始终离不开文化的范畴。而利用文化的理论解释犯罪动因，对进一步拓展我国的犯罪学理论而言实为重要一环。

一、文化、亚文化、犯罪亚文化

文化的规范性，包括文化的符号性和文化的系统性。① 一方面，文化能够通过各种形式表达其特定的思想内涵；另一方面，社会意识形态体系是不断变化的，不同类型的文化随社会的整体发展此消彼长，进而影响社会组织的变化。目前，对于我国的文化形态如何划分在理论界虽未有定论，②但不同的文化分类对于主导文化在我国社会意识形态体系中的地位达成了统一。③ 其中，三分法又将主文化划分为主导文化、主体文化、主流文化，并且解决了以上三种文化概念易被混淆的问题，对于文化的后续研究提供了线索和基础。另外，使得主文化与亚文化之间的关系更为清晰——亚文化作为一种附属性文化形式，对主文化的挑战分别体现在对主导文化、主体文化与主流文化的回应中。

---

① 参见单勇：《犯罪的文化研究：从文化的规范性出发》，法律出版社2010年版，第20页。

② 参见胡疆锋：《中国当代青年亚文化：表征与透视》，中国电影出版社2016年版，第7页。

③ 当前我国文化理论研究中主要存在三分法、四分法、五分法三种划分方式。参见胡疆锋：《中国当代青年亚文化：表征与透视》，中国电影出版社2016年版，第7～8页。

根据三分法的划分标准，主文化、亚文化、反文化显示了社会文化的三个层级。主文化承载着实现社会愿望的期待，以及缓和社会矛盾、维系社会秩序的功能，符合社会群体中多数人的利益。同时，主文化对个人的行为和社会运行的过程也发挥了强烈的规制作用。首先，社会成员在主文化的框架内进行互动，必须遵循公众认同的行为模式。此时，成员个人的欲望在社会中得到满足或有途径得到满足，即文化的功能不断实现。同时，主文化作为社会成员之间互动的纽带也在强化。然而，当该种社会文化未能提供实现目标的途径或可能性时，成员就会在主文化所提供的途径之外追求能够满足自身欲望的方式。未获得平等机会的社会成员便自然成为亚群体，亚文化的发展也随之波涛暗涌。亚文化(subculture)具有抗争性、规范性和边缘性。文化研究学者费斯克对亚文化作出如下表述："正如前缀sub所示，亚文化是更广泛的文化内容中富有意味而别具一格的协商。他们同身处社会与历史大结构中的某些社会群体所遭际的特殊地位、暧昧状态与具体矛盾相应。"①就该层面而言，亚文化不被普通公众理解和接受，其实有因可循。但在本质上，亚文化始终坚守着与主文化相一致的法律底线。当亚文化超出了主文化的宏观框架，便意味着其已然突破法律规制，具备了犯罪属性，将促使遵循该规范的社会成员实施与主文化严重对立的犯罪行为。

犯罪是与集体感情的对抗，因而遭到社会排斥。当某个人的行为侵犯了群体的共同情感和集体意识，即违反了社会文化规范，那么这种行为就是犯罪。犯罪群体的文化规范即犯罪亚文化，处于主文化的对立面，但其与三分法中的"反文化"②并不完全一致。最初的犯罪亚文化概念是指，犯罪亚文化群体在犯罪活动过程中逐渐形成并一体信奉和遵循的，与主文化相对应的价值标准、行为方式及其现象的综合体。一方面，正如科恩提出的，在犯罪团伙与社会公众群体之中存在一种与社会主流文化截然不同的文化——犯罪亚文化。

---

① [美]约翰·费斯克等:《关键概念:传播与文化研究辞典》(第2版)，李彬译注，新华出版社2004年版，第281页。

② 反文化是指特定群体对主导文化或支配文化采取直接的、政治上的或革命性的激进对抗形成的文化形态。

犯罪亚文化对于个人的身份地位和价值的评价标准与社会主流文化相冲突，这种文化氛围会促使青少年实施“不带功利的、带有恶意的、否定社会的”犯罪行为。另一方面，在如今复杂的社会环境中，犯罪亚文化的传播源头并非全部来自犯罪群体，而是隐藏在生活与社交涉及的各个角落。未成年人在日常生活中难免受其影响，未能树立正确的价值观念，反而渴望享乐的物质生活与毫无营养的精神享受，从而导致未成年人群体产生以追求刺激为目的犯罪行为。

首先，根据已有研究，犯罪亚文化的发展可以分为两个方面——犯罪亚文化的产生与传播。紧张理论将青少年犯罪归结于社会结构导致的文化不平衡，部分青少年群体的文化目标无法实现——此即犯罪亚文化产生的需求因素。因而在青少年群体中产生了几种不同的表现形式[①]——遵从（conformity）、创新（innovation）、形式主义（ritualism）、退却主义（retreatism）、叛逆（rebellion）[②]。当某个社会成员不再遵循社会普遍认同的文化规范时，他的行为就是犯罪，其所创造或遵守的文化即犯罪亚文化。对于犯罪亚文化传播的研究，则主要从同龄群体之间的交往这一角度进行考量，即犯罪亚文化的行为诱导作用。如青少年犯罪区域和塔尔德的模仿法则所述，不同群体的交往使犯罪亚文化在青少年中传播，甚至形成犯罪的文化时尚或文化传统。一方面，犯罪亚文化的规范性是未成年人实施犯罪行为的诱发条件；另一方面，行为人又能在该文化规范中找到使行为“正当化”的理由，更剧烈地抵制社会主流文化。在这个动态过程中，犯罪亚文化与行为人之间的联系越发紧密。其次，人类社会发展至今，网络化程度早已超过预期，由此形成了“网络化社会”[③]。其突出特点表现为技术支持、各种信息传播渠道的连接、数字化思维方式的建

---

① 参见[美]乔治·B.沃尔德等：《理论犯罪学》（第5版），方鹏译，中国政法大学出版社2005年版，第162页。

② 叛逆的表现形式即用新价值观取代现行社会中的价值观，从而在另外一种文化中生活，以满足自身需求（经济方面或精神方面）。

③ 网络化社会是作为现实空间的一种新社会结构形态的网络社会“network society”与基于互联网架构的电脑网络空间的网络社会“cyber society”合作产生的。它不仅是网络空间中形成的一个全新的社会，同时也是现实的和想象的虚拟化的产物。李岩、江根源、赵凌：《青少年网络暴力和色情：现状、机制与相关治理》，浙江大学出版社2017年版，第7页。

构。因此,虚拟与现实的边界逐渐模糊,现实中的个人往往更容易受到网络世界纷杂信息的影响。《2018 年全国未成年人互联网使用情况研究报告》[①](以下简称《报告》)数据显示,截至 2018 年 7 月 31 日,全国互联网普及率达到 57.7%,未成年人群体甚至高达 93.7%。由此,基于网络化社会的技术基础,犯罪亚文化与未成年人群体之间产生了更多的连接点,其不仅仅局限于犯罪群体之中,而是被披上合法的外衣,通过各种渠道推到公众的面前。如哗众取宠的新闻报道、淫秽暴力的书籍与游戏等,往往对普通公众尤其是未成年人群体造成不可逆的影响,如“温水煮青蛙”,防不胜防。

二、犯罪亚文化与未成年人暴力犯罪

未成年人犯罪这一概念与少年犯罪的概念实际上是等同的,在学术研究中存在广义说和狭义说。狭义的未成年人犯罪严格按照刑法学意义来解释,指 14~18 周岁违反刑法规定应受刑罚处罚的行为。广义的未成年人犯罪概念则认为,不满 18 周岁的人实施的不道德行为、不良行为、违法行为都是犯罪行为。如青少年犯罪(juvenile delinquency)与少年非行[②],均是指广义的未成年人犯罪。在此意义上,本章所称未成年人暴力犯罪,包括未成年人(广义)以暴力为手段实施的一切违背社会秩序的行为。在我国的传统观念中,犯罪通常是穷凶极恶的,公众对于犯罪人也是避如蛇蝎。但是究竟什么是犯罪,应当以怎样的态度看待犯罪,至今在公众心中没有一个清晰的概念,这对于寻求未成年犯罪人的合理处遇措施而言并无益处。诚如美国当代犯罪学家索尔斯坦·塞林(Thorston Sellin)指出,犯罪不是越轨的个人导致的,而是由于个人一贯遵循的文化与主文化产生了冲突,因而被主文化框架下的群体认为是“违规者”或“违法者”。[③] 未成年人犯罪同样如此。如今,未成年人的成长环境中充斥着各种亚文化,他们早早受到各种不良亚文化及犯罪亚文化的浸染,其行为与思想逐渐与社会主文化相背离,更易于滑向犯罪的深渊。

---

① 《2018 年全国未成年人互联网使用情况研究报告》,载中国青年网 2021 年 12 月 30 日,http://news.youth.cn/gn/201903/t20190326_11908130.htm。

② 日本关于青少年犯罪的概念,泛指未成年人的违法犯罪和不良行为。

③ 参见曹立群、周愫娴:《犯罪学理论与实证》,群众出版社 2007 年版,第 197 页。

根据对某市高级人民法院未成年人刑事案件审判情况的访谈，①其中涉及的罪名（按照涉案个体数量从高到低列出前几位）包括聚众斗殴罪、寻衅滋事罪、抢劫罪、故意伤害罪、诈骗罪与盗窃罪、猥亵与强奸等侵害性权利的犯罪等。可以看出，未成年人犯罪触犯的罪名性质相对于成年犯罪人而言较为单一，主要是侵犯财产类与侵犯人身权利类的犯罪，并且犯罪手段比较简单。另外，从犯罪原因分析有以下几点：第一，同学或同事之间因日常琐事发生矛盾，进而上升到肢体冲突造成轻微伤导致的犯罪。这类未成年群体最突出的特征表现为受教育程度不高以及闲暇时间充足两方面。第二，在同龄人中为了树立威信或获得尊严逞强耍横，而实施财产犯罪或侵害人身权利类的犯罪。该情形下产生的犯罪行为，并无明确的犯罪目的，"实际上是在团伙成员面前显示地位和力量的手段。……但是，犯罪行为在普通人群体中却是不光彩的"。②第三，因家庭原因导致个人心理发育不成熟或扭曲，故意实施暴力行为以博得存在感。该种情况下实施暴力犯罪的未成年人的家庭管控力往往极低，实施的犯罪行为多是临时起意性质的故意犯罪。综观上述原因可以得出，实施暴力犯罪的未成年人存在一个共性：不论其犯罪的直接原因为何，在未成年人的观念中，始终是把暴力行为作为解决问题的唯一途径。究其原因，除了家庭环境、学校教育等因素外，还包括犯罪亚文化，其在诱使未成年人从越轨走向犯罪的道路中承担着关键一环。

常见的犯罪亚文化类型包括暴力亚文化、帮伙亚文化与色情亚文化。其施加于未成年人身上的影响，体现在未成年人的心理和行为模式上。暴力亚文化是指含有暴力价值观的亚文化，将暴力作为日常生活方式与解决问题的方式，犯罪即暴力解决问题的结果。暴力亚文化的主要传播媒介包括暴力游戏、暴力书籍、互联网暴力以及交往群体的暴力行为。暴力性游戏更深得年轻人的偏爱。伽马数据2019年发布的报告显示，我国游戏用户中18岁以下的未

---

① 课题组于2019年11月26日参与了天津市高级人民法院未成年刑事案件审判（青少年犯罪与少年司法）工作的调研。

② ［美］乔治·B.沃尔德等：《理论犯罪学》（第5版），方鹏译，中国政法大学出版社2005年版，第177页。

成年人占比高达23.3%。[①] 未成年人沉迷于游戏世界的过程,其实是暴力价值观正在影响其思维方式的过程,极易诱发暴力行为。同时,网络暴力也与现实中的暴力犯罪有着重要联系。《2019年中国社会形势分析与预测》(以下简称蓝皮书)表明,[②]青少年(多为未成年人)在互联网使用过程中,曾亲历含有暴力辱骂内容的人数比重达到28.89%。而据研究,大部分传统暴力的施暴者、受害者与网络暴力中的施暴者、受害者具有同一性。[③]

科恩提出的帮伙亚文化是一种少年犯罪理论,具有非功利性、恶意性、否定性、多样性、及时享乐性、群体自主性等特征。[④] 该研究的对象与我国的社会状况存在极大差异,但仍有一定的开创意义。帮伙与帮派同义,在汉语中是指为了个人的私利或某种政治目的而结成的小集团。分析我国未成年人的日常行为模式,拉帮结伙的情况实际十分常见,并非都是犯罪学中所称的"帮伙"。但其与"帮伙"犯罪在本质上却不谋而合,都体现了年轻群体对某种亚文化的一贯遵循或反抗。以聚众斗殴为例,一方面,参与者对自身行为存在"正当化"的心理暗示;另一方面,参与者集体的盲目性会使其中的个体参与者获得相当的安全感和归属感。无论是从生理还是从心理需求层面,帮伙文化(或帮派文化)都为少年"帮伙"的出现埋下了伏笔。日常生活中含有"帮伙"亚文化元素的载体包括但不限于影视作品、网络小说、媒体报道等,时刻影响着未成年人的身心健康发展。

色情亚文化是指以性暗示为主要内容的亚文化,多以音视频为内容载体,游戏、网页及书籍为少数载体。尤其基于当下网络科技的快速进步,色情亚文化利用互联网的3A模式——易得性(accessibility)、廉价性(affordability)、匿

---

① 《MobData:2018年上半年游戏行业趋势解读》,载中文互联网数据资讯网2021年8月8日,http://www.199it.com/archives/746308.html。

② 参见李培林、陈光金、张翼主编:《中国社会形势分析与预测》,社会科学文献出版社2019年版,第179~201页。

③ See Ratchin J. W., Hinduja S., *Byllies Move Beyond the Schoolyard: A Preliminary Look at Cyberbullying*, Youth Violence and Juvenile Justice, 2006, 2, p. 148–169.

④ 参见[美]乔治·B.沃尔德等:《理论犯罪学》(第5版),方鹏译,中国政法大学出版社2005年版,第187页。

名性(anonmity),[①]在网络中的传播如鱼得水,网络色情信息无孔不入。蓝皮书显示,5 岁及以下开始接触互联网的未成年人占比 10.88%,6~10 岁的未成年人达 61.43%,超过 70% 的未成年人 10 岁以下就开始接触互联网。未成年人在未受到正确的性教育之前就已开始接触网络色情信息,不仅会成为网络色情的受害者,还可能形成不健康的性行为模式。[②] 因此,未成年人长期处在网络色情的影响下,又缺乏稳定的自我管控能力,将在一定程度上增加其实施性犯罪或暴力犯罪的概率。

第二节　我国未成年人暴力犯罪特征的现实分析

21 世纪以来,网络化社会的到来使得未成年人犯罪现象越发突出,预防未成年人犯罪的形势变得更为严峻。当前,未成年人犯罪显现出低龄化、暴力化、团伙化、智能化等特征,对我国少年司法的实践带来了更大的挑战。在未成年人犯罪的表象特征之下,更深层次的犯罪特征亟待揭示。社会稳定之关键,也在于未成年人犯罪之预防。在犯罪现象中寻求突破点,对于预防和惩治未成年人犯罪而言是重中之重。

一、未成年人犯罪的表象特征分析

未成年人犯罪研究涵盖诸多方面:年龄、学历、生活环境、犯罪分布(时间与空间)、刑罚适用与执行,等等。本章内容结合具体数据,从未成年人犯罪的年龄分布、行为模式以及主体身份三个角度,对当下未成年人犯罪的表象特征进行讨论。

---

① See Cooper A., *Sexuality and the Internet: Surfing into the New Millennium*, CyberPsychology & Behavior, 1998, 1(2), p. 187-193. 转引自李岩、江根源、赵凌:《青少年网络暴力和色情:现状、机制与相关治理》,浙江大学出版社 2017 年版,第 79 页。

② 参见李岩、江根源、赵凌:《青少年网络暴力和色情:现状、机制与相关治理》,浙江大学出版社 2017 年版,第 80 页。

(一)初犯与再犯的年龄分化

调查数据显示,[①]2000年至2015年,我国犯罪总量持续处于高位,2008年达到最高峰88,891人,青少年犯罪人数占比达8.91% ~10.79%。但因犯罪基数较大,需对其中未成年人的犯罪状况引起重视。我国未成年人犯罪的最低年龄目前已经下降至8岁,教育部关于未成年人的调查结果也证实未成年人犯罪的平均年龄降低至15.56岁。未成年人初次实施违法行为的高发年龄段为12~15周岁,初次犯罪为14~17周岁。其中14~15周岁实施犯罪的占47.20%,再犯的占全部未成年犯的56.90%。[②] 未成年人再犯率格外引人注目,再次验证了“初次犯罪的年龄越小,再犯的可能性越大”这一观点。[③] 以江苏省无锡市锡山区的数据为例,2001~2008年判决的未成年被告人数为575人,截至2010年年底,因再犯而被判决的占11.50%,为66人(部分已成年)。另外,浙江省诸暨市人民检察院也存在类似情况。2005~2008年未成年犯罪人数共619人,再犯的有32人,占总人数的5.20%。并且,未成年人再犯率呈逐年递增趋势。

一项针对四川地区的研究发现,未成年人初次犯罪的年龄集中在15~18周岁,占54.90%;其次是12~14周岁与18~24周岁,分别占25.50%、19.60%。14~18周岁的年龄段中不在学(包括辍学、失学、未上学无工作)的未成年犯罪人达到54.30%,其中,初中以下文化程度(包括初中肄业)的未成年人为75.10%,58.80%的未成年人在犯罪前处于无业状态,仅8.80%的未成年人是有工作的。[④] 分析上述数据可知,未成年犯罪人的教育存在一定程度的缺失,自身具备的知识及学习能力严重不足,辨别能力薄弱,因而偏差行为出现的频率较高。同时,不在学且无业的生活状态极不稳定,没有家庭的扶持或

① 《未成年人犯罪现状及特点》,载共产党员网2021年12月30日,http://tougao.12371.cn/gaojian.php? tid=2128221&tdsourcetag=s_pcqq_aiomsg。

② 参见肖婕、王艳玲:《浅析社会转型时期未成年人再犯罪》,载《法制与社会》2012年第24期。

③ 参见孔一:《少年再犯研究——对浙江省归正青少年重新犯罪的实证分析》,载《中国刑事法杂志》2006年第4期。

④ 参见胡勇、于倩倩:《家庭环境与青少年犯罪的实证研究——以四川地区为例》,载《预防青少年犯罪研究》2017年第2期。

固定的经济来源,未成年人缺乏关怀与安全感。因此,对未成年犯罪人进行的刑罚处罚,由于其有限的学习能力与先前生活状态养成的固有思维,很难达到教育改造的良好效果。而刑罚执行完毕后,未成年人多数已经成年(18～24周岁)却不具备独立的工作能力,社会帮扶体系尚未完善,其仍然没有生活来源,极易再次实施犯罪行为。尤其是对外来未成年人犯罪后的改造存在较大的困难,再犯率较高。

综合上述数据可以得出,未成年犯罪应当着重关注两个方面:一是初次犯罪的未成年人,其是二次犯罪的主力军(包括未成年时期再犯及成年后再犯)。若不及时对未成年初犯加以管控,那么将面临该群体再犯的巨大挑战。二是再犯的未成年人。未成年时期犯罪后再犯的群体往往已经成年,错过了最优的教育阶段。同时,该类犯罪人未掌握良好的生存技能,在刑罚执行完毕后仍会重蹈犯罪的覆辙。

(二)小团体向有组织团体的演化

在现实生活中,未成年人组成的小团体屡见不鲜,但通常情况是基于个体交往的需求,无特定目的而形成的纯粹的同伴关系。但团体内部个体之间的关系会不断发生变化。当团体中的未成年个体产生实施越轨或犯罪行为的意图时,团体中的其他个体会基于单纯的友情、帮派文化等不良信息的诱导甚至因为盲目跟从,而共同实施该行为。此种情形下,未成年团体实施的行为往往是临时起意或报复心理的结果,具有突发性和不可控性。

而未成年人的有组织团体,在本质上是具有相似生活经历的个体为实现某一目的而进行联合形成的团体。此种情况下,由于团体成员之间具有长期稳定的关系,在实施共同犯罪的过程中很大程度上会因个人“经验”而形成粗略分工——主犯、从犯。据调查,未成年人共同犯罪案件在未成年人犯罪总数中达到77.7%。[①] 截至2003年年底,北京市未成年犯罪案件中,未成年人结伙犯罪的比重约为81.3%。[②] 另外,未成年人组织犯罪的比重在流动未成年人犯罪中也有所凸显。广州市外来未成年人犯罪的调查研究指出,外来未成年人

① 参见林毓敏:《中国当代青少年犯罪状况调查》,载《福建警官学院学报》2017年第2期。
② 参见丛梅:《未成年人再犯实证研究》,载《河南警察学院学报》2011年第5期。

共同犯罪的比例达到46.5%。[①] 一项对上海市少管所的流动未成年犯的调查分析显示,流动未成年人犯罪形态以共同犯罪为主。[②] 其中的原因就在于,多人共同实施犯罪行为对于未成年人有心理激励作用,使其能够形成强烈的心理暗示,弱化对犯罪后果的恐惧感。对于外来未成年人而言,作为一个外来的流动群体,在经济、教育、工作等社会生活的各个方面与本地人口之间存在差别待遇,使得群体内形成多个较为封闭的小团体。并且,个体流动性强的犯罪人犯罪后更容易逃逸,公安机关很难将其抓获。目前看来,虽然未成年人小团体的犯罪动机和手段仍较为简单,但其犯罪目的变得更加明确,其行为方式也在逐渐进化。

更应引起关注的是,成年犯罪人利用未成年人实施犯罪的情形。即便在发案后及时控制,但陷入其中的未成年人早已受到犯罪亚文化的荼毒,大大增加了未成年人实施犯罪行为的可能性。2019 年最高人民检察院和公安部联合发布的 20 起涉及未成年人相关犯罪的指导案例,[③]就包含 1 起拉拢侵蚀未成年人的团伙犯罪:

2017 年 2 月至 2018 年 2 月,吴某等人以共同出资成立某实业有限公司为幌子,吸纳形成了包括多名未成年人在内的黑社会性质组织。依托软、硬暴力手段面向未成年人群体开设赌场,引诱未成年人参与赌博并欠下赌债,后对这些未成年人及其家人实施敲诈勒索。在较短时间内实施聚众赌博 29 场,敲诈勒索 19 起,非法敛财人民币百万余元,陷入其中的未成年人 55 名,其中在校学生 13 名。该组织成员还诱骗少女吸食违禁品后对其实施性侵。经公安机关侦查终结,浙江省杭州市余杭区人民检察院于 2018 年 10 月对吴某等人以涉嫌组织、领导、参加黑社会性质组织罪,赌博罪,聚众斗殴罪,开设赌场罪,敲诈勒索罪,非法侵入住宅罪,强奸罪依法提起公诉。2018 年 12 月,法院依法判处吴某

---

① 参见安新予:《广州市外来未成年人犯罪的调查研究》,载《青年探索》2004 年第 6 期。

② 参见张炜、林慧、周翔、钱文漪:《上海市流动人口中的未成年人犯罪问题调查》,载《青少年犯罪问题》2007 年第 5 期。

③ 《从严惩处涉未成年人犯罪,加强未成年人司法保护》,载最高人民检察院官网 2019 年 12 月 20 日,https://www.spp.gov.cn/spp/zgrmjcyxwfbh/zgjjxcyccswcnrfzxwfbh/index.shtml。

等12人有期徒刑3年至20年不等。

（三）受害者向施害者的转化

受害者与施害者是一组相对的概念，受害者是施害者的行为对象。通常情况下，很难想象二者的角色会发生互换。然而在校园暴力事件中，受害者与施害者的角色往往是随时转换甚至是共存的。

一般认为，校园暴力是发生在校园内的“越轨行为”的总称，包括校园欺凌和校园霸凌，①是行为人蓄意滥用语言、躯体力量、网络等，对师生的生理、心理等实施的达到某种程度的侵害行为。校园暴力的行为人涵盖了在校学生、教师、学校管理人员以及社会人员；行为对象一般为在校学生，同时也包括在校学生、教师对社会人员实施暴力的情况。具体而言校园暴力有三种形式：语言暴力、身体暴力、心理暴力。身体暴力达到刑法规定的程度即构成犯罪，而语言暴力与心理暴力目前尚没有好的认定和处罚机制。当前社会环境中，校园暴力引发的一系列违法犯罪行为已不容忽视。② 仅2016年1～11月，全国检察机关提请批准逮捕涉校园霸凌和暴力犯罪案件的犯罪嫌疑人1881人，经审查批准逮捕1114人。③ 以上数据证明，校园暴力事件亟待关注。

在校园暴力事件中，施害者通常不是一个人，而是一群人。心理学中有一种现象叫作“黑羊效应”④，校园暴力的施害者就如同黑羊效应中屠夫的角色。最初实施校园暴力行为的只有一个人或少部分人，但是逐渐有更多人加入这个群体，无意识或本着好意做出伤害他人的事。而无辜的黑羊莫名其妙就成为众矢之的，被针对、被欺负、被施以暴力。在校园暴力中，受害者往往是不具

① 参见于阳、史晓前：《校园霸凌的行为特征与社会预防对策研究——基于50起校园霸凌典型事例分析》，载《青少年犯罪问题》2019年第5期。

② 中国高等教育学会保卫学专业委员会对13个省、自治区、直辖市的77所院校的调查发现，2010年至2014年，77所高校共发生刑事、治安案件和事故、意外事件13，510起。其中刑事案件2820起，治安案件10，101起，事故及意外事件589起。刑事案件发案率为1.6%，治安案件发案率为8.4%，远高于国家综合治理考核指标0.5%与1%。

③ 《民革中央　规制校园欺凌应制定专门法》，载《新京报》2017年3月7日，第A09版。

④ 黑羊效应，是指一群好人欺负一个好人，其他好人已经目睹却还视而不见、坐视不管的现象。

可责难性的,而他们之所以成为校园暴力的对象,原因就在于其表现出的与众不同的特质或单纯与某个人在琐事上的矛盾。施害者或许是故意也可能是无意识地对受害者实施了暴力,但当施害者使受害者"黑羊"的身份逐渐开始显露在群体面前时,其行为会出现更多的模仿者。犹如破窗理论,不良现象如果被放任就会引来仿效,从而使施害者的行为变本加厉。尤其对于未成年人而言,他们尚不具备有效的"同理心"①,对于他人身上的情绪变换并不理解。因而在未成年人集中的校园中,黑羊效应表现得愈加明显。

但是,施害者并非总是施害者,受害者也可能转化为施害者。受害者在成为黑羊的过程中可能会有求和、反抗、挣扎的行为,却无法获得有效的帮助。这是由于父母与未成年子女在一定程度上缺乏沟通,无法成为未成年人的"求救"对象;而老师作为教育的主要承担者,也不能时刻施以援助之手。校园暴力中的受害者要破除黑羊效应,或许会变成施害者,甚至于走上犯罪的道路。

二、未成年人犯罪的隐性特征分析

未成年人犯罪现象展现出的不仅仅是未成年人自身成长发育的不成熟,更暴露出未成年人在社会性培养过程中产生的一系列不良反应。因而,透过未成年人犯罪的大趋势,剖析未成年人的自我建构诉求,并将其整合到未成年人的培养框架中十分重要。

(一)人格维度的差异

处在同一文化环境中的社会成员,经历了长期共同的生活方式后,通常会或强或弱地体现出一些共同特质。② 同理,长期处于犯罪亚文化的环境中,受其影响较大的未成年个体之间也具有共同的人格特质。首先是未成年人自身

---

① 同理心(empathy),亦译为"设身处地理解""感情移入""神入""共感""共情"。泛指心理换位、将心比心。亦即设身处地地对他人的情绪和情感的认知性的觉知、把握与理解。主要体现在情绪自控、换位思考、倾听能力以及表达尊重等与情商相关的方面。参见车文博主编:《当代西方心理学词典》,吉林人民出版社 2001 年版,第 366 页。

② 高尔顿·威拉德·奥尔波特(Gordon Allport)的人格特质论(Trait Theory)指出,特质是人格的基础,是以其生理特征为基础的稳定的性格特征,能够指挥个体行为,"使许多刺激在机能上等值反应上具有跨情境的一致性,即不同刺激能导致相似的行为",包括共同特质和个人特质两大类(共同特质如上文所述)。参见黄希庭:《人格心理学》,浙江教育出版社 2002 年版,第 191 ~ 199 页。

发育的不完全性。未成年时期的个体自身存在诸多矛盾:精力旺盛与调节能力低的矛盾,好奇心强与分辨是非能力弱的矛盾,独立性与依赖性的矛盾,过多的情绪冲动与理智控制缺乏的矛盾,性机能发育与道德意识薄弱的矛盾,自我意识的矛盾。[①] 因此,当其受到外部因素的刺激时,无法寻求适当的解决途径就会对自身产生负面效应。其次表现为未成年人价值观的偏差。社会的高速经济化、市场化、网络全球化促使社会结构多元化愈加突出,伪道德社会现象、文化入侵使得未成年人的社会认知产生偏离。而此时网络资源共享以及娱乐刺激性内容更易吸引未成年人的关注,使其获得心理满足。从而对互联网虚拟空间产生依赖,质疑社会主流价值观。

根据一项以艾森克"人格双因素理论"[②]为基础对未成年人犯罪与人格特质展开的研究,未成年犯罪人大致分为两种情况:一是小学文化及以下的未成年人,由于早早脱离了家庭与父母的监护独立生活,其人格特性的形成与早期的家庭教养方式、中期的个人生活状况、晚期的物质需求和经济贫困的矛盾以及不良社会因素有关。二是初中文化及以上的未成年人,相对具备有限的是非判断能力,其人格特性的形成多与精神质和神经质相关,即个人情绪的不稳定性易使其犯罪。[③] 上述研究提到的家庭教养方式、个人生活状况、经济矛盾、不良社会因素以及个人情绪等因素,在每个具体的未成年人身上所起的作用当然是不同的。如家庭教养方式,其对未成年人影响的不同不仅在于方式本身的强弱及合理程度,同样受制于未成年人自身的接受程度。[④] 因此,诸多因素共同作用下的未成年人产生的个人特质实际上十分复杂,这些因素对于实施犯罪行为的影响也是大相径庭。

（二）圈层化社交的异变

"圈层"是群体交往的基本结构,社会中的个体所获取信息的"质"和"量"

---

① 参见熊云武编著:《犯罪心理学》,北京大学出版社2007年版,第18页。

② 德裔英国心理学家艾森克(Hans Jurgen Eysenck)提出人格双因素理论(人格维度理论),认为神经质倾向和内外向为人格的两个因素。黄希庭:《人格心理学》,浙江教育出版社2002年版,第211~223页。

③ 参见龚玲:《未成年人犯罪与人格特质、家庭教养方式以及同伴关系的相关研究》,湖南师范大学2010年硕士学位论文,第37页。

④ 参见蒋晓红:《教育心理学》,山东人民出版社2014年版,第168~169页。

取决于交往结构中所有连接点的知识储量与其流通方式。

不同群体按照与未成年人的亲近关系可以划分为从内至外三个圈层(见图3－1)。在传播媒介还未出现之时,信息获取依赖于口口相传,个体生活周边圈层容量的大小与圈层的多少,就决定了信息获得量的最大限度。此时,个体信息获取来源具有单一性,其所接触的知识通常是可控的、有节制的、循序渐进的,每一阶段所得信息均有其应当性和必要性。然而,随着文字、书籍、互联网等传播媒介的发展,圈层化的交往已然发生了质的跨越——从共时转向历时。① 未成年人获取信息不再局限于周边圈层中的有限群体,而是能够打破时间、空间的阻隔,独立选择其所需的部分信息。美国当代媒体文化研究者、批判家尼尔·波兹曼(Neil Postman)曾表示,电视业使儿童过早地跨入成年社会,而使他们丧失了自然状态下所拥有的童真。②

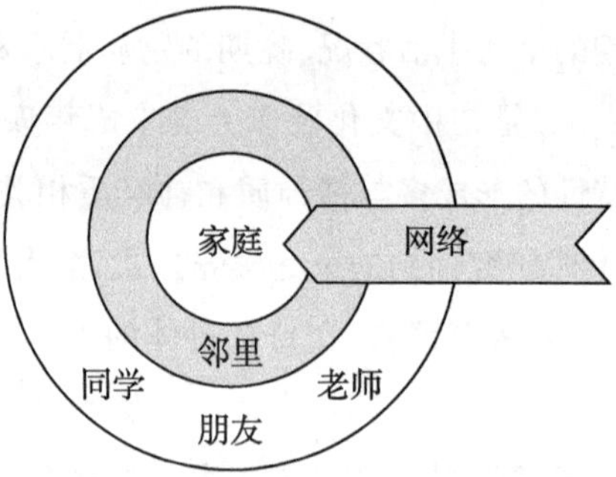

图3－1　未成年人的圈层社交

具体而言,未成年人与成年人最大的区别在于,缺乏与其旺盛的探索欲及征服欲相匹配的自我调控能力。当未成年人可以不再受制于家庭、学校等圈层群体的信息"垄断"时,传播媒介就成为其获取信息的主要阵地。此时,"互联网不再只是一个工具,或者只是表达自己的一个平台,这种看法已经过时

① 费尔迪南·德·索绪尔(Ferdinand de Saussure)提出,共时性是在某一特定时刻该系统内部各因素之间的关系;历时性则是一个系统发展的历史性变化情况(过去—现在—将来)。参见胡剑波:《试论索绪尔的概念化理论》,载《湖南科技大学学报(社会科学版)》2019年第4期。

② 参见[美]尼尔·波兹曼:《童年的消逝》,吴燕莛译,中信出版社2015年版,第200页。

了。互联网已经是年轻人的身心,跟他们是融为一体的”。①《报告》显示,未成年人使用手机上网的比例高达92%,70%以上的未成年人日平均上网时长达到2小时,还有13.2%的未成年人日平均上网时长超过3小时。未成年人在互联网的使用上耗费越多的时间,对互联网等媒介的依赖性越强,受到负面信息的影响就越深,对家庭及学校教育的依赖性也会随之降低,从而使其脱离必要的监测,增加实施犯罪行为的概率。重庆市南岸区人民法院2015年公布的庭审数据证实,“家庭教育和监管缺失是未成年人犯罪的重要原因”,超过50%的未成年犯罪人来自离异家庭。②

(三)被害人模型的解析

客观看待被害人对预防和控制未成年人犯罪有着极为重要的意义。根据笔者的调研,在未成年人犯罪案件中,犯罪人与被害人双方的特征具有高度相似性。第一,被害人与犯罪人年龄相当,生理心理发育程度相似。其年龄普遍集中在15~18周岁,在生理发育上无明显差距。同时,都处于精力旺盛且冲动的时期,易因琐事或单纯逞强耍横引发争斗。第二,被害人与犯罪人的家庭监测力度均不到位。未成年犯罪群体大体上可以分为本地人口与外来流动人口,本地未成年人以中专、职高的学生为主,流动未成年人的职业以服务员、保安等服务业为主,部分无业。因此,家庭的管控往往达不到必要的效果,可供未成年人个人支配的闲余时间较多,接触外界不良信息的时间及范围都更长、更广,又因其自身缺乏管控能力,容易受到负面影响。第三,被害人与犯罪人的活动区域集中。未成年人犯罪案件集中在烧烤摊、麦当劳、酒吧、网吧等营业时间较长或24小时营业的地点,夜间23点至凌晨2点为多发时间段,且节假日尤为常见。另外,存在两种例外的被害人:一是沉默寡言的“乖小孩”,“乖小孩”通常表现为身材弱小或性格过于内向。二是性犯罪的被害人,未成年人

① 《新媒体时代青少年成长的现状、特点及规律——第十一届青少年发展论坛分论坛代表发言实录》(上),载中国青少年研究中心2021年12月30日,http://www.cycs.org/kycg/qnyj/201511/t20151123_73032.html。

② 参见孙云晓:《发现童年的秘密》,浙江文艺出版社2016年版,第27页。

性犯罪的被害人群体与"理想被害人"①的形象重叠——女性、弱势、着手于自己日常事情、不具责难性并且可合理取得被害人地位。

在本质上,无论是针对哪种对象的犯罪,都是对公众情感的严重违背,都应受到道德谴责甚至法律惩罚。而事实上,公众对不同情境下的未成年人犯罪条件中的被害人表现出较大的态度差异:一是与犯罪人特征相似的被害人。虽然公众很难判定双方对于犯罪发生的责任比重,但是仅仅由于被害人的不纯粹,公众便会轻易丧失对被害人的同情,从而弱化对犯罪人的是非判断。二是作为公众普遍认同的弱势个体的被害人,极易引起人们对犯罪人的印象偏差,从而忽视犯罪的整体情节。因此,在国家司法机关主导下,更应当逐步实现犯罪人与被害人合法权益的均衡保障。

第三节 犯罪亚文化视角下的未成年人暴力犯罪成因分析

"社会环境,是发育犯罪者之热,犯罪者是发酵母。"②西方犯罪学中的学习理论、失范理论、日常活动理论等均从社会环境的角度,通过社会环境决定论进而分析犯罪原因。③ 本章内容结合上述理论,针对未成年人在新兴文化消费中的整体倾向,分析其消费理念及其对犯罪产生的关联性。

一、学习行为引领下的文化消费

文化市场发展的多样化,使得文化产品的生产难以得到合理规制,群体性符号消费、超前消费等消费现象已屡见不鲜。尤其是对未成年群体而言,他们的消费行为更容易盲目追随他人,从而产生超乎理智的消费心理及消费选择。因而笔者认为,影响文化消费行为的因素最终根源于消费者的群体交往行为。

(一)犯罪亚文化的产生与市场经济

犯罪群体所创造并一贯遵循的规范,包括生活习惯、价值观念、犯罪的动

---

① [英]詹姆斯·迪南:《解读被害人与恢复性司法》,刘仁文、林俊辉等译,中国人民公安大学出版社2009年版,第59页。

② 孙雄:《犯罪学研究》,北京大学出版社2008年版,第51页。

③ 参见曾赟、孔一、张崇脉:《犯罪原因分析》,清华大学出版社2010年版,第93页。

机与目的、犯罪手段等,都是犯罪亚文化的范畴。因影响犯罪产生的因素的复杂性,犯罪亚文化的产生也受到多种因素的影响。

1978～2018 年人口增长变化可以反映出我国的城市化进程,在此期间经济结构和产业结构不断调整,社会主义市场经济获得了较大的发展(见表 3－1)。从“1978～2007 年我国犯罪率统计”(见图 3－2)可以看出,除 1988～1991 年的时间段外,社会整体犯罪率无较大波动。而该时期我国犯罪率之所以飙升,是因为改革的副产品导致了社会的乏范状态,社会控制失灵。在社会各项机制逐渐进入稳定运行的状态之后,犯罪率又急遽下降并逐渐呈现平稳状态。根据中国法律年鉴的数据统计,公安机关立案的罪名单一,集中在杀人、伤害、抢劫、强奸、盗窃、诈骗等罪名。在 2000 年之前,我国社会迎来开放不久,文化及传媒、娱乐环境相对单一,民风较为淳朴,各种有关犯罪的报道及信息的传播范围较小、传播速度较慢;加之民族文化与社会传统价值观的影响,犯罪亚文化虽然已初露头角但缺乏蔓延的“温床”,因此其广泛传播受到一定的约束。21 世纪以来我国经济高速发展,开放程度逐渐加深,城市化进程稳步推进,公众的生活水平日益提高。与此同时,治安混乱、犯罪率上升的社会现象也随之出现。

表 3－1 1978～2018 年人口增长变化

指标		人口(万人)		
		总人口(年末)	城镇人口	乡村人口
总量指标	1978 年	96, 259	17, 245	79, 014
	2000 年	126, 743	45, 906	80, 837
	2017 年	139, 008	81, 347	57, 661
	2018 年	139, 538	83, 137	56, 401
平均增长速度(%)	1979～2018 年	0.9	4.0	－0.8
	2001～2018 年	0.5	3.4	－2.0

数据来源:2019 年中国统计年鉴。

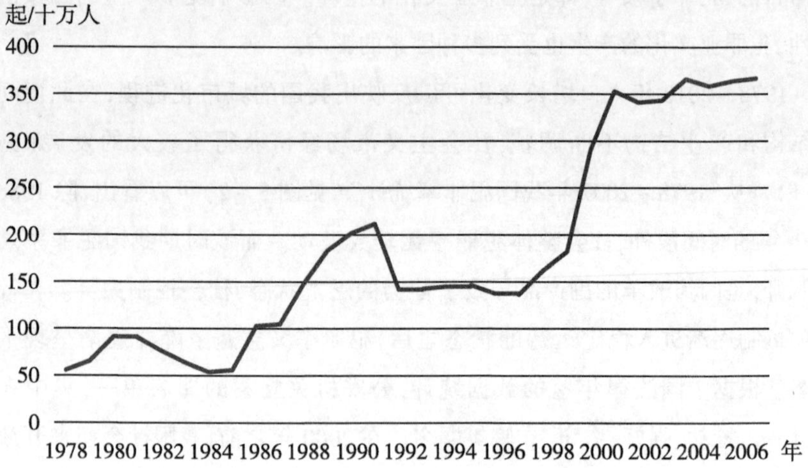

图 3-2 1978~2007 年我国犯罪率

数据来源:历年《中国法律年鉴》。

在历经了跌宕起伏的发展进入社会主义市场经济体制后,以财富为标准衡量一个人成功、幸福与否的观念已经深深植根于很多人的脑海中。贫富分化加剧导致极少数人选择犯罪作为通往成功的捷径。相关人员在《中国现阶段犯罪问题研究》课题组的调查中发现,在盗窃、诈骗、杀人、伤害、抢劫、强奸等几种罪名中,初中及以下文化程度的犯罪人始终占据多数。浙江地区的刑事案件犯罪人文化结构统计也指出,初中及以下文化程度的犯罪人占比均超过 90%。① 另外,失业率对犯罪率的影响也不容忽视。市场经济的特点就是趋利性、竞争性、自主性,没有经济收入意味着社会经济地位低,极易使人产生不平衡的心理,诱导人们犯罪。因为社会保障不到位,引发犯罪的社会原因无法从根本上得到改善。为了适应市场经济下的社会发展,犯罪人所遵循的文化规范也随之不断变化。

(二) 犯罪亚文化的社会需求与消费群体

由犯罪亚文化衍生的文化产品在文化消费中占据着举足轻重的地位。以

---

① 参见周长康主编:《中国现阶段犯罪问题研究(浙江省分卷)》,中国人民公安大学出版社 2006 年版,第 123~125 页。

网络色情产业为例，我国是世界上访问色情网站人数最多的国家之一，接触过黄色网站的未成年人数量庞大。全球色情作品年制造约970亿美元的收入，我国贡献率为28%，居首位。有数据显示，近三成用户在某新闻门户停留1～5分钟，科技网站的用户停留时间均为3～6分钟，而色情网站的用户均停留时间达到15～20分钟。① 可见，网络色情的发展繁荣正是公众消费需求的反映。

一方面，社会公众对文化的消费需求是发展的。“2013～2018年各类人均支出”数据显示，公众对满足自身精神愉悦的需求的变化，明确地反映在文教娱乐的支出中（见表3－2）。相对地，文化产品的消费对社会文化的发展也会产生反作用。人们对产品的质量要求更加严格，也促进了文化产业的发展。但公众的文化价值观与消费观尚不成熟，畸形化的文化消费心理不断出现。“网络社会语境的叠加使得青年‘信仰风险’的升级与扩散愈加剧烈，整个社会更容易陷入到信仰风险困境之中……青年群体作为泛娱乐化、庸俗化文化产品的主要体验者，他们对网络直播、影视游戏、明星选秀等网络亚文化有着天然的亲切感，并因此深陷泛娱乐化、庸俗化文化网络亚文化的包围之中……”②近年来掀起社会热潮的网络直播数据可以证实，娱乐性内容的直播点击率最为可观，在公众观看内容中所占比重超过50%，观看电竞类直播的达到20.7%，在较为年轻的观众中所占比例十分引人注意。

表3－2　2013～2018年各类人均支出

单位：元

指标	2013年	2014年	2015年	2016年	2017年	2018年
人均支出	13,220.4	14,491.4	15,712.4	17,110.7	18,322.1	19,853.1
食品烟酒	4126.7	4493.9	4814.0	5151.0	5373.6	5631.1
衣着	1027.1	1099.3	1164.1	1202.7	1237.6	1288.9
居住	2998.5	3200.5	3419.2	3746.4	4106.9	4646.6
生活用品	806.5	889.7	951.4	1043.7	1120.7	1222.7

① 《网不住的色情行业》，载搜狐新闻2021年8月8日，http://news.sohu.com/s2014/shuzi－262/。

② 卜建华、徐凤娟：《网络社会青年信仰泛娱乐化庸俗化风险的“文化景观”与破解策略》，载《中国青年研究》2020年第1期。

续表

指标	2013年	2014年	2015年	2016年	2017年	2018年
交通通信	1627.1	1869.3	2086.9	2337.8	2498.9	2675.4
文教娱乐	1397.7	1535.9	1723.1	1915.3	2086.2	2225.7
医疗保险	912.1	1044.8	1164.5	1307.5	1451.2	1685.2
其他	324.7	358.0	389.2	406.3	447.0	477.5

数据来源：国家统计局。

各个年龄阶段的人都存在文化消费需求，当生理需求被满足后，心理需求则会增加，此时文化产品的消费市场就逐渐扩大。而未成年群体较成年人而言不仅在经济上处于消费劣势，在消费心理上更加容易受到“无益需求”的影响，如色情杂志、淫秽光盘、暴力血腥书籍及游戏等。无论处于何种年龄段，文化产品消费的动机一般是以娱乐为核心。纷至沓来的犯罪亚文化产品所具有的发泄性娱乐的特性对公众有巨大吸引力，足以使成年人沉迷其中，更遑论懵懵懂懂的未成年人。求新求异、宣示力量的观念使得未成年人对暴力、色情麻木，进而诱发犯罪。另一方面，基于该类文化产品巨大的市场需求，文化生产商在产业红利的诱惑下，肆意制造和传播含有犯罪亚文化元素的产品，诱导消费者购买、观看、使用，短期内对我国文化市场的冲击巨大，更重要的是，其对公众尤其是未成年群体造成的后果是不可逆的。①

（三）犯罪亚文化的规范性与未成年人暴力犯罪

英国社会学家安东尼·吉登斯（Anthony Giddens）解释，规则是一套方法论或技术，能够使行为人在所处环境下有可得遵循的“可归纳的程序”，包括行

① 如原文化部指导查办的部分案件：南京智力网络科技发展有限公司未要求网络游戏用户使用有效身份证件进行实名注册案；厦门喵星科技有限公司未要求网络游戏用户使用有效身份证件进行实名注册案；北京金刚游科技有限公司以随机抽取等偶然方式，诱导网络游戏用户采取投入法定货币或者网络游戏虚拟货币方式获取网络游戏产品和服务案。来源：中华人民共和国国家互联网信息办公室。参见《公安部文化部全国“扫黄打非”办严肃查处一批网络游戏违法犯罪重大案件》，载中华人民共和国国家互联网信息办公室2021年12月30日，http://www.cac.gov.cn/2018-03/01/c_1122468145.htm。

为的合法化(创造权利和义务)与行为的意义(看待和解释事件的方式与态度)。[①] 在主文化规范的框架之下,群体中共同的行为与生活方式、价值观念、制度规范及传统习俗等,是维持个体生存安全感的来源,也是个体在能够有机会实现自身稳定发展的前提下普遍遵循的模式。主文化的规范性能够使个体在社会不断发展的过程中始终保持步伐一致,引导个体的行为及其发展方向,进而维护社会整体的稳定,防止犯罪的发生。一旦个体的行为违反了现有制度,那么其将受到相应的惩罚。

在未进入网络化社会之前,犯罪亚文化对于未成年人的作用范围往往十分有限。犯罪亚文化产生于有组织的成年人的犯罪活动,并且为相邻区域的未成年人犯罪技术的发展提供了经验。正如早期法国犯罪学家加布里埃尔·塔尔德(Gabriel Tarde)提出的观点,犯罪是正常的学习行为,个体模仿行为的程度取决于两者之间的亲密程度。因而群体之间交往的频率越高,学习的速率和效果则越显著。经济的发展与网络化社会的到来,使得犯罪亚文化进化出了新的表现形式。犯罪行为习得的特定非社会环境则包括观看含有暴力、色情内容的视频录像、书籍报刊,收听含有暴力、色情内容的音频,接触含有暴力、色情内容的游戏等。未成年人在接收到此类型的不良信息后,是否模仿实施该行为或因自身因素的作用进而实施犯罪行为,都是其考量行为后果所引起的。社会互动来源则包括上文中提到的犯罪学习。但与上文中的学习相区别的一点是,学习对象由成年人转变为同龄人。不良行为及其互动模式在未成年人群体或个体的不断交往中得到强化,从而最终导致主体的犯罪行为。在对100名未成年犯的调查中,61%的未成年犯表示经常看色情内容书刊、音像制品并受其影响;经常出入歌舞厅的及偶尔去的达到70%;经常或偶尔出入录像厅的约占90%;出入电子游戏厅的占94%;经常出入网吧的占39%,在网吧时长10小时以上的有7%。[②] 由此可知,犯罪亚文化与未成年人暴力犯罪之

---

① 参见[美]乔纳森·H.特纳:《社会学理论的结构》,邱泽奇等译,华夏出版社2006年版,第452~453页。

② 参见尚秀云:《网络色情、暴力:未成年人犯罪的新成因——对100名在押未成年犯的调查报告》,载《新安全》2004年第9期。

间存在紧密联系。

二、文化失范视域中的社会变迁

全民焦虑的实质是“基于对生活于其中的世界之可靠性、持续性的基本信任的本体性安全体系的瓦解，而本体性安全体系的崩解源于因生活之惯常秩序的消失而导致的不确定性”。[①] 在这种环境下，严厉的刑罚非但难以解决问题，反而会更加剧阶层固化、资源固化，滋生社会矛盾。因而，成长在焦虑中的未成年人一代容易受到不良亚文化的影响，进而产生消极情绪或实施越轨行为。[②]

（一）社会变迁与阶层文化

社会阶层在本质上其实并未发生变化，仍是社会中的个体基于相近的社会地位、职业和收入等形成的社会群体。但其不再有阶级划分的内涵，各个阶层都是社会组成的一部分，具有平等的身份地位。不同的社会阶层，是由于个体之间的共同特征带来的自我认同感而自然融合到一起，这种自我认同感来自收入水平、文化背景、生活方式、价值内核等，其影响因素是复杂多样的。

近年来我国在经济上追求转型，各种商业形式如雨后春笋，劳动关系越发复杂化，生活方式及价值观念更加多样化，社会阶层的构成也随之逐渐多元化。以我国社会的居住区域变化为例，计划经济时期，居住区域差异多是由于职业不同，社会分层也仅能体现在职业的划分中。而自城镇化进程突飞猛进，住房商品化以来，居住区域的选择的标准转变为自身经济水平，同时综合考虑生活方式、价值观念等方面做出决定。由此可知，生活在同一居住区域的个体往往在经济能力、生活方式、文化背景、价值观念等方面差异不大，社会阶层也随居住区域的分化产生自然划分。

阶层对社会资源的占有量取决于个体后天的教育、职业、收入等方面，因此各社会阶层的资源占有量是存在差异的。在教育、就业、医疗保障、住房的权利等方面，各阶层中都存在不公平的现象，对个体的发展都造成了严重阻

---

① 王小章：《论焦虑——不确定性时代的一种基本社会心态》，载《浙江学刊》2015 年第 1 期。

② 参见朱慧劼、王梦怡：《阶层焦虑症候群：当代青年的精神危机与出路》，载《中国青年研究》2018 年第 11 期。

碍。而一个有良好社会运行机制的社会，社会资源的分配应当是公平的，即社会应当为每个个体提供平等的获得成功的机会。这就要求社会阶层的划分应当具有流动性，个人能够通过后天的努力改变自身所处的阶层，从而有利于缓解社会各阶层之间的矛盾，减少犯罪。因此，要维持社会的快速发展及稳定，减轻犯罪问题带来的压力，仅仅通过严厉的刑罚处罚是无法达到的。更重要的是必须找到解决阶层矛盾的有效途径，改善政治、经济、社会、文化权利等方面的不公现象，实现社会资源的自然流转和社会弊病的自我修复。

（二）不同圈层的凝聚与隔离

社会阶层是有延续性的。一开始处于某阶层的人，所拥有的社会资源与该阶层的大多数人相同，并无更多的资源支撑其打破跨阶层的阻碍。网络化社会便捷的生活方式和信息聚集，使得未成年人接触到多种跨阶层文化，此时资源本身的匮乏会对其交往行为产生一定程度的影响。同时，基于未成年人自身发展的特殊性，其思维及行为模式仍是冲动、盲目的。因而从未成年人这一整体分析，不同阶层的未成年人因具有共同的特征而形成一个不同于阶层划分标准的群体——圈层。圈层的划分与未成年人的生存环境有密切联系，但又排除了阶层这一因素，是与阶层相似，同样存在不平等现象的一种划分方式。正如马克斯·韦伯指出，“身份指的是生活方式，他还指社会尊重，也就是依据一个人的社会地位来赋予他或她以尊重和仰慕”，“‘社会’交往限制在身份相当的圈子里，这种‘社会’交往不服务于任何经济的、商业的或其他的‘实用的’目的”。[①] 据此，笔者将未成年人群体具体分为普通未成年人、外来未成年人、流浪未成年人（流浪儿童）、闲散未成年人、留守儿童几个圈层。

外来未成年人是指无居住地户籍且不在居住地生长的未成年人。一项对广州市外来未成年人犯罪的实证调查指出，外来未成年人主要包括五类：离家出走的未成年人（多为 14 ~ 15 岁），其因学习或家庭问题出走；独自外出打工的未成年人（16 ~ 18 岁）；外来务工人员子女；非户籍地在学未成年人，一般为中专技校学生；流窜作案的外来未成年犯。在外来未成年人群体中，16 ~ 17 岁

---

① ［英］阿雷恩·鲍尔德温、布莱恩·郎赫斯特等：《文化研究导论》（修订版），陶东风等译，高等教育出版社 2004 年版，第 104 ~ 105 页。

是占比最大的年龄段。[1] 流浪儿童又称流浪未成年人，[2]通常已脱离家庭或监护人流落社会连续超过 24 小时。我国流浪未成年人约为 100 万人，全国总计救助流浪乞讨未成年人人次达到 14.6 万人。[3] 闲散未成年人是指达到法定入学年龄、不在学、无职业的 6～18 周岁的未成年群体，大多都不同程度地脱离了家庭、学校或社会的管控。留守儿童一般是因父母长期在外务工而托留在户籍地，由（外）祖父母或其他亲属照顾的处于义务教育阶段的未成年人。根据实际的统计数据，79.7% 的留守儿童由祖父母抚养，13% 托付给亲友，7.3% 不确定或无人监护。2013 年年底，在城市谋生的农民工父母达到 2.69 亿人，留守儿童约为 6102 万人。70% 的留守儿童存在心理问题，在未成年人犯罪中留守儿童的比例为 70% 左右。[4]

综上所述，外来未成年人、流浪未成年人、闲散未成年人、留守儿童各圈层内部的未成年人之间均具有相似的生活环境、相似的经历甚至相似的价值取向。首先，教育资源普遍跟不上，适龄未成年人入学困难，难以培养良好的价值观，学习必要的知识和技能。其次，监管严重缺失。上述圈层的未成年人家庭或多或少存在某些问题，导致其长期脱管，在不具备良好的辨别能力时过早地融入社会，走上歧途。最后，他们渴望获取成功，但是却没有合法的途径，再加上不良交友与文化环境的影响，长期的越轨生活最终必然导致犯罪。因此，外来未成年人、流浪未成年人、闲散未成年人、留守儿童的圈层实际上是封闭的，在不断变换的社会中早已与正常的生活脱节。

（三）圈层冲突下的社会抉择

迪尔凯姆认为，在机械社会中犯罪是“正常的”，[5]而机械社会的刑罚是强

---

① 参见安新予：《广州市外来未成年人犯罪的调查研究》，载《青年探索》2004 年第 6 期。

② 流浪儿童是指年龄在 18 岁以下，脱离家庭或离开监护人流落社会连续超过 24 小时，失去基本生存保障而陷入困境的未成年人。

③ 《关注流浪儿童 如何让街角的身影不再无助》，载中国青年网 2011 年 12 月 2 日，http://politics.people.com.cn/GB/16468664.html。

④ 《蝴蝶效应：中国经济“带坏”留守儿童》，载搜狐新闻 2014 年 8 月 18 日，http://news.sohu.com/s2014/shuzi-292/。

⑤ 参见［美］乔治·B. 沃尔德等：《理论犯罪学》（第 5 版），方鹏译，中国政法大学出版社 2005 年版，第 154 页。

调压制的(与此相对的概念是恢复性刑罚)。[①] 当社会中产生了局部自治的亚群体时,排异、专制和保守的群体认为亚群体侵犯了他们的集体意识,从而对其作出严厉的制裁,维护社会的"正义"。这种群体的行为往往是冲动的、狂暴的,"复数的力量让它觉得自己势不可当"。[②] 有机社会来临时,集体意识被社会分工所替代,机械的社会团结转变为有机的团结。社会中的异质性群体因社会分工联系在一起,也因此会产生更多的摩擦。这些摩擦根源于个体愿望的无法达成。

理想的社会应当是任何社会成员都能够通过合法的手段取得成功,然而事实并非如此。与此同时,我国的文化环境中大众文化逐渐占据主流,对社会主义意识形态的主导地位造成了一定冲击。大众文化的"后现代现象"[③]倡导"多元论和反主流意识",在社会中渲染传递物质至上、娱乐至上等不健康的消费观念,[④]文化结构与社会发展明显不适配。全民娱乐现象加剧、社会主义核心价值观消解的氛围更使得未成年人群体无所适从,对其价值追求与行为模式造成诸多负面影响。

笔者以教育、娱乐、经济三类文化目标为例,以普通未成年人的适应对策为参照,分析外来未成年人、流浪未成年人、闲散未成年人、留守儿童在文化目标和制度性手段方面的选择差异。(见表3-3)首先,在教育层面,外来未成年人、流浪未成年人、闲散未成年人、留守儿童群体受教育程度普遍不高,覆盖范围较窄。一方面,由于未成年人受到一些奢靡信息的影响,过度追求物质富足,而对教育怀有不正确的观念。因此他们不会去主动追求教育这一目标的实现,甚至还会以逃学等越轨行为消极对抗。另一方面,其虽然认同且追求教育的目标,却受到重重阻力。如学校门槛高入学难、农民工子弟学校关停、异

---

① 参见薛静丽:《社会团结与刑罚的变迁——走入涂尔干的刑罚社会学》,载《中国刑事法杂志》2010年第8期。

② [法]古斯塔夫·勒庞:《乌合之众——大众心理研究》,马晓佳译,时代文艺出版社2019年版,第12页。

③ 后现代现象是指以后现代精神为主导的文化现象。后现代精神是指当代西方文化的非中心性、无深度性、商业性、大众性等。金民卿:《后现代精神和中国大众文化发展》,载《北京大学学报(哲学社会科学版)》2001年第2期。

④ 参见李明:《我国大众文化消费结构研究》,中国书籍出版社2017年版,第53页。

地高考的阻碍等，都使其无法通过合法或非法的途径实现教育的目标。因而外来未成年人、流浪未成年人、闲散未成年人、留守儿童群体对于教育这一目标的达成通常采取遵从、形式主义及退却主义三种对策。① 在娱乐和经济方面，外来未成年人、流浪未成年人、闲散未成年人、留守儿童群体都受到社会中享乐主义与金钱至上主义等不良观念的影响，在慢慢融入社会的同时潜移默化地接受了这种价值观。但依靠自身的能力无法实现娱乐和经济目标，因此会有部分未成年人选择以犯罪的手段达成目标——遵从与创新。

表 3-3　未成年人针对教育、娱乐、经济三类文化目标的适应对策

	教育		娱乐		经济	
	文化目标	制度性手段	文化目标	制度性手段	文化目标	制度性手段
普通	+	+	+	+	+	+
外、流、闲、留	+	+	+	+	+	+
	—	+	+	—	+	—
	—	—				

附注：

A. “+”表示接受，“—”表示拒绝，“普通”指普通未成年人，“外、流、闲、留”指外来未成年人、流浪未成年人、闲散未成年人、留守儿童。

B. 遵从表示为“+，+”；创新表示为“+，—”；形式主义表示为“—，+”；退却主义表示为“—，—”。②

三、日常活动概念中的文化冲突

有观点认为新媒介沉浸使得青年群体中产生了“信仰风险”现象，主要表现为信仰对象“媒介化”、信仰实践“消费化”、信仰情感“冷漠化”等，与社会对青年群体的期待形成了“意义的对裂”。③ 不仅影响到未成年人成长环境的构建，还将对国家整体舆论氛围的引导产生消极作用。正如迪尔凯姆指出，传统

---

① 默顿将未成年人面对失范的社会适应对策总结为遵从、创新、形式主义、退却主义、叛逆。参见[美]乔治·B. 沃尔德等：《理论犯罪学》（第5版），方鹏译，中国政法大学出版社2005年版，第158页。

② 参见张小虎：《当代中国社会结构与犯罪》，群众出版社2009年版，第476页。

③ 参见赵红勋：《新媒介依赖视域下青年群体的“信仰风险”论析》，载《中国青年研究》2020年第1期。

价值和信仰的崩溃是犯罪率变化的原因。本章以暴力亚文化为例，对未成年人的日常生活与网络社会的失衡进行论述。

（一）传统文化与新兴文化的碰撞

小众亚文化形态吸引着越来越多的年轻人的目光。尤其在互联网的推动下，新文化群体的构建已经超越了社会阶层及圈层的限制，维系群体情感联系的是个体对该亚文化的共同认同感以及亚文化赋予其自身的文化归属感。一方面，互联网中同质化信息的反复扩散与公众的心理效应会强化人们对亚文化群体的认知；另一方面，互联网搭建的个性化信息传播通道加剧了认知固化。[①] 主流文化群体或许对小众亚文化不以为然，而忽视了其背后的价值观对未成年人造成的认同偏差。

受众通过使用媒介获得特定的满足或达成一定的目标，如果他们缺乏其他替代性方式或资源，就会对媒介形成依赖。同样，社会的复杂性、媒介负担的功能、受众对媒介的依赖三者之间是复杂的正相关关系。首先，使用网络社交的未成年人队伍壮大且涉猎广。未成年人接受程度高、学习能力快，对网络媒介的掌握容易，使用频率比较高。从幼儿园儿童到小学生再到初中生，未成年人的学习生活娱乐都被媒介所覆盖，如学习类小猿搜题、扇贝打卡，社交类QQ、Twitter，游戏类DOTA、和平精英等。一方面，网络的匿名性、非同步性和平等性易使人失去自我约束力；另一方面，其便捷性、娱乐性、共享性兼具的媒介特性使得未成年人模糊了虚拟与现实的边界。其次，教育脱节于科技进步，未成年人的网络安全知识匮乏。学校教育追求成绩高、德育好，但是对于网络安全的教育普及严重不足。一是当前的教育观念还未转变，不能适应社会的发展而增加一些必要的课程；二是学习任务繁重，增加课程对学生可能会造成负担。因此，父母的教育就至关重要。然而在实际生活中，一方面，父母用媒介来弥补对未成年子女陪伴的缺失，但又没有对其使用媒介起到一定的监管与保护作用。另一方面，父母鼓励未成年子女使用社交媒介的同时往往忽略了潜在的风险，未成年人的网络安全知识仅依靠自身及社交获取，方式贫乏且

① 参见蒋淑媛：《鄙视链视域下青年文化的群体偏见与认同危机》，载《中国青年研究》2018年第12期。

单一。

更多的情形是，新媒体赋权使未成年人参与到“PGC 模式”①的文化生产中，未成年人成为网络实践中平等且独立的主体，其受管控力度也随之减弱。如抖音、快手、哔哩哔哩视频，用户主动进行视频创作，包括添加字幕、视频拍摄、后期剪辑。据调查数据，年轻人“参与字幕组的占 3%，参与视频拍摄的占 28.4%，制作网络表情的占 7.2%，创作网络音乐的占 14.0%”，②正面反映出未成年个体主动进行网络参与的趋势。网络内容生产的特点是无门槛、低资费，且传播快、范围广，对于渴望展示自己的未成年人来说，媒介提供了一种最优选择。不仅能够造就一个与现实生活完全不同的身份，同时还能够获得社会尊重与认同。据此，在众多新兴网络文化的共同作用下，未成年人对于传统文化及价值观的认同已然还未成型就被其他亚文化所取代。

(二)新媒体与暴力亚文化传播

当暴力牢牢盘踞在个体的价值认同中时，由使用暴力而引发的罪恶感对个人而言也将不复存在。生活在暴力亚文化的环境中，暴力是解决问题的手段，也是使日常活动简单化的捷径。崇尚暴力亚文化的成员时常觉得，为了捍卫自己的“荣耀”必须使用暴力。如果此人未能及时使用暴力来报仇，可能会遭到负面惩罚(如嘲笑、奚落、排斥、羞辱等)。而由此衍生的亚文化总是从正面强化暴力行为(如赞美、鼓励、英雄化等)，如此一来，更有助于学习使用暴力。

美国著名传播学者乔治·格伯纳(George Gerbner)通过对十年间美国三大电视网黄金时段与周末儿童时段的娱乐节目的内容进行分析，发现 80% 的内容含有暴力。同时又收集了电视观众对于个人安全与社会现实观念等方面的资料，比较得出结论：“电视暴力信息的重度收视者通常会认为社会充满暴

① PGC(professional generated content)或 PPC(professionally-produced content)，指专业生产内容。参见《浅析 UGC、PGC 和 OGC》，载人民网 2021 年 12 月 30 日，http://yjy.people.com.cn/n/2014/0120/c245079-24169402.html。

② 《“新媒体时代青少年成长的现状、特点及规律”——“第十一届青少年发展论坛”分论坛代表发言实录》(上)，载中青在线 2021 年 12 月 30 日，http://theory.cyol.com/content/2015-11/23/content_13324261.htm。

力和犯罪,人与人之间缺乏信任,从而产生对社会恐惧的认知心理。”①美国犯罪学家卡伦·奥利维尔(Karen Olivier)在研究网络暴力游戏对青少年的影响时认为,虽然人们在接触网络暴力游戏时,大多数人不会变得暴力,但是这些暴力内容在他们的身上会出现以下任一种反馈形式:(1)侵略者效果。大量接触网络暴力,会使暴力行为受到鼓励,增加侵略性和反社会行为。(2)受害者效果。一些青少年在接触网络暴力之后,他们对受伤害的恐惧会增加,即媒介暴力强化了人们对社会环境的危险度的感知。(3)旁观者效果。长期接触媒介暴力,习惯了凶杀和流血,会使他们对暴力和暴力带来的伤害不敏感,会变得麻木不仁,视暴力为常态。(4)欲望效果。网络暴力游戏增加了他们在娱乐和现实生活中的更多暴力需求。② 据此可知,对暴力传播媒介的监管十分重要。

新媒体作为重要的信息获取源头,应当对本平台的内容承担责任。对于未成年人而言,即便他们并非完全相信或直接受到媒体内容的影响,却缺乏抵御不良影响及自我控制的能力。因而,鉴于影响犯罪的因素过于复杂,以个体的角度去审视媒介才是合理的方式。众多新媒体为了流量及利益,诱导未成年人观看、使用含有暴力内容的视频或App,实是放任甚至鼓励了不良(犯罪)亚文化的传播。近期,国家网信办会同有关部门对网络音频乱象启动专项整治活动,全国“扫黄打非”办公室对直播乱象进行了整治,各大平台也设置了“青少年模式”等措施以应对音频、视频等内容的审核,最终效果却不尽如人意。身处网络化社会,信息的源头我们往往无法掌控,因此造成的负面影响也将如影随形。此时,新媒体平台自然就成了对未成年人上网环境安全进行维护的第一阵地。

(三)亚文化冲突与未成年人暴力犯罪

多种多样的亚文化与主流文化并非都是冲突的,但他们宣扬的价值观各

---

① 李岩、江根源、赵凌:《青少年网络暴力和色情:现状、机制与相关治理》,浙江大学出版社2017年版,第17页。

② See Karen Olivier, *The Effect of Violent Internet Games on Children and Juveniles*, Crime Research in South Africa, 2000, 1, p. 1 – 10.

不相一致,在社会交往中产生摩擦或冲突是必然的。而未成年人作为一个易受侵害同时又易被影响从而伤害他人的特殊群体,正处在从依赖他人转变为独立自主的重要阶段,极易受到外部不良因素的影响,从而在光影斑斓的亚文化中迷失自己,走入歧途。

近15年来,我国未成年犯罪人较同期成年犯罪人受到刑事处罚的增长率波动明显,一定程度上说明未成年人犯罪受到外部环境影响的可能性较大。① 一个人如果生活在认同违法的文化中,他选择违法行为便再自然不过,这一行为也不会被他周围的人当作违法行为,当作不对的事。正如沃尔夫冈和费拉柯蒂提出,有些特定的社会亚团体崇尚暴力的亚文化价值,并引以为其行为准则。这种价值规范为成员的暴力行为提供了精神支柱,增加了敌意冲动转化成暴力行为的概率。生活在亚团体的成员,如果发生冲突或彼此看不顺眼,就很自然而然地想到以暴力来解决问题。例行化行动的稳定性说明了外部环境的稳定,个体的安全感的提高;亚文化的生活轨迹又恰恰与违法犯罪主体自身未认识到的实施犯罪与偏差行为互为条件,进而循环往复。暴力亚文化独特的社会价值观,经过社会化过程后,传递给每个成员和成员的下一代。成员行为自然而然受制于此价值观,当情境出现时,即会表现出相称的行为。2016年1月1日至2017年12月31日,有关部门对全国法院新收未成年人刑事案件的统计显示,未成年人最易犯盗窃罪、抢劫罪和故意伤害罪。其中,被告人以初中文化程度为主。在群体特征上体现为以流动未成年人、留守未成年人与部分家庭关系不良的未成年人为主。②

另外,在未成年时期的不同阶段,未成年人心理成熟度也是不同的,因而不同年龄的未成年人犯罪的特征是存在差异的。贝卡利亚(Cesare Bonesana Beccaria)与边沁(Jeremy Bentham)将犯罪归因于犯罪所带来的快乐或好处与当时的环境所引起的麻烦与危险之间的比值。质言之,功利原则预设人类一

---

① 参见武立:《经济发展与青少年犯罪率关联机制研究》,载《青少年犯罪问题》2017年第3期。

② 《从司法大数据看我国未成年人权益司法保护和未成年人犯罪特点及其预防》,载最高人民法院网2021年8月8日,http://www.court.gov.cn/zixun-xiangqing-99402.html。

切行为的动因。[①] 2016年1月1日至2017年12月31日，全国法院新收未成年人刑事案件中的被告人，16周岁和17周岁占比较高。17周岁的未成年人占比最高，达到一半以上，以盗窃罪最为高发；16周岁的未成年人次之，超过1/3；14～15周岁的未成年人抢劫罪的发案率最高。[②] 即使主体在进行选择时会受到外部环境、个人特性、生理及心理等因素的影响，但最终选择犯罪的结果仍是由主体的自由意志决定的。[③] 14～15周岁的未成年人相对更加不成熟，行为容易冲动不计后果，因此其暴力性倾向往往更加突出，体现在抢劫罪的发案率上。而十六七周岁的未成年人不仅在思维方式上更加谨慎，在比较得失的层面上也更加全面，因此风险较小的盗窃罪发案率占比较高。正如英国犯罪学家德里克·科尼什(Derek B. Cornish)认为，犯罪人的所有决定都是根据期待要花费的精力和可以从犯罪中得到回报，以及与被抓、被判刑的轻重所比较、平衡后而作出的。

第四节　我国未成年人犯罪司法制度的具体构建

适当降低刑事责任年龄虽能在短期内对未成年人犯罪起到有限的震慑效果，实则是“扬汤止沸”，且加重了未成年人的个体责任。风险个体责任的强化与社会支持涉罪未成年人个体为中心的增权理念应在内部达成统一，强调“涉罪未成年人需要承担与个体的风险因素相适应的犯罪控制责任”。[④] 以此为基

---

① 参见曾赟、孔一、张崇脉：《犯罪原因分析》，清华大学出版社2010年版，第22页。

② 《从司法大数据看我国未成年人权益司法保护和未成年人犯罪特点及其预防》，载最高人民法院网2021年8月8日，http://www.court.gov.cn/zixun-xiangqing-99402.html。

③ 自由意志论是18世纪刑事古典学派解释犯罪原因的主要理论。这种理论认为，人是具有自由意志，追求快乐和功利的动物。上帝赋予每个人自由选择善恶的权利，每个人都可以有意识、有意志地自由选择自己的行为。人类的行为可由其自主决定，但目的总是要避免痛苦或惩罚，寻找自我利益和快乐。因此，犯罪的发生是因为犯罪者主观上认为犯罪所得到的痛苦低于犯罪所得到的快乐。罪犯在实施其犯罪行为时，完全是其自由意志选择的结果，不受外在物质或精神力量的左右。参见[日]大谷实等：《刑事政策学》，黎宏译，中国人民大学出版社2009年版，第9～11页。

④ 何挺、张丽霞：《未成年人司法社会支持体系之思考：基于风险控制理论范式的视角》，载《中国应用法学》2020年第2期。

础,未成年人犯罪后,家庭、社会、国家所应承担的责任相较其自身而言则更为主要。因而要综合考量未成年人及其周边环境,以对其施以更为适当的刑罚或非刑罚处遇,助其矫治与社会化。在此层面上,针对未成年人违法犯罪,应结合当下社会的需要,使传统少年司法与社会支持体系形成合力。

一、完善未成年人犯罪的相关司法规制

针对未成年人犯罪,我国始终秉承着"教育为主,惩罚为辅"的理念,但是"教育"与"惩罚"是目的还是手段尚存争议,实务中如何处置未成年人犯罪仍存在疑惑之处。① 尤其是媒体对低龄未成年人恶性事件的广泛报道,加剧了社会公众对未成年人群体的安全恐慌,反而忽略了对外部环境给未成年人造成的负面影响之反思。公众的"舆论审判"一方面提高了公众对未成年人犯罪的重视,另一方面也暴露了我国少年司法体系的严重不足。个体责任与国家责任的承担形式单一且固化,不利于未成年人的矫治与社会化。在学界"刑事一体化"②的刑事政策的倡导下,少年司法体系的建设也应当不断推进。

(一)刑事一体化下的一站式办理

现行法律中关于未成年人犯罪的规定散见于几部专门法律以及其他相关法律,并未形成一套完善的少年司法体系。家长、学校、司法机关的责任尚不清晰,未成年犯的处遇对策仍存在诸多不合理之处。从我国目前的实践来看,已有多地公安机关设有"少年警务中心"(如上海嘉定区)专门处理低龄未成年人犯罪案件;各级人民法院陆续推行了圆桌审判、心理评估干预、法庭教育、轻罪记录封存、案件回访等制度;最高人民检察院提出探索建立罪错未成年人临界预防、家庭教育、分级处遇和保护处分制度,推行未成年被害人"一站式"询问、救助机制。然而在实际操作中,各机关之间没有衔接,因而惩治效果难以

---

① 参见肖姗姗:《改革开放以来我国少年司法的演进及前瞻》,载《预防青少年犯罪研究》2018年第5期。

② 刑事一体化的内涵是刑法和刑法运行内外协调,即刑法结构合理与刑法运行机制顺畅。储槐植:《再说刑事一体化》,载《法学》2004年第3期。目前我国少年司法中仍存在诸如前置程序设置、制度衔接、处遇措施、社会支持等问题,法律系统的运行存在不衔接之处,其产生的社会效果不论是对个体抑或对社会均有弊处。因而,借鉴刑事一体化的研究方法,对少年司法各组成要素逐一完善,进而"化"为一体协调运转,能够最大化发挥其效用。

达到预期。有学者概括其为“以‘行’代刑日渐式微；以‘令’代刑难以为继；以‘赔’代刑形同虚设；以‘教’代刑流于形式”。[①] 此外，就未成年人犯罪的刑罚而言，其司法效果并不明显，仅仅采取刑事处罚的方式难以实现惩罚和教育未成年犯罪人的理想效果。

因此，客观看待未成年人犯罪、厘清各方责任是首要之事。教育既是手段也是目的，而惩罚应当作为教育的附随后果，其最终目的都是使未成年人能够回归社会。但是，这种理念并非忽视了未成年人的责任。未成年人保护与未成年人承担责任应当是并重的。未成年人是主要责任者，但他们同时也是受害者，只有辩证地理解未成年人犯罪才能真正找到对其犯罪的治本之策。再者，未成年人保护“共同责任原则”看似将保护未成年人的责任合理分配到各方，但实际上不过是加剧了各责任方的扯皮，更加不利于未成年人的保护。笔者认为，法律应当对家长的责任作出具体的规定。《刑法》第 17 条第 5 款规定，“因不满十六周岁不予刑事处罚的，责令他的家长或者监护人加以管教；在必要的时候，依法进行专门矫治教育”。在作出责令未成年人的家长或监护人管教的决定之前，应当设置一个前置程序——对家长或监护人进行社会调查，证实其家长或监护人在此前是否尽到合理的监护义务以及是否仍具有管教未成年子女的能力，得以承担在未成年人犯罪后的管教责任。这样才能使该规定发挥最大的效果。

另外，未成年人犯罪的司法程序应当进一步改善，以保证外部法律的有效实施。据笔者的调研，未成年人司法有以下两点关键问题：第一，在缓刑方面，超过 40% 的未成年犯适用缓刑，其余不适用缓刑的主要原因在于监管困难（外地未成年犯）、罚金缴纳存在多方面问题以及确实不符合缓刑适用条件。第二，在附条件不起诉的适用上，检察机关同时承担了决定与执行的角色，但是后续的教育与监管对策尚未跟进。自 2012 年附条件不起诉制度实施以来，很大一部分的未成年犯罪案件都在检察机关就被“过滤”，法院的少年审判庭案件量大幅减少。一味追求未成年人轻刑化，却忽视了对未成年人的改造及教

① 马雷、狄小华：《我国未成年人刑罚替代措施的重构》，载《青少年犯罪问题》2020 年第 2 期。

育,实际上是揠苗助长。因此,我国少年司法的工作重点仍是支持未成年人的社会回归。一方面,司法局应当重视未成年犯的监管,避免出现"查无此人"的情况,缓解未成年犯脱管严重的局面,从而有效减少未成年人缓刑期间再犯。同时,各地司法局之间应当建立流动未成年犯的档案联系,实现异地监管。另一方面,更为关键的是,检察机关与法院应当合理分工协作。对于适用附条件不起诉的未成年人,检察机关决定后可交由法院执行对未成年人的教育改造,而不是检察机关决定后直接放行。法院对于未成年人自身及其家庭的教育和改造双管齐下,能够帮助恢复家庭的教育、监管功能,并且对于未成年人深刻理解少年司法、回归社会也大有裨益。更为关键的一点,针对涉罪的未成年人应当建立完善的积极心理支持制度,通过法律明确心理干预介入司法的时间、程序及适用范围。① 如按照司法程序的进度,分别对未成年当事人实施不同层次的心理干预——基于专业技术的积极心理学支持,社会支持体系的心理关护,未成年人自身的心理支持,从根源上实现阻断犯罪动因的效果。

(二)激活并确定专门学校②的司法功能

将刑罚施加于未成年犯罪人身上具有极大负面影响。早在19世纪中叶,意大利著名的犯罪学家切萨雷·龙勃罗梭(Cesare Lombroso)就认为:"监狱是犯罪的学校,它教人实施最有害的犯罪和团伙犯罪。"③我们不可小觑监禁刑的弊端,并且,我们应当对刑罚的不良后果进行反思。现代刑事政策的观念认为,刑罚之所以作为最后一道红线,根源在于,"人类行为,无论是诚实的还是不诚实的,是社会性的还是反社会性的,都是人的自然心理机制和生理状况以

① 在我国当前的实践中,司法人员对于涉罪未成年人接受心理测评与疏导层面基本达成共识,但实际运用起来,仍存在以下诸多问题:(1)实施主体不清。(2)心理测评与疏导介入程序不完善。(3)心理测评与疏导材料的定性及适用不明确。

② 2020年12月26日,第十三届全国人大常委会第二十四次会议通过了《刑法修正案(十一)》和修订后的《预防未成年人犯罪法》,在立法层面统一以"专门学校"替代"工读学校"。然而在我国当前的少年司法实践中,"工读学校"尚未完全退出历史舞台,其仍然是"专门学校"的重要组成部分。

③ [意]切萨雷·龙勃罗梭:《犯罪人论》,黄风译,北京大学出版社2011年版,第259~261页。

及周围生活环境相互作用的结果”,[①]因此外部的刑罚即便被设置得再恰当都无法将产生犯罪的“病菌”拔除。不仅如此,现代犯罪学的一个认识是:刑罚在实现自身功能的过程中,也在不断催化惯犯和累犯,其加诸于未成年人犯罪则更具负面性。既如此,更应当及时采取纯粹监禁刑之外的举措,帮助误入歧途的未成年人树立对自身行为的正确认知,培养独立发展的思维方式与能力,使其能够在多元文化社会中健康成长。

我国未成年犯管教所(以下简称未管所)针对的对象虽有法律作出明确规定,[②]但现实是,未成年犯与部分普通罪犯被安置在同一处所内。[③] 因为同样的管理模式和同一套管理人员,未成年人群体的教育的矫治目的根本不能达到预期的效果,重者可能出现交叉感染的情况。出现这种局面一方面是由于制度设置的不合理,导致部分未管所“空置”,而应该接受矫治的群体却没有合适的处所可去。另一方面则是由于普通罪犯数量本身过于庞大,尤其在收容教育制度废除后,普通监狱出现“供不应求”的状况,以致不得不把部分普通罪犯关押到未管所。因此,未管所如今的状况,对于未成年人犯罪处遇的个别化以及有效矫治并无裨益,而专门教育制度的构建完善则成为解决未成年犯罪人处遇问题的更优选择,尽快激活专门教育已迫在眉睫。

20世纪50年代,实施违法或轻微的犯罪行为的未成年人对社会秩序的稳定造成了较大影响,因此国家依据《联合国儿童权利公约》[④]的相关规定,设置了专门的工读学校以对这些未成年人进行再教育。马汶·沃尔夫冈(Marvin E. Wolfgang)指出:“中国的工读学校是预防少年犯罪的最佳模式,建议西方的

---

① [意]恩里科·菲利:《犯罪社会学》,郭建安译,商务印书馆2017年版,第38~47页。

② 未成年犯管教所的对象主要是实施了犯罪行为且已满16周岁、不满18周岁的未成年人;《刑法修正案(十一)》出台以前,我国《刑法》第17条第4款规定,对于不满16周岁不予刑事处罚的,必要的时候,也可以由政府收容教养,此处的收容教养机构即未管所;另外对于已满18周岁,但余刑不到2年的,继续在未管所执行。

③ 例如,某市未成年犯管教所内,未成年犯罪人仅有二十几人,普通罪犯却超过两百人。

④ 《联合国儿童权利公约》规定:“应采用多种处理办法,诸如照管、指导和监督令、辅导、察看、寄养、教育和职业培训方案及不交由机构照管的其他办法,以确保处理儿童的方式符合其福祉并与其情况和违法行为相称。”

犯罪学家和社会学家应该很好地研究中国的工读教育。”①但是随着社会的变革,法律法规不断完善,工读学校自身又存在缺陷,致使工读教育早已名存实亡。据统计,截至2017年年底,国内现存的工读学校仅有93所。

以工读教育为基础真正激活专门教育的司法功能,首先,要以制度保障专门教育的展开。第一,专门学校接收的对象应当包括虞犯未成年人和已犯未成年人(不负刑事责任或刑罚执行完毕的未成年人);对于14周岁以下触犯严重罪名与其他18周岁以下具有严重不良行为的未成年人也应当予以矫治。第二,将警察纳入申请主体的范围,因为警察是在社会上最容易发现未成年人违法行为的人,同时也是流浪未成年人寻求帮助的重要途径。第三,作出将未成年人送入专门学校的裁决的主体只能是法院,有条件的地区应当由少年审判庭处理,有利于促进未成年人的社会化。第四,建立社会支持体系“去标签化”。其次,完善专门学校内部的管理与教育体系。第一,设置两套相分离的内部教育系统。一个是普通教育系统,就是根据未成年人入学前的受教育程度,继续开展与外部普通学校相衔接的文化教育。毕业后可以取得原学校的毕业证,或者继续回原学校学习。另一个是专门教育系统,即为未成年人提供专门的职业技术教育,为毕业后投入社会工作作准备。两套教育系统除了要注重与之相符的文化或技术教育外,还应当注重法律知识的普及,思想教育的重点抓取,以及公益活动的开展。第二,在教师队伍组建方面,应当要求一定比例的教师具备心理咨询经验或资格,可以在日常教学中为学生提供心理疏导。同时,教师应当给予学生个性化辅导。“理论和实践已经充分证明,未成年人初次犯罪后社会对其采取的反应方式是否理性,与其未来是否会陷入犯罪的泥潭关系重大。”②第三,专门学校不仅仅面向在校就读的学生。自2010年开始,部分地区的工读学校与未管所建立了联系,工读学校的对象扩大到处于监禁期间的未成年犯罪人。③ 使犯罪未成年人达到合理矫治效果,对未成年

---

① 参见郭翔:《美国著名学者沃尔夫冈教授谈中国的工读教育》,载《青少年犯罪研究》1997年第5~6期。

② 张远煌:《从未成年人犯罪的特点看现行刑罚制度的缺陷》,载《法学论坛》2018年第1期。

③ 参见路琦、郭开元、刘燕、张晓冰:《新时期专门学校教育发展研究》,载《中国青年研究》2018年第5期。

人的教育也能够与社会生活恰当衔接。

(三)建立国家引导的社会援助中心

《未成年人保护法》第6条、第7条、第118条分别规定了不同主体在未成年人的成长教育以及权益保护方面应承担的责任。这明确了关爱未成年人的成长,预防未成年人违法犯罪不仅仅是家庭的责任,还需要来自国家、社会机构、企事业组织、个人等多方面的支持。正如社会支持理论所强调,“不断扩大和增长的社会支持可以培养人的利他观念和行为,可以减轻社会环境所造成的负面的增长或压力,也可以抵御来自社会负面的包括反社会和违法行为的影响”。① 未成年人的犯罪预防包括两个层次:预防高危群体初次犯罪,预防已有犯罪史的未成年人再犯。两者重点均在于,以何种方式授予其新的文化知识与结构,从而降低其在文化冲突中作出极端选择的可能性。

首先,要将目光投向外来未成年人、流浪未成年人、闲散未成年人及留守儿童等特殊圈层,他们是当下未成年人犯罪的主力军。改革后的社会巨变引发了诸多问题,未成年人的健康成长没有得到社会应有的关注,国家和家庭的机能远远不足以建构起未成年人的社会化环境,遑论渴望得到社会支持的流动未成年人与留守儿童的权益保障体系的建构。无论是在家庭生活还是在社会生活中,这些未成年人仍然无法获得有效的帮助、引导与约束,更易受到不良信息的影响,诱发越轨或犯罪行为。其次,预防未成年人再犯的基础是实现未成年犯的“去标签化”与社会化。未成年犯再犯主要原因在于刑罚执行完毕后,他们原本的生活环境并没有任何改变。因而,未成年人犯罪后重新培养社会性、回归正常生活存在极大的困难。回归家庭并不是意味着家庭成员的单纯接受,更重要的是能够有效发挥家庭的教育功能,帮助未成年人重新塑造正确的价值观念及行为模式,使其能够保持良好的心理状态。同样,学校和社会各界也要参与其中,真正做到“去标签化”,实现未成年人的社会化。“从事少年司法职业,最重要的不是办案,而是做未成年人的工作。从这个意义来讲,没有社会支持体系就不会有少年司法,少年司法与社

① 于阳:《西方犯罪学社会支持理论研究及其借鉴意义》,载《犯罪研究》2012年第5期。

会支持有着天然的联系。”①因此，要真正实现对未成年人犯罪的有效预防，司法制度与社会支持缺一不可。

据此，一方面，针对专门教育“标签化”的问题，需要社会支持体系缓解公众与专门学校理念的冲突，修复未成年人的社会关系网络。曾在专门学校学习的未成年人只有得到社会公众的认可，才能真正回归到正常的生活轨道。司法机关应当重视社会机构或者公益性社会组织的作用，为专门学校的未成年人回归社会提供支持。同时，国家应当在愿意为保护未成年人贡献力量的企业或机构中，为他们设置缓冲的工作岗位，让未成年人找到社会归属感，尽快重新适应社会生活。或者通过政府购买第三方服务，使相关企业组织参与到预防未成年人犯罪的工作中，在一定范围内积极地承担未成年群体的教育和管理服务。② 从2010年出台的《关于进一步建立和完善未成年人刑事案件配套工作体系的若干意见》，到2018年的《关于构建未成年人检察工作社会支持体系的合作框架协议》，再到2019年的《关于开展未成年人检察工作社会支持体系建设试点工作的通知》，均展现了我国对推行少年司法社会支持体系的有益探索。另外，普通学校也应当改变观念，重新接收在专门学校毕业且愿意继续接受普通教育的未成年人。另一方面，对于有实质性案件但依法不追究刑事责任的未成年人群体，由检察机关实施临界预防措施。首先，设置危险性控制的特殊程序，将上述未成年人纳入司法程序的管控。其次，建立起专业的社会援助体系，培养一批专职的司法社工，承担对未成年人观护帮教的责任。检察机关与社会援助机构相互合作，共同实现惩罚、预防、保护的效果。最后，社会援助体系应当与居委会、教育机构、医疗机构、就业机构建立起合作关系。对于没有犯罪的外来未成年人、流浪未成年人、闲散未成年人及留守儿童等特殊群体，社会援助体系应当给予其心理疏导、家庭关系恢复、教育援助、医疗救助、再就业等方面的帮助，促进其正常社会化。

---

① 参见宋英辉：《从六个方面着手推进》，载《检察日报》2015年6月27日，第3版。

② 例如，中共中央办公厅、国务院办公厅《关于进一步深化预防青少年违法犯罪工作的意见》中再次强调引入社会力量参与的重要性。天津是第一个将青少年事务社工写入其《预防条例》的省市，并对青少年事务社工的定位与职责进行明确。另外，山东首次在其《预防条例》之中强调了政府购买服务、培育和扶持相关社会组织参与预防未成年人犯罪工作的重要性。

二、设置犯罪亚文化与未成年人的阻断机制

网络技术不断发展，未成年人在逐渐适应网络传播的结构与特性后，其与网络文化的互动性加强，与其生产行为联系更为密切，因而也将在更多方面受到影响。尤其值得注意的是，大众传媒早已成为家庭、邻里、学校之外影响未成年人社会性培养的重要乃至首要因素。在依靠司法手段对未成年人犯罪实施事后处置的情况下，犯罪预防的效果大打折扣。那么，升级管控未成年人的周边环境理应成为现下实现犯罪预防的优选措施。

（一）对文化的传播路径实行合理控制

大众媒介虽然致力于娱乐、新闻报道等方面信息的传播，但其具有的自组织性①致使其在内容创作过程中就带入了特定的意识形态倾向，这体现为对公众价值观念的涵化过程。因此，传播方式的选择具有某种程度的倾向性。例如，不合理地展示实施暴力的手段及血腥画面，加入淫秽色情的描述等形式。具体而言，可以是利用未成年人成长发育的特殊性，通过游戏设置的角色与场景、特效、程序等，潜移默化地嵌入未成年人的消费行为并逐步影响其现实的价值观念，从而培养“消费共同意识”。② 一旦未成年人与这种暴力理念达成“共同意识”，就容易陷入对暴力游戏甚至是其他暴力性信息的依赖中，难以摆脱沉迷暴力的心理与行为状态。同时，这种影响又将是长期且深刻的。由此引发的后果包括但不限于违反校园秩序的行为、校园暴力行为以及违法行为、犯罪行为。因此，规制文化的传播路径对未成年人的价值体系构建而言尤为重要。

2016 年，中国青年网对市场中现有的 1369 款网络游戏的绿色度进行了调查，发布了共计 1459 篇测评报告。③ 测评结果显示，在所测评的游戏中，暴力度、色情度指标达到 3 度的均在 2% 以上，时间耗费度、恶意 PK 度指标达到 3

---

① 自组织是物理学名词。一个系统自组织功能越强，其保持和产生新功能的能力也越强。任何一个组织都有自组织属性，否则就失去了存在的基础和发展的动力。

② 参见燕道成：《精神麻醉：网络暴力游戏对青少年的负面影响》，载《新闻与传播研究》2009 年第 2 期。

③ 《第 7 次中国游戏绿色度测评统计报告》，载中国青年网 2021 年 12 月 30 日，http://youxi.youth.cn/160301/index.shtml#part9。

度的游戏占比分别为33.31%和21.55%。并且,约59%的游戏没有适龄提示;存在适龄提示的游戏数量中,适龄提示与推荐适龄不符的达到46%。[①] 未安装防沉迷系统的游戏超过900款,占测评总量的71%,较上年略为上升。放任网络游戏的时间意味着网络沉迷的开始,尤其是未成年人,一旦在充满感官刺激的网络世界迷失自我,也就距犯罪的道路又近了一步。因此,游戏的适龄提示是极其必要的。然而,在自由开放的市场环境下,适者才能生存。迎合受众的需求是在竞争中取胜的关键,视觉暴力成为企业"争夺用户"的筹码。对于能使公众趋之若鹜的"商品",企业总是采用鼓动的宣传策略而不综合考量社会影响,暴力、软色情始终稳稳占据市场一隅。正如法国社会学家皮埃尔·布尔迪厄(Pierre Bourdieu)曾指出,"社会新闻,这向来是追求轰动效应的传媒最钟爱的东西;血和性,惨剧和罪行总能畅销"。[②]

因此,首先应当继续落实防网络沉迷措施,严格限制游戏娱乐时间。市场经济自由发展的前提是"有序",存在不合理竞争的领域最终由政府作出及时调整。网络游戏的无限制竞争问题,已经严重影响了游戏市场整体的健康发展,对成长中的未成年人造成了伤害。政府应当取缔违法违规的游戏产品,同时进一步加强对游戏市场的监管,督促企业严格落实防网络沉迷措施、适龄提醒以及针对未成年人的游戏时间限制。其次,在家庭和学校层面,从小培养未成年人的道德观、价值观,合理引导未成年人正确上网。如发现已有网络沉迷倾向的未成年人,家长应避免将其送入违法戒网瘾学校,而应以积极的态度加强与未成年人的交流,采取"放长线钓大鱼"的方式,利用技术方法逐渐缩短其上网时长,以达到戒除网瘾的目的。最后,针对存在违法经营、违规经营行为的网吧,尤其是在社区与学校附近的,坚决查处。有关部门落实严禁网吧接纳

---

① 网络游戏"适龄提示"是指网游公司根据游戏的复杂激烈程度、价值导向性等特点,对该款游戏所适宜的玩家年龄进行提醒,从而使用户尤其是未成年人及其监护人比较清楚地了解到该款游戏产品是否适合使用。在网络游戏中增加"适龄提示"的初衷,是划分出不同人群适合的游戏产品,其目的是指导用户选择适合本年龄阶段的网络游戏,让各网游企业本着对未成年人负责的态度经营适合不同年龄层次需求的健康网游产品。参见《网络游戏"适龄提示"》,载中国青年网2021年12月30日,http://news.youth.cn/wztt/201303/t20130309_2957165.htm。

② [法]皮埃尔·布尔迪厄:《关于电视》,许钧译,南京大学出版社2011年版,第17页。

未成年人进入的法律法规，执法必严，违法必究。同时，开通未成年人进出网吧的绿色举报通道，严格控制未成年人接触网络的场所。如广西壮族自治区钦州市钦北区人民检察院向有关部门发出检察建议，坚决打击违规网吧，对违法经营的网吧加大处罚力度，在当地取得了良好的效果。

（二）规范亚文化并促进文化融合

当然，我们无法否定不同的文化之间会产生冲突，以及上升到“战争”的可能，并且也应当承认文化间的相互影响。但正是为了避免“战争”，才更应当积极寻求多元文化的和平对话。① 在如今网络化社会的发展趋势下，主文化与亚文化之间的关系早已跳出了“抵抗”和“收编”的框架，二者之间的关系不可同日而语。② 首先，网络技术的发展成为亚文化自我更新的基础。亚文化的受众以青少年为主，尤其是未成年人更能够接受新事物的出现，使得亚文化的生产传播迅速获得了新的平台，从而与主文化形成结构差异——平台自由的实现。其次，文化“收编”暗含的是亚文化的臣服，而实际上亚文化已呈现出逐渐主流化的趋势。从虚拟到现实，不过是“一屏之隔”。亚文化随互联网的发展获得越来越广泛的受众，线上线下的交流改变的是网络、现实双空间。因而，及时对亚文化的发展方向加以引导，而非采取“绝对统一”策略，提供给学生崭新的文化知识与结构，帮助其了解和尊重不同的文化，消除文化偏见与盲目的文化崇拜等，更有益于培养其在文化冲突下的理智、独立与自洽，使其能够在由多元文化组成且相互依存的有机社会中做到张弛有度。

2014 年中央通过的《关于进一步加快广播电视媒体与新兴媒体融合发展的意见》③，强调媒体融合与媒体管理双管齐下，大力推动媒体融合发展。中央电视台推出的系列优秀文化类节目——《朗读者》《国家宝藏》《主持人大赛》

---

① 《新媒体时代青少年成长的现状、特点及规律——第十一届青少年发展论坛分论坛代表发言实录》（上），载中国青少年研究中心 2021 年 12 月 30 日，http://www.cycs.org/kycg/qnyj/201511/t20151123_73032.html。

② 参见秦兰珺：《论青年亚文化与互联网生产方式的互动》，载《文艺理论与批评》2018 年第 4 期。

③ 《关于进一步加快广播电视媒体与新兴媒体融合发展的意见》，载中华人民共和国中央人民政府网站 2021 年 12 月 30 日，http://www.gov.cn/xinwen/2016－07/20/content_5093191.htm。

等,均在青少年群体中获得高度的情感认同。为我国社会探索主文化与亚文化的良性互动、价值认同等方面提供了范本。促进文化融合需要一个互动的过程,关键是实现文化尊重与文化认同,互联网时代更是如此。组织生产的基础是群体文化的统一,异质群体的投放不仅不能达成文化融合,反而将适得其反。因此,我们要认清主文化与亚文化的区别,以便更深刻地理解代际代沟、圈层之沟、阶层之沟,以审慎客观的目光接纳其存在。一旦无法平衡他们之间的关系,将导致社会信仰的瓦解并带来更复杂的社会矛盾。

因此,如何将不同群体有机地纳入社会发展的过程而避免陷入"沟壑",则成为文化传承面临的难题。理论领域,学者们聚焦社会文化急速变迁时代年长一辈向年轻一辈反向汲取文化知识的现象——"文化反哺"①及"代内反授"②。但年长一辈的群体对新事物的理解及接受能力远不及于年轻一辈,在文化反哺或代内反授的过程中或许已先一步成为"边际人"。根本原因在于文化反哺并非能够将互联网文化的内核传递下去,得到重视的仅仅限于流行语等一系列形式审美,而真正存在于不同群体之间的生产实践活动、价值观念尚未引起足够的重视。实践中,越来越多的主体都在各自的领域为"沟壑"之外的平衡不断贡献力量。共青团中央推出主旋律动漫《镜诰卿年》《江南》《那年那兔那些事儿》,结合亚文化的话语体系和审美趣味弘扬社会主义核心价值观,在年轻群体中获得了较好的反响。一些大型企业发起了"山里 DOU 是好风光"的文化扶贫公益活动,促进社会群体之间的包容。实际上都是在以自身的方式展现对不同文化的认同与尊重,从而实现文化生产组织的融合。另外,也要时刻注意切勿做"披着羊皮的狼",以免文化反噬。对不同文化的尊重与认同并不意味着大肆鼓吹,同时也要建立在对主文化自身的自信上,而非一味追求形式主义。

---

① 周晓虹:《文化反哺:变迁社会中的代际革命》,商务印书馆 2015 年版,第 109 页。

② 陈云松、朱灿然、张亮亮:《代内"文化反授":概念、理论和大数据实证》,载《社会学研究》2017 年第 1 期。

结　语

不同社会阶段的文化变迁反映出的时代特征无不在影响犯罪率、犯罪方式、犯罪区域等犯罪现象，犯罪学的研究和发展始终离不开文化的范畴。要想探究出文化与犯罪学更深层次的关联，以跨学科方式开展研究是大势所趋。笔者通过搜集查阅数据，细致分析我国未成年人犯罪的现象，总结出未成年人犯罪的特征。以文化、亚文化与犯罪亚文化的互动为线索，以我国的社会背景为基础探索文化与犯罪的如下关联：一是市场经济自由发展，各种亚文化滋生。未成年人所处的环境时刻都在发生变化，自主或被动获取的信息与社会交往方式都成为未成年人的学习来源，因而深刻影响了未成年人的思维方式进而映射到中行为模式中。二是在社会快速发展的过程中，诸多问题尚未能得到及时解决，社会矛盾不断在加剧。新时代的未成年人所占有的社会资源不平衡，道德与法律规制失灵导致的犯罪行为引人注目。三是网络化社会的发展使得社会生活的日常更加多元化，主文化与亚文化的冲突及亚文化之间的冲突成为常态，未成年人的成长环境受到诸多复杂的因素影响，暴力性心理及行为的出现并非偶然。笔者认为，应当从司法制度的构建、社会保障制度的完善、文化政策的推行三个方面，惩治、预防未成年人犯罪，为未成年人的社会化做出努力。

此外，在笔者看来，该研究仍存在以下不足之处：一是在研究对象上，文中未详细言明将其限定为未成年人而非青少年的原因。在此说明，笔者认为未成年人更具有代表性。首先，我国的未成年人是指18周岁以下的公民；而青少年的年龄范围在14～25周岁。未成年人可谓是青少年的主要群体，并且二者在心理成熟度及生活阅历方面并无较大的差别，因而在犯罪特征层面呈现趋同化。其次，未成年人处于发育旺盛期，该阶段正是树立个人人生观价值观的重要节点，对个体的未来发展具有决定性作用。因各方面均未定型，容易受到外部因素的干扰，易诱发犯罪。但也正因如此，未成年人实施犯罪行为后更容易得到矫治。因而,对未成年的犯罪预防是实现犯罪预防效果最大化的必然选择。二是研究内容方面,笔者以文化为切入点讨论未成年人犯罪的社会成因,以正反两个角度进行论证。但在写作的过程中,针对文化对社会的维稳功能涉及内容较少,导致该部分论证体量较小,未能在结构上与成因阐述形成对比,对主干论述部分的支撑力有所不足。另外,在对策提出部分,与实务经验的结合仍有欠缺,尚需充实。三是本章在提出司法程序完善之策及建构社会援助体系的同时,忽略了矫正在少年司法中的重要作用。《中华人民共和国社区矫正法》已颁布,其于 2020 年 7 月 1 日施行。其中第七章即有关未成年人社区矫正的特别规定,针对社区矫正的对象、程序等作出了具体规定,对未成年人犯罪后的社会化过程意义重大。教育矫治是少年司法的重要环节,而罪错未成年人的再社会化则是检验其制度效果的“试金石”。当前,亟须结合本法对未成年人社区矫正及其他社会化问题进行深入研究,探索完善罪错未成年人处遇措施的有效方案。

附录：

未成年刑事案件审判（青少年犯罪与少年司法）调研提纲

（天津市高级人民法院，2019年11月26日）

一、天津三级法院2017～2019年审理未成年人刑事案件大致情况；

二、未成年案件的特定犯罪主体、其涉案主要类型的情况，特别是实施暴力犯罪、团伙犯罪的情况；暴力犯罪的犯罪规律情况（如犯罪时间、空间分布、犯罪手段等）；

三、犯罪人基本情况（年龄、学历、职业等），被害人基本情况；

四、犯罪原因及被害原因；

五、校园暴力的案例与取证；

六、量刑情况（缓刑适用、罚金刑判处及缴纳、定罪免除、无罪案件、犯罪记录封存等）；

七、刑罚执行情况：少年犯管教所或者其他羁押场所执行情况；具体的矫治措施、心理矫治开展情况等；

八、天津市法院系统典型案件、指导性案例介绍；

九、未成年犯回归社会与社会关护情况；

十、其他需要提及的问题。

第四章　青少年网络虚拟财产犯罪的现状、成因与预防对策

智能时代，数据资料成为人类生产生活中的重要组成部分。作为数据生活背景下的重要产物，虚拟财产的地位随着其经济价值的增高而日益提升。理论界和实务界对网络虚拟财产的性质和范围莫衷一是，关于网络虚拟财产的有效保护问题也众说纷纭。实践中，网络游戏账号、QQ号、邮箱号等账号类，网址等域名类，比特币、Q币等货币类，游戏装备、皮肤等虚拟物通常都被视为网络虚拟财产，是法律保护的对象。网络技术仍在不断发展，社会经济也在不断进步，未来还会出现越来越多的各类网络虚拟财产。① 近年来，侵犯游戏装备、游戏货币等虚拟财产的犯罪案件数量在逐年递增，亟待加强对此类犯罪的预防和治理。中国互联网络信息中心（CNNIC）的调查报告显示，近六成的用户经历过虚拟财产失窃，针对网络虚拟财产的犯

---

① 参见朱宣烨：《数据分层与侵犯网络虚拟财产犯罪研究》，载《法学杂志》2020年第6期。

罪成为日益严峻的社会现象。[①] 青少年在侵犯网络虚拟财产犯罪中占比较大且其犯罪手段的技术性显著提升，团伙型犯罪也较为常见和多发，造成了很大的社会危害。本章从青少年网络虚拟财产犯罪的现状出发，采用数据采集、案例分析等方法总结了青少年网络虚拟财产犯罪的主要类型及典型特征，进一步分析青少年实施该类犯罪的原因，并对预防青少年网络虚拟财产犯罪提出相关对策建议。

第一节　青少年网络虚拟财产犯罪的现状

一、网络虚拟财产的概念

网络技术的勃兴和网络应用的普及为社会带来了翻天覆地的变化，也为犯罪人提供了新的犯罪手段。网络空间是虚拟空间，网络游戏、付费或免费的电子邮箱、网络寻呼等数字信息产品为虚拟财产。[②] 当前，网络游戏盛行，无论是“魔兽世界”“英雄联盟”等传统端游，还是“王者荣耀”“和平精英”等手游新秀，从来不乏“氪金玩家”[③]。玩家为拥有更好的游戏体验，使用真实货币为游戏角色充值，购买点卡或消耗时间精力积累游戏货币、装备等虚拟财产。[④] 尽管网络具有虚拟性，但虚拟财产凝结了所有权人的心血。所有权人对其所有的虚拟财产享有占有、使用、收益、处分的权利，可以在专门平台上进行交易，虚拟财产的现实属性逐渐凸显。以游戏“王者荣耀”为例，在“5173”游戏交易平台上一个有“杀手不太冷”“凤求凰”等稀有皮肤的高级账号售价超过4000元，具有较高价值。

在网络不断革新过程中，网络社会和现实社会并非完全不能融合，虚拟财

---

① 《六成用户经历过虚拟财产失窃，亟待立法跟进》，载中国互联网络信息中心2021年12月23日，http://www.cnnic.cn/hlwfzyj/hlwfzzx/wlyx/201004/t20100419_27094.htm。

② 参见杨猛：《App虚拟财产犯罪新解——以占有为解释视角》，载《华东政法大学学报》2019年第4期。

③ 氪金玩家，意思是在网络游戏中的充值行为，并将部分付费充值玩家称为“氪金玩家”。

④ 参见张弛：《窃取虚拟财产行为的法益审视》，载《政治与法律》2017年第8期。

产从网络世界拓展到了现实世界,其在现实生活中的价值已经有了不容忽视的地位。虚拟财产不仅能满足所有权人的物质和精神需要,而且能带来巨大经济效益。[①] QQ号、电子邮箱满足了用户的远距离沟通需求,为用户的精神生活带来便利。网络购物平台账号、优惠券满足了用户的购物需求,为用户的物质生活提供保障。游戏中的游戏币、装备等满足了用户的心理需求,用户在游戏过程中通过使用虚拟财产获得精神上的享受。2020年5月颁布的《民法典》在总则部分明确指出"虚拟财产"的概念,完成了对网络虚拟财产的赋权。从司法实践上看,虚拟财产刑法意义上的财产属性地位也越来越被承认。

据裁判文书网各年的文书统计,青少年侵犯网络虚拟财产的案件数量在逐年增加。除了记录在案的青少年网络虚拟财产犯罪外,更多的该类案件并未走完司法程序,甚至被害人没有申请立案就不了了之。网络虚拟财产犯罪中的被害人也有很多是青少年,当网络游戏账号被入侵、游戏装备被盗时,懵懂的青少年被害人不能反抗、不知反抗,不会向公安机关求助。尤其是小额的损失,被害人宁愿选择忍气吞声,节约时间成本,也不愿为此浪费精力。在我国青少年犯罪司法实践中,检察机关依据附条件不起诉制度对大部分未成年人犯罪人作不起诉决定,移送至法院的青少年犯罪案件数量大幅减少,[②]由此导致当前"实际"的青少年网络虚拟财产犯罪形势依然严峻。由于司法实践中此类案件的刑法适用有较大争议,各地检察院、法院的处理方式也存在差异。尽管此类案件的实际发案数量大,但实施网络虚拟财产犯罪的青少年犯罪人得到实质性惩罚的仍在少数。犯罪人的犯罪行为没有被司法机关追究,此类犯罪现象便越发猖獗,给广大虚拟财产所有权人带来威胁,也对网络环境造成危害。网络虚拟财产受侵害的实际范围和社会影响已经很大。

二、青少年网络虚拟财产犯罪的主要类型

近年来,随着端游和手游的快速革新,有关虚拟财产的犯罪也愈演愈烈。

---

① See Patterson N. C., Hobbs M., *A Multidiscipline Approach to Governing Virtual Property Theft in Virtual Worlds*, in Berleur J., Hercheui M. D., Hilty L. M. eds., What Kind of Information Society? Governance, Virtuality, Surveillance, Sustainability, Resilience. Berlin, Heidelberg: Springer, 2010, p. 161 – 171.

② 参见何挺:《附条件不起诉适用对象的争议问题:基于观察发现的理论反思》,载《当代法学》2019年第1期。

在中国裁判文书网上以“虚拟财产”为关键词搜索刑事案件，共获得判决书102份，其中大部分案件犯罪人年龄都在25周岁以下，系青少年犯罪人。[①] 实际上，不仅网络虚拟财产类犯罪实行人以青少年为主，其他各类型网络犯罪的犯罪人都普遍年轻化。[②] 网络虚拟财产犯罪类型多种多样，根据行为性质可具体分为盗窃、抢劫、诈骗等犯罪类型。

(一)盗窃网络虚拟财产犯罪

中国裁判文书网收录的盗窃网络虚拟财产案件共33件，其中犯罪人年龄在25周岁及以下的有11件，占全部该类型犯罪的33.33%(见表4－1)。由此可见，青少年犯罪人在盗窃网络虚拟财产犯罪案件中占比较大。事实上，青少年盗窃网络虚拟财产的犯罪数量远远大于这33件。由于未满16周岁的未成年人不能成为盗窃罪的主体，16～18周岁未成年人犯盗窃罪罪行较轻的可争取检察院附条件不起诉，因此有些未成年人盗窃网络虚拟财产的犯罪行为并未计入统计。

表4－1 16～25周岁青少年盗窃网络虚拟财产案件统计

序号	犯罪人	犯罪行为	犯罪时年龄(周岁)
1	杨某锦、李某4	盗窃他人传奇游戏装备和元宝	25
2	袁某	盗窃他人游戏币及装备	24
3	吕某鑫	盗窃王某乙游戏账号虚拟财产	23
4	侯某良	盗窃他人“梦幻西游”游戏账号	22
5	徐某甲、金某乙	盗窃他人“成吉思汗”游戏“金子”	25
6	匡某浩	盗窃他人“虎牙佣金”	19
7	陈某枫	盗窃他人游戏分	19
8	张某豪	破解他人“世界之钻”账号密码	24
9	孟某冉	窃取“QQ仙灵”游戏币	23
10	韩某某	盗窃“他人地下城与勇士”游戏币	20
11	熊某、王某	盗窃他人慈溪市游戏中心游戏“银子”	24

① 参见李佩遥:《侵犯网络虚拟财产行为之定性研究——以73份判决书为样本的分析》，载《大连理工大学学报(社会科学版)》2020年第4期。

② 参见何萍、张金钢:《窃取网络虚拟财产行为的教义学阐释》，载《青少年犯罪问题》2019年第2期。

在司法实践中，以非法占有为目的，秘密窃取他人虚拟财产的犯罪是最常见的虚拟财产犯罪。传统盗窃犯罪的犯罪对象一般是有形动产及无线电等无形动产，而盗窃网络虚拟财产的犯罪对象是虚拟财产。与传统盗窃对象相比，虚拟财产在价值认定上往往存在争议。与传统盗窃犯罪相比，盗窃网络虚拟财产更需要犯罪人具有较强的计算机技术水平。行为人通过修改游戏中的数据程序破坏计算机系统，利用网络漏洞获得其他玩家的游戏账号和密码，从而实施盗窃。[①] 通过系统漏洞窃取虚拟财产（如盗窃网络虚拟货币）犯罪具有隐蔽性，被害人的电脑、手机等硬件并不会遭受破坏，犯罪人往往“神不知，鬼不觉”地登录被害人的游戏账号并转移账号内的游戏币和装备。盗窃网络虚拟财产的另一种重要类型是通过植入木马程序窃取。行为人向被害人的计算机发送木马病毒链接，若被害人疏忽大意点开该链接，行为人就会取得被害人计算机的控制权。该类犯罪的隐蔽性极强，证据搜集困难，犯罪空间的虚拟性和手段的高科技化为抓捕嫌疑人带来了很大挑战。

（二）诈骗网络虚拟财产犯罪

中国裁判文书网收录的诈骗网络虚拟财产案件共19件，其中8个案件的犯罪人犯罪时年龄或平均年龄在25周岁以下，占比达到42.11%（见表4－2）。通常情况下，诈骗网络虚拟财产犯罪的行为人虚构事实、隐瞒真相，获得被害人信任，从而骗取对方虚拟财产。由于网络虚拟财产的交易往往不需要双方当面洽谈，当事人只需在各自网络终端即可完成交易，因此交易人极易忽略网络交易的缺陷，即虚拟性和欺骗性。在交易过程中，被害人受行为人迷惑，过分相信网络对面的陌生人而将自己的虚拟财产交托出去，造成财产损失。[②] 如2017年7月18日，犯罪嫌疑人曹某在QQ上告诉被害人钱某自己今后不再玩“CSGO”游戏，欺骗被害人钱某向其出借游戏装备和皮肤用于截图留念，并承诺帮助钱某整理装备和皮肤。钱某信以为真，将原价75万余元的游戏装备和皮肤以链接交易的方式发送给曹某。随后，曹某更换了一切联系方式，断绝了

① 参见李玉凤：《盗窃虚拟财产的定罪研究——基于对62份裁判文书的分析》，载《洛阳理工学院学报（社会科学版）》2020年第2期。

② 参见薛博文：《网络诈骗犯罪趋势与预防》，载《检察日报》2020年6月23日，第3版。

与钱某的联系。曹某以非法占有为目的,虚构事实、隐瞒真相,骗取钱某网络虚拟财产数额巨大,构成诈骗罪。① 诈骗虚拟财产犯罪与传统诈骗犯罪的构成要件并无明显差异,只是诈骗虚拟财产犯罪的犯罪对象较为特殊。诈骗网络虚拟财产犯罪的类型包括但不限于虚假交易、"熟人"作案等。在司法实践中常见的青少年诈骗虚拟财产犯罪对犯罪人的计算机网络技术要求往往不高,其作案的关键是"虚构事实,隐瞒真相,获取被害人信任"。与盗窃虚拟财产犯罪相比,青少年诈骗虚拟财产犯罪的组织性更强,司法实践中此类案件大部分为团伙作案。

表 4-2　16~25 周岁青少年诈骗网络虚拟财产案件统计

序号	犯罪人	犯罪行为	犯罪时年龄(周岁)
1	曹某	骗取钱某"CSGO"游戏装备、皮肤	25
2	厉某楠、金某等五人	诈骗他人"CSGO"游戏装备	平均年龄 23.6
3	孟某林、刘某	诈骗他人"以太币"套现获利	21,19
4	王某涛、杨某锋	冒充网易工作人员诈骗他人"大话西游 2"游戏装备	21
5	杨某宇等三人	冒充网易工作人员诈骗他人"大话西游 2"游戏装备	19
6	董某民等三人	冒充网易工作人员诈骗他人"大话西游 2"游戏装备	22
7	龚某、许某灏等三人	诈骗他人虚拟游戏物品	平均年龄 24.3
8	张某飞	诈骗他人虚拟游戏角色	25

(三)抢劫网络虚拟财产犯罪

抢劫网络虚拟财产的形式与传统抢劫罪存在差异。有些青少年犯罪人在现实中使用暴力、胁迫或其他方法迫使被害人交出游戏账号、密码并劫取虚拟财产,犯罪手段与传统抢劫罪相似,如"王某明等四人抢劫'沈阳小伙'虚拟财产案"。王某明、张某、王某、赵某四人在网吧打游戏时由于游戏账号级别不

① 《曹原诈骗罪一审刑事判决书》,载中国裁判文书网 2021 年 12 月 23 日,https://wenshu.court.gov.cn/website/wenshu/181107ANFZ0BXSK4/index.html?docId=3ea13c76ce644422ab27ab3100a97a42。

高,装备也较差,经常在游戏中处于下风。几人发现同网吧账户名为“沈阳小伙”的玩家装备高级,便起歹心。王某明等四人向“沈阳小伙”索要游戏装备未果后,对其使用暴力,进行殴打、威胁、恐吓,迫使“沈阳小伙”交出游戏币和QQ币。而有些行为人利用计算机技术制造并传播计算机病毒,使他人计算机无法使用,被害人缺乏相关技术,无法反抗,只能任由行为人强行劫取自己的虚拟财产。如在“张某侵犯他人游戏装备案”中,行为人张某觊觎被害人李某在游戏“传奇世界”中的装备,试图高价收购被李某拒绝,张某便向李某的计算机发送病毒,将涉案装备转移到自己的游戏账户名下。李某目睹全程却无力反抗,只能看着自己的虚拟财产一件件被转移。① 有学者认为,该类犯罪不属于抢劫罪的范畴。“首先,抢劫罪属于财产罪中的第一重罪,行为人为了得到几个游戏币或游戏装备就被判处抢劫罪,一般人难以接受。其次,暴力、胁迫等手段虽然不是技术手段,不符合非法获取数据罪的构成要件,但并非不能构成破坏数据罪。”②但笔者认为,将此类犯罪认定为抢劫罪具有一定合理性。首先,游戏币等虚拟财产具有实际价值,有成为抢劫对象的现实基础。其次,虚拟财产也属于刑法保护的“公私财产”的范畴,具有成为抢劫罪对象的可行性。在我国台湾地区,虚拟财产是强盗罪(相当于我国大陆的抢劫罪)的对象。荷兰也有将虚拟财产纳入贼盗罪(相当于我国的抢劫罪)对象的判例。

三、青少年网络虚拟财产犯罪的典型特征

(一)以侵犯游戏中的虚拟财产为主

笔者在上文中统计的12例青少年盗窃网络虚拟财产犯罪中有11例与网络游戏相关,犯罪人侵犯的对象是他人的游戏账号、装备、游戏币等虚拟财产。7例青少年诈骗网络虚拟财产犯罪中有6例的侵犯对象是游戏装备。为数不多的青少年抢劫网络虚拟财产案例也几乎都与网络游戏相关。相比于比特币等数字货币而言,青少年(尤其是未成年人)对网络游戏中的虚拟财产熟悉程度更高。根据中国互联网信息中心(China Internet Network Information Center,CNNIC)《2019年全国未成年人互联网使用情况研究报告》中的抽样调查,我国

---

① 参见唐博:《网络虚拟财产犯罪研究》,重庆大学2012年硕士学位论文,第8页。

② 欧阳本祺:《论虚拟财产的刑法保护》,载《政治与法律》2019年第9期。

未成年网民上网从事的活动中，“玩游戏”位列前三。玩游戏是未成年人主要的娱乐活动，其中手机游戏占56.3%，电脑游戏占24.6%。[①] 青少年玩家是我国网络游戏的重要用户群，网络游戏是青少年重要的休闲娱乐活动。[②] 目前比特币等虚拟货币的流通范围较小，交易量远远低于网游中的虚拟财产，而网络游戏体量大、市场覆盖率高，青少年犯罪人选择犯罪对象时有更广阔的空间。

(二)犯罪手段的技术性显著提升

网络虚拟财产具有虚拟性，不能脱离网络而存在，同时实施诈骗、抢劫虚拟财产犯罪需要被害人的“帮助”。此类犯罪的行为人是通过虚构事实、隐瞒真相或暴力胁迫等方式获取被害人账号和密码的，不需要高超的技术手段。有些盗窃网络虚拟财产犯罪的行为人是通过并不高明的非法手段窃取被害人的账号密码的，例如，行为人在被害人登录自己的游戏账号时记下密码，再暗自登录被害人账号完成虚拟财产的转移。然而，除以诈骗、抢劫等传统手段进行的网络虚拟财产犯罪外，其他大部分网络虚拟财产犯罪都是利用计算机网络技术实现的。最常见的青少年虚拟财产犯罪是“盗号”犯罪，即行为人通过一定计算机网络技术手段非法窃取他人的账号密码，登录所盗账号并转移财产。另外，还有一部分青少年犯罪人在掌握一定计算机技术后，向被害人电脑或手机植入特定病毒或发送特殊指令，进而通过自己的计算机控制受害人设备，完成虚拟财产犯罪。有些青少年犯罪人还会隐藏自己的犯罪踪迹，篡改计算机系统记录，销毁犯罪证据。

(三)团伙作案常见多发

观察上文中的犯罪统计表格，可以发现团伙型犯罪不在少数，尤其是诈骗网络虚拟财产犯罪几乎全部为团伙作案。在“互联网+”时代背景下，进行诈骗网络虚拟财产犯罪的青少年多数借助固定电话、移动通信终端设备、微信、

① 《2019年全国未成年人互联网使用情况研究报告》，载中国互联网络信息中心网站2021年12月23日，http://www.cnnic.net.cn/hlwfzyj/hlwxzbg/qsnbg/202005/t20200513_71011.htm。

② 参见吴月华：《网络游戏对青少年道德的影响机制研究》，载《上海交通大学学报(哲学社会科学版)》2020年第4期。

QQ 等现代通信工具与被害人取得联系,①获取被害人信任。一个完整的团伙型诈骗网络虚拟财产犯罪通常流程清楚,寻找合适被害人、假意磋商购买、冒充第三方交易平台工作人员、诱骗被害人交付虚拟财产等环节均由不同犯罪人负责。在青少年团伙型网络虚拟财产犯罪中,犯罪人分工明确、流程清晰,是有预谋、有组织的成熟型犯罪类型。多数进行诈骗网络虚拟财产犯罪的团伙为多次犯罪,涉及的受害人范围较广,涉案金额也较大。有的抢劫虚拟财产犯罪也为团伙犯罪,如前文所述的"王某明等四人抢劫'沈阳小伙'虚拟财产案"。这些犯罪青少年玩游戏成瘾,在网吧集结,在网吧遇到"合适"被害人后便使用暴力,抢劫其游戏装备、皮肤。

第二节　青少年实施网络虚拟财产犯罪的成因分析

分析青少年网络虚拟财产犯罪的成因是提出有效犯罪预防对策的必要条件。青少年网络虚拟财产犯罪是主客观因素共同作用的结果。网络的高度发展为青少年提供了犯罪平台,生活环境、受教育环境也会影响青少年的心理发育。分析青少年网络虚拟财产犯罪的原因,应从网络社会文化、被害人特征等客观因素以及青少年心理状态等主观因素进行讨论。

一、青少年受网络空间逆主流思想影响严重

根据第 45 次《中国互联网络发展状况统计报告》,截至 2020 年 3 月,我国网络用户数量超过 9 亿。在我国网民中学生最多,占比为 26.9%,即青少年是网络社会的主力军。截至 2019 年 12 月,我国国内市场上检测到的 App 数量共 367 万款,其中游戏类 App 占比为 24.7%,网络游戏的主要受众也是青少年群体。当今主流社会对虚拟财产的接受程度依然不高,尽管很多游戏的定位是青少年,但学生玩游戏这一行为在学校老师和家长眼中是不务正业的表现。很多青少年游戏玩家的家长不支持孩子打游戏,因此青少年并无经

---

① 陈睿毅、刘双阳:《"互联网+"背景下电信诈骗犯罪防控机制研究》,载《犯罪研究》2019 年第 3 期。

济来源为游戏充值。有些网络虚拟财产犯罪的青少年犯罪人为获得心心念念的游戏装备及丰厚的游戏货币,侵入他人游戏账号并将价格高昂的游戏装备据为己有,这一行为造成他人财产遭受严重损失。此外,现阶段法律对网络虚拟财产的保护仍处于起步阶段,主流社会对虚拟财产的认同程度不高,青少年没有接受过关于网络虚拟财产的法律教育,对自身的犯罪行为缺乏清晰的认识。

互联网提供了一个"虚拟空间",在这个空间中,阶层、年龄、种族、性别都变得模糊不清。用户可以根据自己的幻想和喜好设定自己在网络社会中的身份和性格。① 因此,人们在互联网中的表现与其在现实生活中的表现可能是完全分裂的"两个人格"。随着人民生活水平和受教育程度的提高,人们的思想更独立、多变,个体间的差异性也逐渐明显。青少年的价值观念和行为方式也越来越多样化、矛盾化。一部分青少年利用计算机技术和网络提升自我、拓展圈层,进而实现对互联网的良性利用。还有一部分青少年受网络逆主流文化影响严重,对他人权利和国家法律视若无睹。网络发展速度惊人,各项技术也逐步走向成熟,计算机网络方向的"人才"普遍较为年轻化。如果不能对这部分青少年予以正确引导,任由网络上的逆主流文化思想继续侵蚀涉世未深的青少年,青少年极易走上歪路、邪路。

二、以自我为中心的心理使青少年社会责任感愈加薄弱

在物质生活能得到基本满足的基础上,青少年开始追求精神上的充实。网络成为青少年"大展身手"的天地。青少年在网络上有机会一展鸿鹄之志,获得成就感。青少年在家庭、学校和社会中都扮演被管理、被教育的角色,而青春期的逆反心理驱使青少年想要反抗,想要获得认同。② 一部分在现实生活中不敢对家长、老师表达叛逆情绪的青少年在网络空间完成角色逆转,试图在网络社会成为领导者。网络虚拟财产犯罪主要依靠计算机技术手段,行为人通过向被害人电脑植入病毒、木马程序控制他人计算机,从而盗取游戏账号、密码,并将账户中的虚拟财产进行转移。青少年的学习能力和对网络的适应

① 参见曾一果:《新媒体与青年亚文化的转向》,载《浙江传媒学院学报》2016 年第 4 期。
② 参见曾赟、孔一、张崇脉:《犯罪原因分析》,清华大学出版社 2010 年版,第 57 ~ 68 页。

能力普遍高于高龄人群,他们在网络空间中有着超出其在现实生活中的优越感,凭借高超的计算机网络技术在网络社会占据主导地位。

学校和家长将学习成绩摆在第一位的教育观念使很多青少年养成“以自我为中心”的性格,使青少年在家中被娇生惯养,很少参与家庭劳动。为使青少年将更多精力放在学业上,家长会为孩子处理好生活琐事。这种溺爱式的成长环境促成青少年形成自私自利的人格,使青少年过分看重自身价值和个人利益,社会责任感愈加薄弱。由此导致青少年在实施犯罪时往往一意孤行,不会考虑受害人的利益及亲友感受。尤其是网络虚拟财产犯罪行为具有较高的隐蔽性,犯罪人足不出户就能实现犯罪目的,不需要与被害人有直接接触。青少年心智尚不成熟,不能抵抗网络上的种种诱惑,在犯罪青少年对自己侵犯他人网络虚拟财产的行为没有正确认识的前提下,网络的隐蔽性更加削弱了他们的社会责任感,在侵犯他人网络虚拟财产时毫无后悔之心,毫无羞耻之感。青少年正处于社会化过程中,其世界观、人生观、价值观尚未成形,极有可能在好奇心和胜负欲等因素的刺激下实施犯罪。有些青少年甚至崇拜那些利用“黑客技术”入侵他人电脑盗取游戏账号的人,他们会幻想自己也能完成这种技术犯罪,并以此为荣。这种心理不仅不能预防犯罪,甚至还会误导更多青少年加入网络虚拟财产犯罪的队伍。

三、被害人缺乏网络技术防范知识为犯罪降低难度

被害结果表明,被害人的年龄与其被害风险有明显联系。现阶段,青少年的被害率始终保持在较高水平。尤其在青少年网络虚拟财产犯罪中,被害人也多以25周岁以下的青少年为主。年轻的游戏玩家对网络犯罪的防范意识不强,有很多情形原本其可以避免受害,但由于过于自信和掉以轻心的主观心态导致没能避免受害。网络虚拟财产犯罪的被害人以为游戏充值的玩家为主,涉案的虚拟财产现金价值动辄万元以上。被害玩家往往有一定经济实力且为游戏倾注很多心血,与犯罪青少年熟悉同一款游戏,甚至有可能是在游戏中认识的“朋友”。如在张某抢劫李某“传奇世界”游戏装备一案中,张某在实施犯罪前与李某有过交流。同时,实施网络虚拟财产犯罪的青少年并不是随机选择犯罪对象,他们对游戏等级高,装备丰厚的账号更感兴趣。从被害人的角度考察，网络犯罪的被害可分为两种类型。第一种是无过错型。[①] 被害人与犯罪人并不认识，这些“高端玩家”也采取了一定的网络防范措施来保护自己的虚拟财产，但由于账号中虚拟财产的价值过高而吸引了犯罪人。由于网络游戏中玩家的账号等级会显示在游戏画面的角色上，账号拥有的虚拟财产价值一览无余，容易诱发人的盗心。在做好防范措施的前提下，被害人是无辜的。第二种是有过错型。有些网游玩家缺乏基本的网络技术防范知识，自我保护意识较差，网络系统管理中存在漏洞而未及时采取必要的技术手段进行弥补，在接收到犯罪人发来的链接时疏忽大意，直接点击，给了犯罪人控制其计算机并盗取游戏账号密码的可乘之机。例如，在诈骗网络虚拟财产犯罪中，被害人轻信、盲从，加之被犯罪人三言两语进行迷惑，从而增加了自身被骗的风险。

第三节　青少年网络虚拟财产犯罪的预防对策

一、加强虚拟财产犯罪的技术预防

首先，网游运营商要对用户高度负责，做好信息监管工作。在网络虚拟财产犯罪，尤其是盗窃虚拟财产犯罪中，青少年犯罪人大多利用游戏程序的技术漏洞非法获取其他玩家在游戏中的装备和货币。网游运营商应加强对自家产品技术问题的关注程度，一旦发现漏洞应及时解决，减少犯罪人的犯罪机会。运营商还可通过加大游戏系统程序的难度来增加犯罪难度。[②] 软件越复杂，短时间内就越难被破解，一些有犯罪意图但“学艺不精”的青少年因无法完成高难度的技术犯罪，从而放弃犯罪。

其次，当前的官方游戏都需要玩家进行实名制注册认证，但只要拿到玩家的账号和密码就可以登录其游戏界面，转移其虚拟财产。如果可以对登录某

---

① 参见任克勤：《被害人学基本理论研究》，中国人民公安大学出版社 2018 年版，第 286～291 页。

② 参见王晶：《论盗窃网络虚拟财产犯罪的预防》，吉林大学 2010 年硕士学位论文，第 17～19 页。

游戏的玩家进行身份鉴别,将会有效避免在玩家本人不知情的情况下游戏账号被他人登录的情形发生。身份鉴别的形式可以多种多样,比如可以要求玩家在每次登录时除输入账号密码外,还需输入系统发送的短信验证码才能进入游戏,以保证登录行为是账号所有权人本人操作。还可以在账号注册时为此账号设置几个加密问题,系统在玩家每一次登录时都随机弹出一个加密问题,玩家的回答与系统中留存的答案一致方可进入游戏,使犯罪人仅盗取游戏账号密码不足以完成登录。这样一来,合法用户和非法用户被区别开来,从而确保所有权人的网络虚拟财产不受侵犯。运营商在设置验证方式时,还应考虑玩家的耐性和黏性,既要有效辨认登录者身份,也应确保玩家不因登录方式烦琐而“弃游”。

最后,网络跟踪技术、网络监控技术、数据信息恢复技术、网络安全技术等技术是网络虚拟财产犯罪侦查的重要手段,为有效证据的获取提供了有力支持。网络虚拟财产犯罪的隐蔽性和快速性为犯罪预防带来很大挑战,在很多青少年侵犯他人网络虚拟财产案件中受害者不止一人。有些青少年犯罪团伙组织性、纪律性强,进行过多次犯罪,对于这类反复多次实施的犯罪行为,是可以及时止损的。网游玩家一旦发现自己的虚拟财产被侵害,应立即联系网游客服采取技术防范手段和其他保护措施,避免遭受更大损失,也能为公安机关侦破案件争取时间。

二、广泛开展青少年网络虚拟财产犯罪预防教育

青少年在实施网络虚拟财产犯罪时,对自己行为性质的认知不够清晰。究其原因,是家庭、学校和社会对青少年的心理发展状态不重视,对青少年的教育方式存在漏洞。整个主流社会对游戏和网络虚拟财产的接受程度普遍偏低,对虚拟财产保护的重视程度不高。与35周岁以上的人群相比,青少年与网络虚拟财产接触更频繁,也更清楚如何在“5173”等虚拟财产交易平台上处分虚拟财产,获得实物货币。虚拟财产是一个家长和老师均陌生的领域,无人引导青少年如何正确对待虚拟财产,青少年只能自己在网络社会中摸索。一些青少年不知其转移他人虚拟财产的行为是违法行为甚至可能是犯罪行为。然而,大部分青少年社会责任感较强,知道“盗号”行为至少是违背道德的行为。

少数青少年社会责任感薄弱，道德心和羞耻心缺失，在不知会受到法律制裁的情况下利用技术手段或诈骗方式侵犯他人虚拟财产，从而谋取利益。

短期内，让家长接受虚拟财产价值属性的目标较难实现。在大部分中国家长眼中，孩子玩游戏本就是浪费时间的行为，为游戏充值更是不务正业。在我国传统社会结构和文化基础的影响下，家庭在青少年犯罪预防教育中应处于首要的地位。然而，由于虚拟财产具有新兴性和科技性，家长对此知之甚少，青少年几乎没有机会在家庭中接受关于虚拟财产的犯罪预防教育。与家庭预防相比，学校预防可以起到更好效果，预防的范围也更广。各地中小学、高校可以通过开展"网络虚拟财产法律知识"学习周、学习月，举行主题班会，观看教育视频等方式，让学生对虚拟财产有更清晰的认识。学校预防的目的是让青少年认识到入侵他人游戏账号、转移他人游戏装备等行为的违法性。青少年正处于青春懵懂期，在其对虚拟财产的价值属性认识不清时对其予以纠正，可有效预防青少年网络虚拟财产犯罪。此外，在社会预防方面，网游运营商也有让青少年正确认知虚拟财产价值属性的义务。运营商可在游戏的登录界面或游戏界面设置显眼标识，提示玩家转移他人游戏装备、游戏货币等行为违法，避免青少年玩家因缺乏对侵犯他人虚拟财产行为性质的正确认识而实施犯罪。

三、提升青少年在网络社会中的被害预防能力

"预防犯罪必须从实际的犯罪和受害，以及想象的犯罪和受害两方面着手。"①从预防效果看，预防被害与预防犯罪的地位同样重要。青少年网络虚拟财产的被害分为两种情况：一种是被害人无过错，即被害人做好防范措施仍被侵犯；另一种是被害人有过错，即被害人缺乏防范意识，给了犯罪分子可乘之机。在被害人无过错型犯罪中，被害人已经尽己所能防范被害，不能对被害人有更严苛的要求，比如不能要求被害人拥有破解计算机病毒的能力。此类犯罪的预防必须依靠网络运营商的技术加强和对潜在犯罪人的犯罪预防教育来实现。在被害人有过错型犯罪中，是被害人自身的疏忽导致其掉进了青少年

---

① ［美］史蒂文·拉布：《美国预防犯罪的理论实践与评价》，张国昭等译，中国人民公安大学出版社1993年版，第11页。

犯罪人设计的陷阱。被害人在网络上与人交往时缺乏防备之心,轻信他人导致的诈骗网络虚拟财产犯罪;被害人在收到陌生人发来的计算机或手机指令时疏忽大意而点击进去,导致账号密码被盗的盗窃网络虚拟财产犯罪,都是由于被害人防范意识薄弱才让犯罪人轻易得逞。这些被害人的被害原本是可以避免的。

网络虚拟财产犯罪的主要受害群体是在网络游戏中等级高、装备强的玩家。这些受害人大多也都是青少年,尤其是被害人有过错型犯罪的被害人以青少年为主。尽管青少年游戏玩家在游戏中"叱咤风云",但在现实生活中生理和心理都不成熟,对犯罪模式和手段均不了解。虽然主流文化对游戏和虚拟财产的接受度不高,但对于业已存在的虚拟财产仍应持保护态度。有些青少年被害人不知应通过法律手段维护自己的权益,只通过自力救济或索性自认倒霉,不再追究,使犯罪人逍遥法外。还有些青少年被害人清楚知道自己被害,但由于担心被家长问责而闭口不言,不敢报案,同样为犯罪人提供更多犯罪机会。在学校、社会进行网络虚拟财产犯罪预防教育时,除告知青少年侵犯他人虚拟财产行为是违法犯罪行为外,更要重视青少年防范意识的提升。学校和网游运营商应提醒青少年在网络社会与人交往过程中保护好个人隐私信息,不轻信他人,不随意点开陌生链接,不委托陌生人代理处分自己的虚拟财产。对于明知自己被害但因惧怕家长而不敢报案的青少年,学校应给予帮助,由老师与家长沟通,及时报案。

结　语

在青少年的日常生活中,网络已成为必不可少的生活要素。青少年侵犯他人网络虚拟财产的案件频频出现,严重影响网络社会的良性发展和现实社会的正常秩序。对业已存在的青少年网络虚拟财产犯罪案件进行特征总结和成因分析,有助于提出预防此类犯罪的对策。司法实践中,尽管青少年网络虚拟财产犯罪的案件在定罪罪名上存在争议,但不论是何罪名,该类犯罪总体上可以大约划分为盗窃、诈骗和抢劫三种类型。不同类型虚拟财产犯罪的犯罪行为和手段也有差异,除少量诈骗和抢劫犯罪外,青少年虚拟财产犯罪都有较高技术要求。本章针对网络虚拟财产犯罪技术性强的特点,青少年社会责任感薄弱的心理因素和被害人缺乏网络技术防范知识的犯罪成因对此类犯罪提出相关对策建议,但对于团伙型的青少年网络虚拟财产犯罪尚未分析其犯罪成因。除心理因素外,个人经济状况也是影响青少年侵犯网络虚拟财产的重要因素,文中未对此因素进行详细分析。家庭、学校的教育不足及扭曲的社会价值观也是促使青少年犯罪的常见因素,此外,司法实务中关于网络虚拟财产犯罪的模糊处理也是犯罪青少年存在侥幸心理的重要原因。在今后的研究中,可以更多关注青少年的经济状况、青少年的受教育环境等因素,从而在刑事政策和犯罪治理层面有针对性地提出具体的对策建议。

第五章　青少年网络信用卡诈骗犯罪的现状、成因与防控对策

互联网的空前发展在给人民生活带来便利的同时，也极大地改变了传统犯罪模式，成为实施很多传统犯罪的新型工具和新兴平台。最高人民法院报告显示，2016～2018年，全国各级法院一审审结的网络犯罪案件共计4.8万余件，且数量呈逐年快速上升趋势。① 新冠肺炎疫情期间，诈骗犯罪发案量在涉疫情各类犯罪中排名榜首，且诈骗罪中利用电信网络手段犯罪的情形最为突出。利用电信网络手段实施诈骗犯罪的案件占起诉电信网络犯罪案件总数的60.70%，同比增加了3.8个百分点。② 为此，习近平总书记于2021年4月9日指示强调，要坚持以人民为中心，全面落实打防管控措施，坚决遏制电信网络诈骗犯罪多发

① 资料来源于《司法大数据专题报告之网络犯罪特点和趋势(2016.1～2018.12)》，载中国司法大数据研究院官网2019年11月21日，http://data.court.gov.cn/pages/。

② 资料来源于《新冠肺炎疫情违法犯罪特点：批捕数超"非典"十倍，网络诈骗犯罪多发》，载正义网2020年5月9日，https://baijiahao.baidu.com/s? id=1666187777309218687&wfr=spider&for=pc。

高发态势。[1] 可见,对网络诈骗犯罪的研究和治理对于保护民众的生命财产安全、维护社会的和谐稳定具有重要意义。

为此,本章从网络诈骗犯罪的一种具体情况切入,研究网络信用卡诈骗犯罪。网络信用卡诈骗犯罪是指在犯罪过程中,行为人将互联网作为工具、手段、平台运用到传统信用卡诈骗犯罪中,从而形成一种网络与传统信用卡诈骗犯罪相结合的新型犯罪形式。本章采用定性研究与定量研究相结合的研究方法,通过问卷调查与在中国裁判文书网检索40个典型案例对网络信用卡诈骗犯罪现状规律进行分析论证,并在此基础上对该罪进行成因分析和提出治理对策建议。

第一节　网络信用卡诈骗犯罪现状分析

一、信用卡诈骗犯罪的网络化分析

(一)网络化方式

随着线上聊天软件、网络金融软件、第三方支付平台、线上购物平台等网络技术的发展,冒用他人的信用卡与伪造信用卡两种方式逐渐成为网络信用卡诈骗的主要方式。在网络信用卡诈骗犯罪中,完成一次犯罪一般要经历三个步骤:(1)获取他人信息。(2)利用信息伪造、冒领信用卡,或通过第三方平台线上使用信用卡。(3)线下取款,或利用第三方支付平台取款,或通过网络购物取款。而以上三个步骤均有网络参与其中。

1.利用网络获取他人信息。传统的信用卡诈骗罪犯罪人获取他人信用卡信息的方式包括线下诱骗、亲朋好友泄露、通过 ATM 录像监视取款人等。而通过网络获取他人信息的方式则主要包括伪基站发送虚假信息、[2]木马病毒

---

① 资料来源于《习近平对打击治理电信网络诈骗犯罪工作作重要指示》,载中华人民共和国中央人民政府官网 2021 年 12 月 23 日,http://www.gov.cn/xinwen/2021-04/09/content_5598703.htm。

② 李佩等信用卡诈骗、非法经营案,重庆市綦江区人民法院(2016)渝0110刑初646号刑事判决书。

侵袭、[1]钓鱼网站、[2]线上违法信息交易[3]等。通过网络,犯罪分子能够利用多种具有迷惑性的诱骗手段获取被害人个人信息,且网络虚拟空间的特性使犯罪人足不出户就有获取大量用户信息的渠道和能力。

2. 利用网络登录网上平台操控信用卡。传统的信用卡诈骗犯罪在这一阶段的方式是制造一张伪卡或者冒领原持卡人申办的卡,到线下领取“实物卡”时的审查流程有力地降低了犯罪分子利用被害人个人信息牟利的效率。然而在网络化的信用卡诈骗中,可网上支付的信用卡已经超越“实物卡”的限制,[4]犯罪分子无须出示信用卡,只要掌握了信用卡信息,就可以登录网上银行或绑定第三方支付平台,对信用卡进行操控和支配,犯罪效率大大提升。

3. 利用网络线上提款。传统信用卡诈骗犯罪的提款方式多见于线下取款和线下消费;而对于网络信用卡诈骗犯罪,其提款套现方式因网上投资、网络基金、网上购物等现代网络金融工具和平台的发展变得复杂多样。犯罪团伙采用的网上信用卡提款方式包括但不限于购买电子礼品卡打折出售、[5]预定高档酒店并进行转让、[6]自己开办网络公司开通网络划款业务[7]等。根据研究调查结果,线上提取赃款的案件数量比例达到网络信用卡诈骗犯罪案件总数的75%左右。

4. 利用网络进行犯罪链条上下游之间的联络。随着网络犯罪团伙分工细化,一次犯罪可能由数个团伙分别负责犯罪的不同阶段,而网络社交平台为寻找犯罪的上游信息贩卖人员和下游取款人员提供了极大的便利。因此,使用网络寻找犯罪上下游的合作团伙(个人)也是信用卡诈骗犯罪网络化的重要

---

① 陈海鹏、罗儒庆信用卡诈骗,帮助毁灭、伪造证据案,宾阳县人民法院(2016)桂0126刑初454号刑事判决书。

② 陈超达、陈超文等信用卡诈骗案,洋浦经济开发区人民法院(2017)琼9701刑初89号刑事判决书。

③ 陶云桂、朱晓、路荣国盗窃案,杭州市中级人民法院(2019)浙01刑初121号刑事判决书。

④ 符新良信用卡诈骗案,海宁市人民法院(2020)浙0481刑初206号刑事判决书。

⑤ 谢世华、羊锡光信用卡诈骗案,海宁市人民法院(2017)浙0481刑初671号刑事判决书。

⑥ 陈海鹏、罗儒庆信用卡诈骗,帮助毁灭、伪造证据案,宾阳县人民法院(2016)桂0126刑初454号刑事判决书。

⑦ 赵焱、桑涛、董伟等信用卡诈骗案,杭州市西湖区人民法院(2019)浙0106刑初565号刑事判决书。

方式。

（二）网络化特征

“网络化”作为网络信用卡诈骗犯罪的首要特征，贯穿网络信用卡诈骗犯罪始末。由上述网络化方式的分阶段归纳可知，大多数信用卡诈骗的网络化方式可以总结为四个流程，即利用网络获取他人信息、线上操纵信用卡、线上提款转款和利用网络进行犯罪团伙成员之间的联络。网络化所带来的犯罪成本降低、难度减小、范围扩大、隐蔽性提高等优势使许多犯罪分子看到了可乘之机，刺激了网络信用卡诈骗犯罪的发生。与此同时，现代生活又越来越离不开网络，这使得网络信用卡诈骗犯罪具有了较强的渗透性。此外，网络平台功能的多样性促成了网络信用卡诈骗犯罪的形式多样性，一则网络投资功能使犯罪分子的变现渠道增多、变现过程呈现复杂化发展；二则网络通信功能使不同团伙间和团伙不同成员间的沟通成本大大降低，促使犯罪分工日渐细化，临时性犯罪合作增多。

二、网络信用卡诈骗犯罪数量分析

（一）总量巨大，但增量在减少

网络犯罪作为新兴的犯罪形式，自 2014 年以来数量快速增加。与此同时，信用卡犯罪也开始网络化并随着网络犯罪的扩散快速增加。根据中国裁判文书网以“刑事案由”“信用卡诈骗罪”为关键词的检索结果来看，我国信用卡诈骗案件总数在六年内增长了 50,000 余件，仅 2016 年就发生了 11,994 件信用卡诈骗案件。根据研究组对案例的分析，2016 年绝大多数的信用卡诈骗犯罪都在不同程度上依赖网络进行，基本完成了该类犯罪的网络化实施方式。因此，图 5－1 中的信用卡诈骗犯罪案件的数量变化基本可以反映出网络信用卡诈骗犯罪的大致情况。从统计数据来看，我国 2018～2020 年的网络信用卡诈骗总量曲线趋于平缓，这意味着案件数量增量正在经历快速的下降，但是案件总量仍处于一个较高的水平（见图 5－1）。

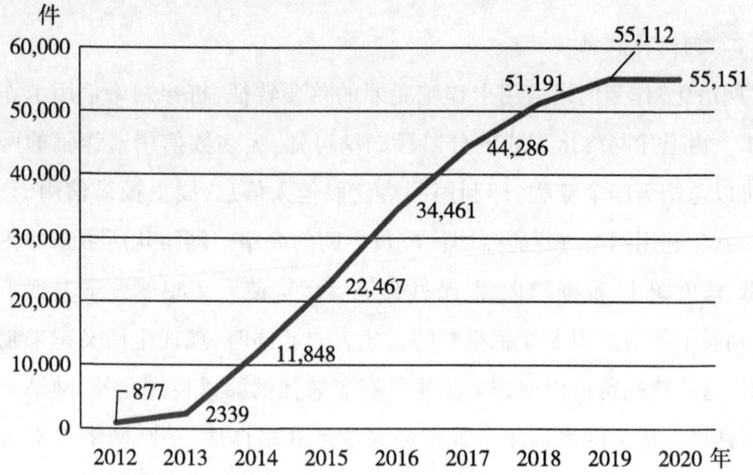

图 5－1　2012 年 1 月～2020 年 1 月全国信用卡诈骗刑事案件累计数量

数据来源：课题组选取的典型案例样本。

（二）数量变化反映国家打击力度

由图 5－1 进行切线分析，可以发现 2017～2018 年增长率变缓，幅度下降，是我国信用卡诈骗犯罪数量曲线的增长率拐点。2016 年信用卡犯罪网络化后，网络信用卡犯罪的增速逐渐放缓，网络治理起到了一定成效，当前人们对网络环境的安全性满意度较高。① 出现这一现象的原因是国家加大对网络犯罪与金融犯罪的打击力度、最高人民法院和最高人民检察院在刑事政策层面重点关注网络诈骗犯罪问题。报告显示，2018～2019 年司法机关加大了打击网络犯罪的力度。《最高人民法院工作报告》显示，各级法院严厉打击电信网络诈骗、侵犯个人信息、利用网络窃取商业秘密、网络传销等犯罪，审结相关案件 8907 件，严惩破坏计算机信息系统、利用网络开设赌场等新型犯罪。②《最高人民检察院工作报告》显示，各级检察院起诉电信网络诈骗犯罪 43，929 人，同比上升 29.30%。起诉利用网络赌博、传播淫秽物品、泄露个人信息等犯罪

① 问卷调查结果显示，62% 的受访群众认为当前的网络环境“非常安全”或“比较安全”。81% 的受访群众认为当前打击犯罪的措施起到了一定成效。

② 资料来源于最高人民法院院长周强：《最高人民法院工作报告》（第十三届全国人民代表大会第二次会议），2019 年 3 月 12 日。

15,003 人，同比上升 41.30%。[①] 网络信用卡诈骗罪作为有严重社会危害性且以网络为主要工具的诈骗犯罪也在刑事政策的重点打击对象之列。不过，刑事政策不是治理犯罪的治本之策，一旦放松对网络信用卡诈骗犯罪的打击力度，可以预见该类犯罪的数量会快速反弹。掌握此类犯罪的犯罪规律并有针对性地采取防治措施才是治理以网络信用卡犯罪为代表的网络犯罪的治本之策。

三、网络信用卡诈骗犯罪主体情况分析

（一）年龄情况分析

通过对选取的典型案例中被告人的情况进行统计，可以发现网络信用卡诈骗犯罪被告人整体平均年龄为 31.2 岁，30 岁以下的青年占犯罪总人数的一半以上（55%），被告人的众数[②]在 26～28 岁。可以看出网络信用卡诈骗的犯罪主体整体比较年轻，以青壮年为主（见图 5－2、图 5－3）。

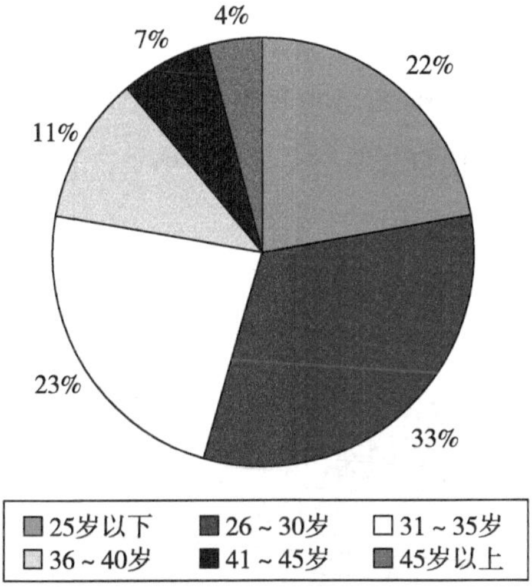

图 5－2　网络信用卡诈骗犯罪被告人年龄情况比例

数据来源：课题组选取的典型案例样本。

---

① 资料来源于最高人民检察院检察长张军：《最高人民检察院工作报告》（第十三届全国人民代表大会第二次会议），2019 年 3 月 12 日。

② 在一组数据中出现次数最多的数据称为这组数据的众数。众数（Mode）是指在统计分布上具有明显集中趋势点的数值，代表数据的一般水平。

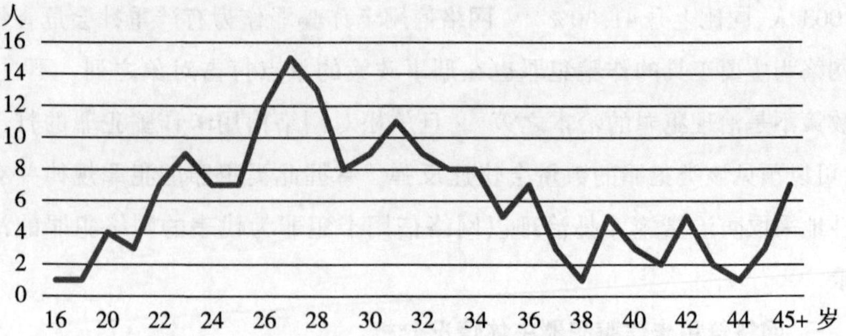

图 5-3 网络信用卡诈骗犯罪各年龄段人数分布

数据来源:课题组选取的典型案例样本。

(二)职业和文化水平情况分析

职业和文化水平方面,网络信用卡诈骗犯罪主体中的农民和无业者占总人数的 86%,小学及初中文化水平的人数占比 71%,受过高等教育的被告人很少,但是也存在(见图 5-4、图 5-5)。由此,网络信用卡诈骗犯罪主体以低文化水平、低收入、年轻化群体为主。这一方面是因为网络信用卡诈骗的盈利能力并不足以引诱有稳定工作、受教育程度较高、阅历较高相对成熟的群体;另一方面则是因为年轻群体对互联网工具更加熟悉,相较于中老年人更易于学习具有高科技属性的网络信用卡诈骗手法。

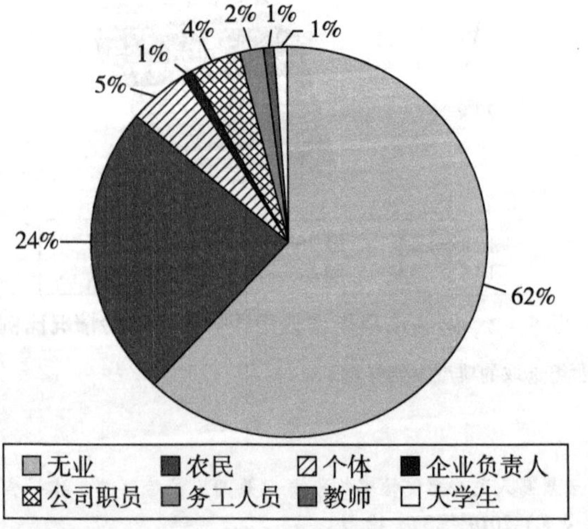

图 5-4 网络信用卡诈骗犯罪主体职业特征

数据来源:课题组选取的典型案例样本。

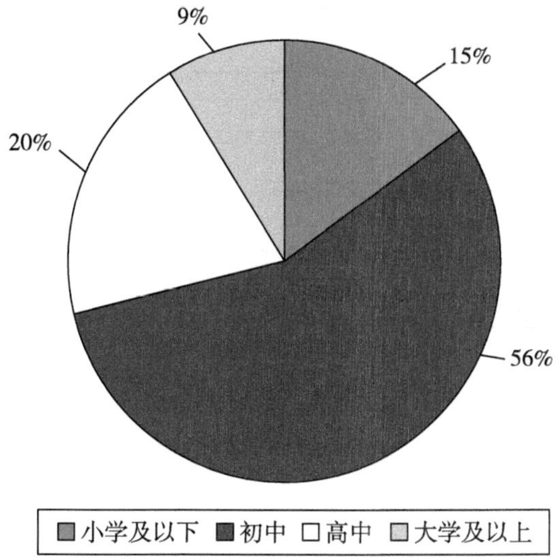

图 5－5　网络信用卡诈骗犯罪主体文化程度

数据来源:课题组选取的典型案例样本。

四、网络信用卡诈骗犯罪团伙化情况分析

(一)团伙犯罪为主要组织形式

目前,网络信用卡诈骗犯罪团伙作案特征明显,绝大多数案件中犯罪分子都采取了不同的团伙作案方式,成员之间有着明确的分工协作和等级划分。为了获得更大的经济利益,提高诈骗成功率和诈骗效率,犯罪团伙往往需要"广撒网""明分工""速套现"。面对相对庞大的工作量,犯罪起意者往往积极寻找犯罪同伙或发展犯罪"下线",以犯罪团伙的方式进行网络信用卡诈骗犯罪活动。调查典型案例时,团伙作案的组织形式占比为93%,个人作案的情况只有7%;团伙规模以2~10人组成的中小规模团伙为主,10人以上大规模作案的情况也时有发生(见图5－6)。通过问卷调查我们发现,受访群体有85%认为犯罪团伙化是当前网络信用卡诈骗的重要犯罪特征,可见公民对这一问题有着较为准确的认识,这也间接印证了团伙作案已经成为网络信用卡诈骗犯罪的主要组织形式。

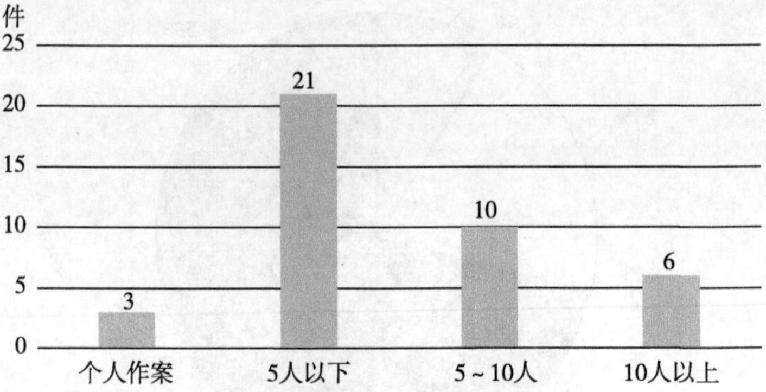

图5－6　网络信用卡诈骗犯罪作案规模

数据来源:课题组选取的典型案例样本。

(二)犯罪行为复杂化

团伙内部之间有主从犯区分的案例占比为81%,没有主从犯区分的案例占比仅有19%。这反映出大部分网络信用卡诈骗犯罪中团伙内部有其明确的分工,团伙成员分别负责不同的犯罪任务。从犯罪团伙组织水平的视角出发,内部分工的精细化和阶层化既能够提升犯罪效率、降低犯罪成本,又能作为确定团队成员分赃比例的依据。例如,在陶云桂等信用卡诈骗案中,陶云桂负责提供被害人的银行卡号、身份证号、手机号等信息,朱晓和路荣国负责通过鑫网公司向畅捷通支付公司申请代扣上述银行卡内的资金,窃取被害人财物,三人间存在明确分工,通过QQ相互联系,且团伙内部只知晓彼此网名。该案涉案银行卡中有很大部分是赌博网站经营者从黑市买来的“黑卡”,陶云桂以非法窃取的个人信息的“料主”身份(资源提供者)组织发起信用卡诈骗活动,在团伙中起到主要作用。朱晓和路荣国起到利用不法个人信息套现的“通道”作用。根据在团伙中承担任务的难度,陶云桂分得70%犯罪所得,朱晓、路荣国二人则仅分得30%赃款。①

除了单个团伙内部分工明确以外,上下游团伙之间也有着明确的分工。很多犯罪团伙往往只掌握了公民信息获取阶段或者账户资金窃取阶段的完整

---

①　陶云桂、朱晓、路荣国盗窃案,杭州市中级人民法院(2019)浙01刑初121号刑事判决书。

渠道,但是并不愿意亲自进行风险较大的转账取款行为,他们会选择跟其他专门从事转账取款犯罪活动的犯罪团伙形成上下游分工的犯罪合作关系。这种“各负其责、各有所专”的团伙内部分工特征,使得上下游团伙或个人之间选择组建临时团伙并就单次诈骗行为进行合作也成为常见的现象,即一个固定犯罪团伙可能会在短时间内分别与多个不同上下游犯罪人达成临时合作关系。① 以陈超达、陈超文等信用卡诈骗罪一审刑事案件为例,②该案中存在上、中、下游三个犯罪团伙。侯、席二人组成上游犯罪团伙,负责出售钓鱼网站。陈氏兄弟是中游犯罪团伙的主犯,他们通过QQ群从上游犯罪团伙处购得数个钓鱼网站,安排从犯杨、祁、吴三人分别在不同省、市利用车载基站发送钓鱼短信,导致多名被害人银行卡信息泄露、存款被转移至陈氏兄弟的第三方支付平台账户。下游的李、孙二人负责将钱款分批倒转、最终提现。该案是较为典型的团伙之间和团伙内部均有明确分工的网络信用卡诈骗犯罪复杂案例(见图5-7)。

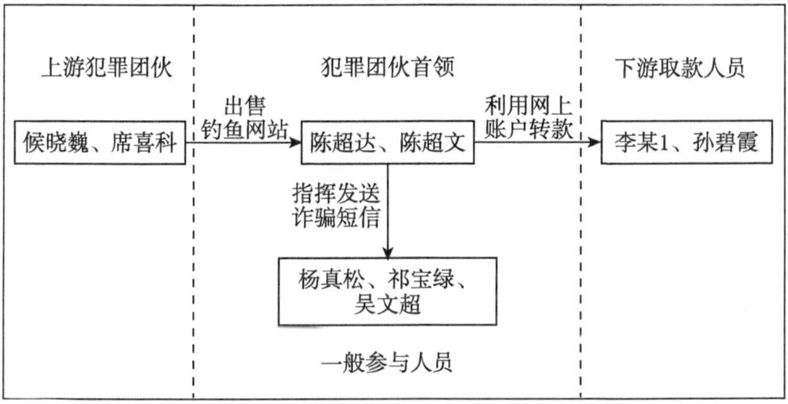

图5-7　陈超达、陈超文等信用卡诈骗罪一审刑事案件犯罪结构

① 此案中罗庆儒、罗鑫二人犯罪团伙先后与不同的上下游犯罪人合作进行了五次犯罪,二人一般是以信息提供者的身份参与犯罪。参见陈海鹏、罗儒庆信用卡诈骗,帮助毁灭、伪造证据案,宾阳县人民法院(2016)桂0126刑初454号刑事判决书。

② 陈超达、陈超文等信用卡诈骗案,洋浦经济开发区人民法院(2017)琼9701刑初89号刑事判决书。

(三)部分犯罪团伙组织性升级

除了前文所述的以犯罪团伙首领为核心、单线联络、互相合作的犯罪团伙组织形式外,部分犯罪团伙以公司、工作室等名义,对犯罪团伙的参与人进行集中管理。例如,在赵焱、桑涛、董伟等信用卡诈骗罪一案中,[①]五名被告人借助公司名义管理犯罪参与人并展开犯罪活动。组织升级导致作案分工的复杂性、高效性进一步提升,部分犯罪团伙除从事网络信用卡诈骗犯罪外,还从事电信诈骗、其他网络犯罪等活动。由于实施前述网络犯罪所需的犯罪准备有一定相似性,都需要被害人的个人信息和一定的网络技术设备条件,因此大型网络信用卡诈骗犯罪团伙的成员常常不限于从事网络信用卡诈骗犯罪,也有成员在团伙中从事电信诈骗、网上盗窃等犯罪活动。[②]

(四)团伙犯罪的发展性强

网络信用卡诈骗犯罪团伙一般是以犯罪团伙从 QQ、微博、推特等社交平台寻找一般犯罪参加人参与犯罪开始组建的。初期犯罪团伙往往比较谨慎,采取的作案手法较为保守且作案频率较低。但在犯罪团伙成功地实施数次诈骗活动,积累了一定经验后,部分团伙首领很可能会将数次犯罪中有过合作基础的犯罪参加人组织起来,进行涉案金额更大、难度更高的犯罪。此时新组建的犯罪团伙在人力资源和作案经验上都有了较大提升,社会危害性更大。

以迟心博、侯意信用卡诈骗、盗窃、妨害信用卡管理一案为例,迟心博作为犯罪团伙组织者,自 2015 年 4 月起先后与不同的犯罪参与人实施了三次信用卡诈骗犯罪,涉案金额 163 万余元。在三次成功作案之后,迟心博获得了一定的资金、经验和人力资源储备,遂伙同参与数次犯罪的侯意成立“工作室”,采用与之前信用卡诈骗相似的“获取信息——利用第三方支付平台转账”手段进行数额巨大的网络盗窃犯罪,涉案金额高达 362 万元。[③] 可见,网络信用卡诈骗犯罪有较强的发展性,犯罪人能够成立“工作室”并进行高效的犯罪是建立

---

① 谢世华、羊锡光信用卡诈骗案,海宁市人民法院(2017)浙 0481 刑初 671 号刑事判决书。

② 迟心博、侯意信用卡诈骗、盗窃、妨害信用卡管理、非国家工作人员受贿案,六安市中级人民法院(2018)皖 15 刑终 68 号刑事裁定书。

③ 迟心博、侯意信用卡诈骗、盗窃、妨害信用卡管理、非国家工作人员受贿案,六安市中级人民法院(2018)皖 15 刑终 68 号刑事裁定书。

在前期积累的网络诈骗经验和有一定经验的犯罪参与者参与基础之上的，这种犯罪模式是前期松散团体组织重构和升级之后的结果。由此可见，网络信用卡犯罪如果不能在前期及时予以制止，很容易引发更为严重的金融犯罪。

（五）犯罪团伙反侦察意识增强

犯罪团伙在组织化、规模化的同时，也很注重加强反侦察防范。例如，相互配合的上下游团伙之间只通过网络交流、从事信用卡诈骗犯罪的犯罪人仅以绰号或网名相称。在团伙内部，除了个别以公司、工作室等名义进行犯罪的诈骗团伙外，其他团伙往往是团伙首领分别与一般犯罪参加人联系，团伙成员的相对独立导致司法机关有时不能将涉案人员一次性抓获。在实施具体犯罪行为时，诈骗团伙也很注重反侦察防范。除了跨省提款、提款时安排放风人员、戴口罩等线下传统措施之外，他们也通过网络金融工具开发了一些新型网络金融犯罪手段，在一定程度上规避了被侦破的风险。例如，在刘松祝、刘双文妨害信用卡管理、信用卡诈骗刑事一案中，①刘松祝犯罪团伙将目标集中在被害人长期不使用的账户资金上。先使用资金购买基金进行"试探"，若被害人并未发现账户资金异常，则等基金到期回笼至账户后利用第三方支付公司套取资金获利；若被害人及时察觉，则可以通过及时放弃犯罪活动，减少短时间内被发现的风险。

五、网络信用卡诈骗犯罪高科技手段利用情况分析

为提高作案成功率，增强作案的隐蔽性，有些犯罪团伙不惜花费重金，购买高科技工具进行网络信用卡诈骗。例如，在李强国、朱炳才等信用卡诈骗一案中，犯罪团伙购买"伪基站"设备②并利用该设备冒充工商银行客服，发送以"95588"为发件人的"积分兑现金"短信，诱骗被害人银行卡信息后登录网银购买电话卡转销获利。又如，在吴奇、张鑫怡信用卡诈骗罪一案中，被告人吴奇

---

① 梁寿豪、马桂堂等信用卡诈骗案，南京市秦淮区人民法院（2018）苏0104刑初212号刑事判决书。

② "伪基站"设备是一种利用GSM单向认证缺陷的非法无线电通信设备，主要由主机和笔记本电脑组成，能够搜取以其为中心、一定半径范围内的GSM移动电话信息，并任意冒用他人手机号码强行向用户手机发送诈骗、推销等垃圾短信。

通过互联网购得“嗅探”设备进行网络信用卡诈骗。[①] “嗅探”设备在持卡人进入探测范围内之后,可以自动窃取持卡人姓名、居民身份证号码、银行卡卡号等信息。获得被害人个人信息后,被告人吴奇将已经控制在自己设备上的持卡人的银行卡绑定在各种网络平台上,消费购物或者盗刷资金。此外,虽然网络信用卡诈骗犯罪中使用高科技手段的案件数量较少,但是高科技手段大大降低犯罪难度、增强犯罪隐蔽性、扩大行为人信息获取范围和诈骗范围的危害不容被忽视。高科技手段会神不知鬼不觉地使一些处于公共网络、没有设置加密保护的个人信息处于一览无余的状态,信息技术无孔不入地渗透进人们的生活,这极大地增强了社会公众的不安全感,危害社会稳定。

六、网络信用卡诈骗犯罪涉案金额及量刑情况分析

(一)涉案金额情况分析

网络信用卡诈骗犯罪是典型的以营利为目的的犯罪,犯罪人进行信用卡诈骗的直接目的就是谋取钱财,这一点可以通过问卷调查结果,从公众认知的层面得到验证。[②] 调查结果显示,公众对单次网络信用卡诈骗可能涉及的金额的心理预期多集中于500～3000元,而根据实际判决书中对每张信用卡被盗刷金额的记录,这个预期金额是偏低的,真实数据往往达到数千元甚至上万元。从整体上来看,网络信用卡诈骗犯罪涉案金额较大,最高可达350余万元(见图5-8)。因为信用卡内往往有一定的储蓄且可以透支一定的额度,兼之一份个人信息可以申领到数张银行卡并可快速利用网上的第三方支付平台进行转账,所以盗取少量个人信息便能骗取大量财产的案件并不少见。例如,在李永铁、朱震宇信用卡诈骗一案中,[③]李永铁等三人利用被害人刘某的身份信息申办了户主名为刘某的中国邮政储蓄银行、中国银行、中国工商银行卡的“同名卡”各一张,仅仅通过一份非法个人信息最终诈骗金额就高达64.95万元,网络信用卡诈骗犯罪的危害性可见一斑。

---

① “嗅探”是一种可以获取网络上流经的数据包的设备,民间常称“信息窃听器”。

② 问卷结果显示,有近七成的受访群众认为网络信用卡诈骗中犯罪分子的根本目的在于谋财。

③ 李永铁、朱震宇信用卡诈骗案,鄂州市中级人民法院(2017)鄂07刑终22号刑事判决书。

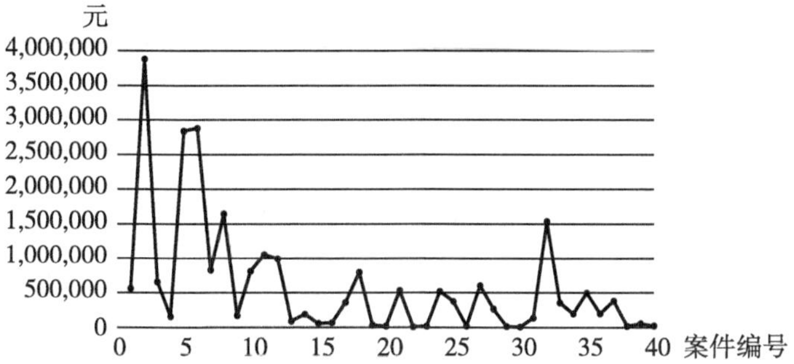

图5-8　网络信用卡诈骗犯罪的涉案金额

数据来源:课题组选取的典型案例样本。

(二)量刑情况分析

与涉案金额较大的情节对应,我国信用卡诈骗犯罪的量刑往往较重。从典型案例数据来看,我国网络信用卡诈骗犯罪的有期徒刑量刑时间以五年到十年为主,判处五年以下有期徒刑的犯罪人以从犯为主,判处十年以上有期徒刑的犯罪人几乎都是犯罪团伙中的主犯。在罚金刑上,以五万元到十万元罚金刑为主,所有的案件都起码有一名犯罪人受到的罚金刑在五万元以上,部分犯罪人受到的罚金刑大于犯罪所得数。同时,由于有些案件还涉及数罪并罚,实际执行的刑罚便要大于信用卡诈骗罪单个罪名的量刑。总体来看,我国对信用卡诈骗罪的量刑较重。从典型案例的量刑情况分析,司法实践较好地贯彻了《关于办理电信网络诈骗等刑事案件适用法律若干问题的意见》中体现的宽严相济刑事政策要求,①对犯罪后果严重的个案、犯罪团伙中的主犯从重处罚,对犯罪后果较轻、犯罪团伙中的从犯从轻处罚,体现了刑罚惩教结合、刚柔并济的功能价值。

① 参见李艳:《宽严相济刑事政策在惩治电信网络诈骗犯罪中的科学运用——基于"两高一部"〈关于办理电信网络诈骗等刑事案件适用法律若干问题的意见〉的分析》,载《法律适用》2017年第9期。

第二节　网络信用卡诈骗犯罪成因分析

一、网络信用卡诈骗本身的特点刺激犯罪高发

（一）根本原因：高盈利诱惑

网络信用卡诈骗以非法占有为犯罪目的并以骗取社会公众财产为犯罪结果，非法牟利能力强，能够满足诈骗分子短期内获取大量钱财的目的。[①] 较强的盈利能力使犯罪团伙的主犯可以以较高的报酬快速招募到犯罪同伙。接到邀请者往往只要从事一次网络信用卡诈骗犯罪，报酬就可以达到上千元甚至数万元。在李伟、钟永信用卡诈骗一案中，在上万元的高额利益面前，即使是身为山东省高密市财政局职工的孙淑燕，也没能抵挡住诱惑，最终走上了违法犯罪的道路。[②] 可见，网络信用卡诈骗依靠其高营利性的特点，能够较容易地诱惑意志不坚定的个人，即使有稳定工作的公民也可能在高额经济利益的面前一时被贪财心理蒙蔽而误入歧途。

（二）隐蔽性强与犯罪难度较低

首先，在网络平台从事犯罪活动隐蔽性较强，降低了新犯罪参加人招募的难度。犯罪团伙在招募新成员和团队合作过程中多隐名或以暗号相互联系，这种非实名制的招募安排以及线上进行犯罪分工、完成犯罪参与的形式极大地消除了参与犯罪者害怕身份被识别的顾虑，使得更多的被招募者同意参与到临时组建的犯罪团伙当中。甚至，在许多案件中，负责利用网络金融工具取款的犯罪人暴露后，信用卡信息提供者会利用社交工具的匿名性，迅速抛弃账号和登录设备，以期逃避公安机关的缉查。

其次，团伙分工使网络信用卡诈骗犯罪的难度进一步降低，导致了网络诈骗犯罪的激增。在团伙分工的模式下，每个犯罪分子只负责犯罪流程的某一

---

① 参见远桂宝：《电信网络诈骗犯罪的三个特征》，载《检察日报》2019 年 10 月 20 日，第 3 版。

② 李伟等信用卡诈骗案，天津市东丽区人民法院（2017）津 0110 刑初 412 号刑事判决书。

固定环节，承担的任务较为单一。在当前的网络犯罪团伙中，往往有“供料”“补卡”“洗料”“取现”四个流程的分工，具体到某一个犯罪分子身上，其最多承担某一流程中的部分工作，工作内容单一重复，技术含量较低，即使受教育水平较低的人也能迅速掌握，以通过简单的付出快速赚取大量钱财。这一特点，吸引了很多企图不劳而获的人从事此类犯罪。

（三）网络空间的延展性增加了抓捕难度

网络空间具有延展性，通过网络，犯罪分子可以轻易远程实施信用卡诈骗犯罪。如前所论，网络信用卡诈骗团伙往往跨地域作案，犯罪团伙可能分布于数个省份，被害人也常常并不局限于某一地区。尤为棘手的情况是，若网络信用卡诈骗团伙将基站设于境外，实施跨国犯罪，则犯罪侦破工作涉及跨国警务协助和管辖权竞合等问题，案件侦破耗时久、难度大。尽管跨境实施网络信用卡诈骗的案件数量相对在国内实施的案件较少，但个案涉案数额却显著高于国内案件，①社会危害性较大。最常见的犯罪组织形式是，由犯罪团伙组织者在我国台湾地区或境外出资建立基站、雇佣人力，收集中国大陆居民的个人信息用于从事信用卡诈骗，诈骗成功后，资金会快速通过数次转账汇入境外账户，完成境内诈骗账款的跨境转移。②

二、部分社会主体怠于承担协助网络诈骗治理的社会责任

自多元共治理念提出以来，企业等社会主体作为重要的社会力量已经被我国纳入治理体系中，并以企业社会责任制度为基础参与到社会治理当中。③在网络信用卡诈骗治理中，互联网企业作为多元共治的重要主体，应当承担治理不良网络交易环节社会责任。但是，从实践来看，互联网企业参与互联网信用卡诈骗犯罪防治的意识和能力亟待提升。针对当前电信诈骗多发的网络环境，网信办负责人在 2019 中国互联网企业社会责任论坛上提出，互联网企业

---

①　参见张续明：《整治电信犯罪到底难在哪》，载《人民论坛》2017 年第 29 期。

②　参见江勇：《海峡两岸打击电信诈骗司法协助研究》，载《理论月刊》2017 年第 6 期。

③　参见孙萍：《中国社区治理的发展路径：党政主导下的多元共治》，载《政治学研究》2018 年第 1 期。

进一步加强社会责任建设要与营造良好网络空间相结合。[①]《中国互联网行业社会责任报告(2018～2019年度)》指出,当前的互联网企业承担社会责任时存在两大局限性,一是领先企业与中小企业的差距越来越明显,二是互联网不同行业对社会责任仍有较大的认知差距,这导致部分企业疏于承担保护用户免受网络信用卡诈骗犯罪侵害的责任。[②]

一方面,领先企业与中小企业承担社会责任的差距越来越明显,除领先企业外,其他企业的犯罪协同治理责任意识不足。例如,在开办新支付功能时,部分企业没有很好地尽到协助预防信用卡诈骗犯罪的义务,在支付安全性上显著低于支付宝等行业领先企业,这使犯罪分子有了可乘之机。[③] 另一方面,整个互联网行业对社会责任的认知仍有较大差距,没有形成统一的社会责任理念。如电商平台等互联网行业更关注治理不良信息,没有将协助打击网络诈骗犯罪作为本行业企业承担社会责任的主要内容。然而,电商平台是网络信用卡诈骗提取赃款的重要途径,在网络视频中也出现过与网络信用卡诈骗犯罪相关的诱导视频。电商平台应与网络金融服务业、网络社交行业等传统网络平台共同承担协助治理网络诈骗犯罪的社会责任。

三、犯罪分子的犯罪心理原因

(一)不良的生活经历

网络信用卡诈骗犯罪的犯罪主体呈现以低学历、年轻群体为主的特点,这与这一群体的生活经历息息相关。在个人的成长过程中,学校教育在个人基础知识获取、价值观形成和行为习惯养成等方面发挥重要作用。“低学历”意味着犯罪分子未受过足够多的学校教育,从小缺乏必要的约束和管教,难以养成诚实善良、遵纪守法等优秀道德品质。这导致他们的法律常识和法治理念

① 参见中国互联网协会:《2019(第六届)中国互联网企业社会责任论坛在京举办》,载《互联网天地》2020年第1期。

② 谢世华、羊锡光信用卡诈骗案,海宁市人民法院(2017)浙0481刑初671号刑事判决书。

③ 判决书载明“被告人李瑞祥从网络视频中了解到把信用卡绑定云闪付可免密码直接消费,遂产生将他人信用卡绑定自己的云闪付骗取钱财的想法”。可见利用云闪付免密支付漏洞犯罪的门槛之低,云闪付平台在程序设计上没有做好防诈骗的设计。参见李瑞祥信用卡诈骗案,扶沟县人民法院(2019)豫1621刑初458号刑事判决书。

有所欠缺,对违法犯罪的严重后果认识模糊。同时,由于文化程度较低,低学历年轻人群缺乏生存竞争能力,没有稳定的生活来源但却有较高的生活开销需求,受到社会上不良影响的可能性大。①

(二)罪责感降低

网络的虚拟性和匿名性使犯罪分子的罪责感大大降低。在现实环境下,借助监控技术和信息技术,犯罪分子的行为被实时监测与关注,若想实施犯罪就要承受较大的环境压力。而在网络信用卡诈骗犯罪中,犯罪分子大多委身一隅进行线上虚拟化和匿名化的操作,环境压力大大减小,罪责感也相应降低。另外,网络道德规范的不健全也会助长犯罪分子的作案心理。② 现实生活中,传统道德对大众行为有一定的约束,然而,一旦进入没人认识的虚拟的网络世界,那条由熟人的目光、舆论和情感筑成的防线便很容易崩溃,使犯罪分子身处网络虚拟世界,就认为可以不受约束,肆意妄为,从而走上违法犯罪的道路。③

(三)团伙犯罪下的犯罪心理

犯罪分子在团伙中会感受到单独个人无法具有的来自群体和合作者的支持,存在"由于犯罪是多人共同实施,产生的后果由多人共同造成,因而责任也由多人分担"④和"指挥人将承担主要责任,从犯可以减轻处罚"的侥幸心理。这种在团伙犯罪中减轻罪责感的心理在从犯身上表现得非常强烈,其往往为团伙中的主犯利用,这也是团伙犯罪成为网络信用卡诈骗犯罪最主要的组织形式的重要原因。⑤ 对此,诚如张明楷教授所论,即使是只在网络信用卡诈骗流程末端承担取款任务的从犯,若反复多次为同一犯罪团伙取款,也可看出取款人在事实上形成了与犯罪团伙合谋实施犯罪的心理默契。⑥ 由此,目前司法实践中根据职责划分对取款人定掩饰、隐瞒犯罪所得罪的司法实践从某种意

---

① 参见张保平、李世虎编著:《犯罪心理学》,中国人民公安大学出版社2006年版,第247页。
② 参见张保平、李世虎编著:《犯罪心理学》,中国人民公安大学出版社2006年版,第265页。
③ 参见马平:《网络诈骗犯罪及其遏制对策》,载《经济研究导刊》2019年第25期。
④ 罗大华主编:《犯罪心理学》,中国政法大学出版社2007年版,第279页。
⑤ 参见张保平、李世虎编著:《犯罪心理学》,中国人民公安大学出版社2006年版,第248页。
⑥ 参见张明楷:《电信诈骗取款人的刑事责任》,载《政治与法律》2019年第3期。

义上说也在促使这种错误心理的传播,不利于打击网络信用卡诈骗团伙寻找负责取款的下游个体的犯罪行为。

四、被害人自身原因

(一)对网络信用卡诈骗犯罪的新手法认识不充分

目前,大众对于网络信用卡诈骗新手法认识的更新跟不上诈骗手法翻新的速度。由于网络信用卡诈骗犯罪的犯罪手段更新快,最新诈骗手段出现时间相对较短、作案手段具有多变性和科技性,即使是谨慎小心的网络用户,由于专业知识的匮乏和复杂的网络商业运营模式,也处于较高的风险之中。[①] 现下,三种最难识别的诈骗方法分别为运用高科技手段诈骗、冒充公权力机关诈骗和运用线上金融 App 系统漏洞诈骗。

首先,高科技手段被运用到网络信用卡诈骗犯罪中时,被害人难以对新技术有较好认识。以"伪基站"类案件为例,被害人因被诱导登录犯罪分子搭建的伪银行网站而被窃取信用卡信息,从而被盗刷信用卡,很多受害者从未听说过这一技术,也不知如何预防。[②] 由于"伪基站""嗅探"[③]"咪表"[④]等犯罪科技在日常生活中很难被大众了解,被害人很容易掉进犯罪分子的陷阱。

其次,被害人对冒充公权力机关进行网络信用卡诈骗犯罪的防范不足。近年来,越来越多的犯罪团伙开始伪造虚假的"官方背景"或以知名公司、媒体身份包装自己,从而实施诈骗。在与被害人接触过程中,犯罪人会以虚假信息的身份向被害人传递有误导性的信息,甚至在部分案例中不吝施予被害人一些"小恩小惠",以获取被害人信任。实证研究表明,在冒充官方进行诈骗的个案中,由于被害人对此类诈骗手段缺乏足够的辨识能力,犯罪分子伪造"官方"身份、对欺诈人员保有较高的信任度等因素的存在,客观上对受害人产生接受

---

① 参见李丰沛:《网络诈骗犯罪的被害人研究》,载《理论观察》2015 年第 6 期。

② 资料来源于《司法大数据专题报告之网络犯罪特点和趋势(2016.1~2018.12)》,载中国司法大数据研究院官网 2019 年 11 月 21 日,http://data.court.gov.cn/pages/。

③ 吴奇、张鑫怡信用卡诈骗案,什邡市人民法院(2019)川 0682 刑初 169 号刑事判决书。

④ 许书振等信用卡诈骗、故意毁坏财物、妨害信用卡管理案,珠海市香洲区人民法院(2016)粤 0402 刑初 1625 号刑事判决书。

欺诈信息的意愿具有显著的影响。[①] 例如，在一起大学生诈骗案中，犯罪分子以被害人有一笔助学金尚待领取为由要求被害人联系犯罪同伙冒充的“财政局工作人员”，所谓的“财政局工作人员”在与被害人联系后要求其提供银行卡信息、身份证号码并接受个人面部信息扫描，以“激活”账户、领取助学金。被害大学生因为社会经验不足轻信了犯罪分子的谎言，导致信用卡信息泄露，犯罪分子凭借骗取到的个人信息通过网络渠道取走了大学生银行卡上的存款。[②]

最后，被害人往往对犯罪分子利用线上金融工具的系统漏洞进行诈骗的犯罪方式缺乏足够的认识。一些支付平台，因技术不过关、监管不到位[③]或过度追求便捷的服务体验[④]而不顾支付风险导致漏洞存在，其程序设计中的漏洞为犯罪分子提供了可乘之机。从被害人的视角出发，消费者往往对资本充实、口碑良好的金融工具有一定盲信态度，认为只要使用的 App 信誉好就不会有被害风险，因此在账户汇报异常数据时很难第一时间想到遭遇了诈骗，对此种作案手法认识不足。

（二）维权意识薄弱

调查显示，大部分受害人未意识到保存被骗证据的重要性，误以为维权的难点在于维权渠道不畅。在信息数据环境中，电子证据不易保留，容易被篡改和删除，受害人往往来不及对作案证据进行保留，这是导致维权效果不理想的主要原因。然而在多数被害人的认知里，维权的难点在于缺乏维权渠道。网络诈骗受害人本可以选择立即报案或者向其他相关管理部门寻求救济，但实践中，他们往往缺乏对维权渠道的了解和信任，一些被骗金额较低的受害人更可能会选择自认倒霉，放弃维权。这使得现有的救济渠道未被充分利用，也有

---

① 参见李辉：《电信诈骗情境下受害人欺诈信息接受意愿及其分享行为研究》，载《图书情报工作》2021 年第 7 期。

② 此类行骗手法在电信诈骗中并非孤例，徐玉玉案等电信诈骗案件采取了类似的冒充手法。参见楚雪华：《电信诈骗犯罪的惩治与防范研究——由“徐玉玉事件”引发的思考》，载《吉首大学学报（社会科学版）》2016 年第 S2 期。

③ 张志强等信用卡诈骗案，鄂尔多斯东胜市人民法院（2017）内 0602 刑初 5 号刑事判决书。

④ 陈超达、陈超文等信用卡诈骗案，洋浦经济开发区人民法院（2017）琼 9701 刑初 89 号刑事判决书。

碍于司法机关对关联案件的侦查,在一定程度上放纵了犯罪。

(三)被害群体多样性强

网络信用卡诈骗犯罪的被害群体具有不特定性。由于网络的开放性特征,犯罪分子可以通过复制、群发等方式,令虚假广告、钓鱼网站等“诱饵”在网络空间内广泛扩散,[①]进而吸引广大范围内不特定的被害人,特别是老年人群体和大学生群体。此外,一些与犯罪分子有特定关系的群体可能会基于对犯罪分子的信任而落入圈套。此类案件中,被害人多为被告人的亲戚、朋友,犯罪分子凭借与被害人的密切关系更加容易获取其信用卡信息,进而冒领、透支其信用卡。这种密切关系使得犯罪分子作案的难度降低,成功率提高。

第三节　网络信用卡诈骗防治对策

一、出台政策“组合拳”,打击个人信息贩卖与打击诈骗相结合

如前所述,网络信用卡诈骗犯罪需要经历获取他人信息、利用信息伪造信用卡或通过第三方平台线上使用信用卡和线下取款三个步骤。在这一犯罪流程中,个人信息收集是开展犯罪的基础,个人信息的详细程度和真实与否极大地决定了利用信用卡信息伪造信用卡或线上取款的成功概率,因此网络信用卡诈骗对个人信息的依赖性极强。由此,加强个人信息保护力度是打击网络信用卡诈骗犯罪的重要抓手。

但是,我国的个人信息保护状况不容乐观。第 44 次《中国互联网络发展状况统计报告》显示,2019 年上半年遭遇个人信息泄露的网民数量高达 24%,遭遇网络诈骗的网民数量占 21.5%。中国互联网协会发布的《中国网民权益保护调查报告(2019)》也显示,78.2% 的网民个人身份信息被泄露,我国近一年因个人信息泄露等现象遭受的总体经济损失约为 805 亿元。[②] 为了提升个

① 参见李丰沛:《网络诈骗犯罪的被害人研究》,载《理论观察》2015 年第 6 期。

② 资料来源于《第 44 次〈中国互联网络发展状况统计报告〉》,载中国互联网络信息中心网站 2021 年 12 月 23 日,http://www.cac.gov.cn/2019-08/30/c_1124938750.htm。

人信息保护水平，从源头上打击网络信用卡诈骗犯罪，可以从健全法律规范和打击不法个人信息交易两方面对不良现状进行改善。

从保护规范层面，目前我国的个人信息保护法律体系尚不健全。《网络安全法》规定了网络运营者在收集、使用信息方面应负有一定的保密义务，但对保密的对象应当包含哪些内容，以及未履行义务应当承担何种法律责任则缺少相关的规定。此外，一些快递、酒店等非网络经营者通过登记客户信息、发放问卷等方式也能接触到大量的公民个人信息，对这些非网络经营者的信息保密义务法律尚无规定。为此，应当推动建立完善的个人信息的法律规制体系、确立合理的个人信息判断规则、合理区分个人信息类型、妥当适用侵犯公民个人信息罪。①

从打击不法个人信息交易层面，必须加强对个人信息倒卖黑色产业链的打击。在大额利益的驱动下，个人信息贩卖犯罪已经形成了“从事个人信息获取的信息提供者——从事非法个人信息交易的不法网络平台——从事其他犯罪的不法个人信息需求者”的成熟产业链。② 由于个人信息倒卖黑色产业链的存在，公民的个人信息一旦泄露，就会在成熟的黑色产业链中被倒卖几十次甚至上百次，极易引发电信诈骗、网络诈骗等下游犯罪。贩卖个人信息的黑色产业群通过积极配合电信网络诈骗犯罪分子的诈骗行为，与其建立了相对固定的合作关系，不断获取利益、拓展发展空间。③ 要有效遏制电信网络诈骗犯罪活动，就必须对电信网络诈骗犯罪及其关联犯罪实施全方位的打击，斩断利益输送链条，改变、铲除电信网络违法犯罪滋生、蔓延的环境和土壤。④

二、公安机关对犯罪各阶段进行针对性打击

（一）对犯罪治理方法认真总结、及时共享

犯罪手段灵活多样，更新速度极快，防不胜防。犯罪分子为了达成犯罪目

---

① 参见时延安：《个人信息保护与网络诈骗治理》，载《国家检察官学院学报》2017 年第 6 期。

② 参见赵连庆：《公民个人信息安全的刑法保护——以电信网络诈骗案件频发为视角》，载《学习与探索》2017 年第 9 期。

③ 参见王晓伟：《电信网络诈骗犯罪的防范与打击》，载《人民论坛》2019 年第 10 期。

④ 参见黄河、张庆彬、刘涛：《破解打击电信网络诈骗犯罪的五大难题——〈关于办理电信网络诈骗等刑事案件适用法律若干问题的意见〉解读》，载《人民检察》2017 年第 11 期。

的，不会局限于单一的信用卡诈骗方式，常常会设计新型作案手法进行网络信用卡诈骗活动。新型的作案手法往往是由一个作案团伙或是个人优先使用，如果效果较好就可能在“同行”之间开始流传，并在全国范围内迅速扩散。如果公安机关能在新的犯罪手段广泛流传之前总结出应对策略则能有效打击运用相同手段的信用卡诈骗犯罪。

因此，应当建立全国范围的作案方法数据平台。任何地方公安机关一旦发现新型犯罪方法，应将相应具体案例的作案手法步骤、每一个环节的人员安排、所使用的犯罪工具以及对应的公安人员侦查手段等整理成文并在平台分享。信息共享为其他公安机关提供了一些同类案件的侦查方法与经验，避免其在遇到同类案件时猝不提防、无从下手。当多省、多地都出现了相同或类似的网络信用卡诈骗手法，就说明利用此种作案手法的案件也会继续在多省、多地多次发生，通过信息共享可以使全国的公安机关及时做出预案。

（二）对违禁科技诈骗工具加强审查、严厉打击

高科技会大大降低犯罪难度，增强犯罪的隐蔽性，比如，通过“嗅探”等一些高科技手段能够秘密窃取一些公共网络中的、未设置加密保护的个人信息。因此，对于犯罪分子所利用的高科技设备应当进行严格的审查和严厉的打击。由于此类工具一般由犯罪分子线上联系海外卖家购买，公安机关首先应该联合海关部门对于进口货物进行详细严格的审查；其次应当对于线上的海外购物平台进行不定期的检查和日常监督；最后也应当严格审查国内的线上线下交易活动，以避免部分犯罪分子从海外购得该违禁科技产品而在国内进行非法交易活动。同时，由于卖家与买家通常互相知晓一些对方的信息，公安机关可以借此顺藤摸瓜以获取更多的破案线索。

（三）加强对网站的监管

很多网络信用卡诈骗都是利用相关网站设有的安全措施或者加密保障措施存在一定的漏洞，通过伪造或是篡改网页，从而使得很多网民难以辨别，进而落入犯罪分子的诈骗圈套。第 44 次《中国互联网络发展状况统计报告》显示，当下我国被篡改的网站数目极多，网民在使用互联网的过程中也频繁遭遇

各类安全问题，因此构建健康的网络环境，是减少犯罪的重要环节。[①] 各行业主管部门要紧密结合自身职责，全面梳理本行业、本系统、本领域存在的安全风险和管理漏洞，加强政策指导，有效管控风险，坚决堵塞漏洞。首先，互联网的主管部门应当建立规范的网络技术管理制度和网络安全管理组织，并且定期对网络安全管理员进行培训。其次，严格采取互联网 IP 地址备案管理和网站 ICP 备案管理，明确主管人员和负责人员的职责。再次，通过加大对网络技术的科研投入以加强技术层面的打击力度，对有问题的网站及时封堵。最后，网站应当加强自我监督，切实履行社会责任。

（四）公安机关加强监管对接

首先，公安机关要加强和网上购物、金融支付等平台的对接。在赵焱、桑涛、董伟等信用卡诈骗案中，犯罪分子利用香格里拉酒店 App 只需绑定信用卡资料就可完成扣款的漏洞，冒用信用卡进行信用卡诈骗活动。[②] 香格里拉酒店等连锁酒店能够在一个门店出现问题时及时告知全体连锁店存在的技术风险，而在非连锁酒店中发生类似案件，相关消息则不能及时传递。这就需要公安机关及时告知，以为整个行业提供及时消息，将需要采取的防范措施告知相关平台，帮助其做好犯罪预防的必要准备，降低涉及该行业信用卡诈骗案件的发生率。

在网络金融市场中，“云闪付”等部分线上支付平台因为开通免密支付等功能时程序设计不合理，招致不法分子利用其漏洞实施诈骗。因此，公安部门应当抓住存在问题的金融支付平台，建立有效的信息交流系统，并通过该系统及时对可疑的账户进行布控。[③] 在发现犯罪活动之后，相关金融支付平台应当在第一时间通知并将相关信息交付给公安部门，在公安部门的侦查活动当中也应当全力配合。同时，公安部门也应当将案件的进展情况以及需要采取的防范措施反馈给所有相关金融支付平台，以促进相关金融支付平台完善信息

---

① 资料来源于《第 44 次〈中国互联网络发展状况统计报告〉》，载中国互联网络信息中心网站 2021 年 12 月 23 日，http://www.cac.gov.cn/2019-08/30/c_1124938750.htm。

② 陈超达、陈超文等信用卡诈骗案，洋浦经济开发区人民法院(2017)琼 9701 刑初 89 号刑事判决书。

③ 参见叶栩闻：《网络信用卡诈骗犯罪问题探究》，载《山西省政法管理干部学院学报》2017 年第 3 期。

系统安全工作,有效应对同类的犯罪活动。

其次,公安机关应当加强和社会互联网公司的合作。网络信用卡诈骗通常会用到各种平台,在QQ等不需要实名认证即可使用的平台,犯罪分子只需要“绰号”就能完成一系列的犯罪行为。为此,公安机关对于QQ等匿名性强的社交平台应当进行重点整治,同时进行有针对性的防范。一方面,应当精准追踪,在接到报警时及时对信用卡进行锁定,对相关的诈骗号码和QQ号码等进行分析追踪和判断,利用伪基站追踪系统等设备,配合高精度的地图,准确绘制运行路径,通过活动轨迹找出与其轨迹重合的手机号码,将手机实际持有人锁定为重点目标开展调查,最终做到拦截阻断、快速止付、精准定位、分析追踪。另一方面应当加强对不良信息的处理,对于经常出现“进料”“洗料”等敏感词汇或已经发现的出现行业暗语的群聊要加强监控,一旦发现问题应当及时进行识别封号。公安机关和社会互联网公司应当在相关网络信用卡诈骗犯罪中实施信息共享。对于互联网公司来说,这样可以防止已为公安机关所了解但尚未完全切除的犯罪组织在其平台继续进行犯罪活动;对于公安机关来说,可以及时锁定并抓获在相关互联网公司平台实施犯罪的犯罪分子。

三、建立健全大数据辅助防控犯罪的整体机制

(一)建立大数据警企民联动网络举报平台

2015年公安机关和360互联网安全中心利用360大数据技术建立了首个警企民联动网络诈骗举报平台,该平台收集了来自网民举报和平台自行识别的诈骗网址和诈骗电话等信息,由各个企业自行拦截和删除。同时,该平台已与全国500多个地区的公安机关建立联系并向其推送对应辖区内用户举报的信息。该平台的出现使得民众的每一条信息都能及时反馈给公安机关,给公安机关提供了很大的帮助。

但是,由于受害人更关注自身被骗财产的追回情况,而平台缺少对案件具体进展的介绍,使得部分受害人缺乏信心,未将损失及时在平台反映,最终导致某些案件涉案金额统计不全面达不到立案标准。对于这一问题,研究组认为有必要完善平台功能、拓宽举报渠道,在保护举报人隐私的前提下,适当补充和完善与案件相关的信息,如同类案件的报案人数有多少、被骗金额累计多

少、警方是否已立案、是否已展开调查、调查进展情况等内容。这样不仅可以帮助报案人对案件进展情况进行合理判断,还能对犯罪分子起到震慑作用。[①] 对于使用网络有困难的受骗者,平台可以开通电话举报入口对相关情况进行记录,核实真实性后将信息录入平台的大数据中,形成更加完整的数据库。

(二)利用大数据预测犯罪案件趋势

第一,对案件的预测。每种犯罪都有特定的行为表现方式。例如,网络信用卡诈骗犯罪往往伴随着账户交易异常,如果能通过算法模型迅速识别出交易异常或者涉嫌诈骗的账户,就能将犯罪预防节点提前至犯罪行为发生之前。数学领域的链接分析可以对异常的交易路径进行识别,对可疑金融交易资金的流动,无论是资金的汇集还是特殊流向都可以结合 SAS 统计分析,在绘制的交易关系网络图中标识出异常的交易路径,通过该交易路径识别发现可疑交易线索。[②] 类似的大数据技术于 2014 年在证监会破获股票内幕交易案中已有使用。

第二,对整体犯罪趋势的预测。通过对某一地区历史犯罪的地理位置数据、案发数据等的分析计算,测算出犯罪热点地区,并对未来一段时期的高危地区、犯罪类型等犯罪走势进行预测,构建一套预防系统并及时更新数据信息,提醒公安机关注意风险并加强管控。[③] 美国一家创业公司普雷德波尔(PredPol)便应用这一大数据技术制作"预测性警务"软件,已经发生过犯罪的环境如果没有发生改变就可能诱发同类犯罪,成功实施犯罪行为的犯罪分子也可能受到"成功"的激励在附近地区继续实施犯罪,该软件通过其专有算法对上述特点以及历史犯罪数据进行分析,测算出最有可能发生犯罪活动的地点并绘制成地图交给警局。该软件在美国多个地区被广泛使用,在有效打击犯罪方面取得了很大的成效。

(三)利用大数据优化犯罪定性思维模式

在大数据背景下,公安机关应当利用大数据技术来加强预警能力、舆情研

---

① 参见李欣红、叶伶俐:《关于民间借贷纠纷案件执行情况的调研报告》,载《山东审判》2016 年第 1 期。

② 参见张成虎、赵小虎:《基于链接分析的洗钱交易识别研究》,载《上海金融》2009 年第 8 期。

③ 参见赵娇、张德智:《大数据时代犯罪预测问题研究》,载《公安研究》2017 年第 10 期。

判能力以及对大数据的预测能力和应急处置能力，同时可以对网络信用卡诈骗的发展态势以及最新出现的技术进行研究和预判，如人工智能、虚拟现实和区块链技术等。目前的Hadoop①分布式文件系统能存储海量源数据，MapReduce②分布式计算模型可以对其进行处理，然后HBase③分布式数据库可以存储处理后的海量数据，将其和公安机关的技术架构结合可以应用于对犯罪案件的信息采集和数据处理。④

此外，大数据还有助于拓宽刑事犯罪数据源的广度和深度，有助于发掘刑事犯罪数据源的隐藏价值和属性。⑤ 2011年福建省某检察机关研发的一款软件为司法人员办案提供了智能、动态的数据参考，这些数据被法院采纳的概率超过了95%。

四、梳理网络信用卡诈骗犯罪的犯罪地理学规律

20世纪90年代以来，随着地理科学技术的发展成熟，犯罪地理学逐渐成为分析犯罪规律的重要工具。犯罪分子对犯罪地点、犯罪工具、犯罪对象的选择并非恣意为之，大多数犯罪决策会受到人文地理和自然气候共同形成的地域要素的影响，不同区域犯罪特征的不同亦有其深层逻辑。为了剖析犯罪大数据呈现出的地域性表征背后隐藏着的深层机理，犯罪地理学运用地理学技术方法收集精准而全面的数据，随后以统计科学和社会科学的视角分析数据结果，力求解读犯罪现象发生的原因。⑥ 在网络信用卡诈骗犯罪中，尽管犯罪发生于虚拟网络世界，但犯罪受害人的分布和犯罪团伙的线下窝点选择仍呈现出一定的地域规律性，例如网络诈骗就曾在一定历史时间内呈现出“北京建站——福建操控——深圳交易”的模式。⑦ 大量的实证研究表明，日常活动理

① Hadoop是一个由Apache基金会所开发的分布式系统基础架构。用户可以在不了解分布式底层细节的情况下，开发分布式程序。

② MapReduce是一种编程模型，用于大规模数据集（大于1TB）的并行运算。

③ HBase是一个分布式的、面向列的开源数据库。

④ 参见崔杰、李陶深、兰红星：《基于Hadoop的海量数据存储平台设计与开发》，载《计算机研究与发展》2012年第S1期。

⑤ 参见杨海龙：《大数据背景下的刑事犯罪趋势分析》，载《广西警察学院学报》2018年第4期。

⑥ 参见刘大千、修春亮：《国内外犯罪地理学研究进展评析》，载《人文地理》2012年第2期。

⑦ 参见修文群：《基于GIS的网络犯罪空间管理系统设计》，载《地理研究》2006年第5期。

论等犯罪地理学基础理论在网络场景下依旧适用,①也即网络空间中若潜在的犯罪者、合适的目标及有效监管的缺失三项要素发生时空聚合,则犯罪行为极易发生,②这表明犯罪地理学数据将对犯罪的治理和防控起到重要作用。

为此,有必要运用犯罪地理学研究方法分析网络信用卡诈骗犯罪的犯罪规律,进而提升对信用卡诈骗犯罪的治理能力。一方面,公安机关应当善用中国裁判文书网的公开数据以及公安机关的内部数据,对网络信用卡犯罪的犯罪数量和被害人数量进行常态化统计,以期对不同犯罪阶段的地域分布特征发展趋势进行持续性观察,进而针对不同地区的不同情况开展特殊治理。具言之,对于两广等跨境信用卡诈骗基站数量分布较多的地区应开展反高科技作案工具进口的专项治理行动,对于福建、浙江等信用卡诈骗犯罪团伙较多的区域应当对犯罪团伙开展信用卡诈骗整治专项行动,对于受害人较多的地区则应当重视对易于受害人群的宣传教育。必要时,不同省份应当就诸如“北京建站——福建操控——深圳交易”的已经查明的省域犯罪分工开展合作治理,从犯罪流程的全过程打击犯罪行为。

另一方面,要加强与犯罪学界、地理学界的研究合作,共同开发犯罪地理学分析模型。目前,理论研究受数据资源所限,对网络诈骗的犯罪地理学研究多停留在省域层面或对城市犯罪总体规律的把握,③研究成果相对宏观,很难具体指导地方的犯罪治理实践。对此,地方执法部门应当加强与社会研究机构的合作,通过合作立项、经费支持等方式鼓励学者在网络信用卡诈骗犯罪高发的地区针对地方实情开展区县级的细致研究。研究应当鼓励学者结合地理学的先进技术和犯罪学的基本理论,以得出可以直接运用到区域犯罪治理的智力成果为成果目标,执法部门应当给予必要的数据支持。

---

① 参见项金桥、高春东、马甜、江东、郝蒙蒙、陈帅:《县域尺度中国网络诈骗时空分布特征研究》,载《地理科学》2021 年第 6 期。

② See Miró-Llinares F., Moneva A., *Environmental Criminology and Cybercrime: Shifting Focus from the Wine to the Bottles*, The Palgrave Handbook of International Cybercrime and CyberdeviancE, 2020, 24, p. 491 – 511.

③ 参见柳林、张春霞、冯嘉欣、肖露子、贺智、周淑丽:《ZG 市诈骗犯罪的时空分布与影响因素》,载《地理学报》2017 年第 2 期。

五、采取有针对性的被害预防对策

(一)针对较偏远或落后地区制定预防措施

对于经济发展较为落后、消息较为闭塞的偏远地区,首先,公安机关对已出现的各种网络信用卡诈骗手段和个人信息泄露途径要及时普及宣传,针对热点问题和事件及时做好诈骗风险警示。[①] 其次,村委会等当地组织应进一步加大对该地区尤其是对老年人的防骗宣传力度,可以通过举办讲座、开展有奖知识问答、建立宣传栏、走访教学等方式让大家了解诈骗类型和防骗措施,尤其注意“小便宜”的陷阱。最后,父母应引导孩子进行互联网安全操作,多给孩子输送一些互联网安全知识,从而提高孩子辨别网络信息真假的能力。[②] 此外,考虑到部分法律常识欠缺者缺乏报警意识,可以通过加大群众举报奖励力度的方法调动广大群众的举报积极性,以降低公安机关调查难度。

(二)针对年龄较小或社会经验不足的学生的预防措施

尚未走出校园的学生往往社会经验不足,很容易成为犯罪分子的目标。针对学生的被害预防教育,学校是最好的平台。学校应当每学期举办安全教育、法制讲座,在这些教育和讲座中,不仅应当宣讲网络信用卡诈骗犯罪的常规手段,还要讲述新型犯罪模式和防范方法,向学生普及法律常识,培养学生维权意识。比如,网络购物通过第三方平台交易,而不是直接将货款打入卖家账户;一旦学生群体遭遇诈骗,要在第一时间报警,并尽量准确告知公安机关犯罪嫌疑人的银行账号、电话等相关信息,这将有助于保存相关证据、快速冻结涉案银行卡,最大限度减少被害人的损失。[③] 在讲座结束的后一定期限内,可以以问卷、考卷或者演讲形式来检测学生们的掌握程度,以便后续对其开展更加合理的教育。

值得注意的是,除了应当对学生普及常见网络信用卡诈骗骗术及受骗应对措施外,还应加强对受骗后学生心理的预防性保护,防止学生因遭到诈骗轻

---

① 参见刘丽洪、朱彤:《电信网络诈骗协同治理模式探析》,载《上海公安学院学报》2020 年第 1 期。

② 参见刘艳莎、刘亮、周娟清:《媒介素养:对抗网络诈骗的武器》,载《传媒论坛》2020 年第 8 期。

③ 参见王嘉:《关于电信网络诈骗的被害分析》,载《北京警察学院学报》2017 年第 5 期。

生。在广受关注的徐玉玉案中,刚参加完高考的考生徐玉玉遭到电信诈骗,因全家人积攒许久的学费被犯罪分子骗走,徐玉玉承受了巨大的心理压力,最后轻生。[①] 被害人遭遇网络诈骗后轻生的情况并非孤例,为避免此类悲剧再次发生,需要加强学生的心理预期建设,强调遭遇诈骗后受骗财物的可追回性,增强学生对公安机关侦察工作的信任感,防止产生轻生念头,减少网络信用卡诈骗犯罪带来的社会损失。

结 语

网络信用卡诈骗犯罪是传统信用卡诈骗犯罪的新发展,网络这一平台使得此类传统犯罪的犯罪模式发生了很大改变。犯罪分子通过网络结成团伙,协作分工,将获取信息、绑定信用卡、提取赃款的犯罪流程从线下转到线上,用多样化、科技化的犯罪方法取代了单一的传统犯罪方法。传统的信用卡诈骗犯罪在网络的辅助下具备了更强的隐匿性和可营利性,社会危害性显著上升。网络信用卡诈骗犯罪多发的原因,除了互联网发展普及的时代背景外,还包括网络信用卡诈骗本身、互联网企业、犯罪人和被害人四个方面的具体原因。对此,我们应当通过出台政策"组合拳"、加强公安机关对点打击、建立健全大数据犯罪防控辅助系统、梳理网络信用卡诈骗犯罪的犯罪地理学规律、对被害人采取特定的预防措施等方式来改善这一现状。当前,我国对包括网络信用卡诈骗在内的网络财产类犯罪一直采取坚决整治的态度,在高强度的政策打击下,现在的网络信用卡诈骗犯罪治理情况整体较好。但是,应当意识到,网络信用卡诈骗犯罪有其产生的社会因素,一旦高强度政策打击停止,此类犯罪很可能死灰复燃。只有真正了解其犯罪特征与犯罪规律,总结出导致此类犯罪激增的深层原因,出台有针对性的治理政策,才能长久和高效地提升对网络信用卡诈骗犯罪的抑制能力,增强网络金融环境的安全性。

---

① 参见沈寅飞:《徐玉玉案调查》,载《检察日报》2016 年 10 月 12 日,第 5 版。

附录：

青少年网络信用卡诈骗问卷设计及调查结果

问题介绍：当前网络诈骗犯罪较为严重，虽然司法机关一直采取高强度打压的态度，但是网络诈骗犯罪仍然屡禁不止。本问卷拟调查公众对网络诈骗中一种特殊犯罪种类——网络信用卡诈骗犯罪的认识。（有效填写人次为134人）

第1题　您认为当前的网络环境是否安全？（单选题）

选项	小计	比例
A. 非常安全	9	6.72%
B. 比较安全	76	56.72%
C. 不够安全	49	36.57%

第2题　您和您的家人是否遭遇过网络诈骗？（单选题）

选项	小计	比例
A. 从未遭遇过	39	29.10%
B. 遭遇过诈骗短信、诈骗微信等但未受骗	72	53.73%
C. 遭遇过电信诈骗	19	14.18%
D. 遭遇过网络信用卡诈骗	4	2.99%

第3题　您印象中下面哪一例属于网络信用卡诈骗？（多选题）

选项	小计	比例
A. 冒充在外地的子女，称出了车祸，要求往其指定的银行卡上打钱	76	56.72%
B. 利用钓鱼网站，获取信用卡信息来骗钱	106	79.10%
C. 号称可以办理小额贷款，骗取押金	82	61.19%
D. 通过第三方网络支付平台利用他人信用卡消费	93	69.40%

第4题　如果您遇到网络信用卡诈骗并有一定的损失，您会怎么做？（单选题）

选项	小计	比例
A. 自认倒霉	8	5.97%
B. 金额不大,不予理会	16	11.94%
C. 寻求朋友、亲人、老师等人的帮助	23	17.16%
D. 向公安机关报警	87	64.93%

第5题　您认为单次网络信用卡诈骗可能涉及的金额约为多少元?(单选题)

选项	小计	比例
A. 500元以下	17	12.69%
B. 500～3000元	64	47.76%
C. 3000～5000元	26	19.40%
D. 5000～10,000元	15	11.19%
E. 10,000～50,000元	11	8.21%
F. 50,000元以上	1	0.75%

第6题　以下哪些描述符合您心目中的网络信用卡诈骗?(多选题)

选项	小计	比例
A. 犯罪分子往往团伙作案,犯罪是有组织、团伙化的	114	85.07%
B. 犯罪分子应以高级知识分子居多	42	31.34%
C. 犯罪分子以年轻人居多、男性居多	77	57.46%
D. 需要掌握较复杂的网络知识,进行诈骗的门槛高	72	53.73%
E. 犯罪分子往往跨省作案,在全国各地寻找受害者	97	72.39%
F. 犯罪分子的根本目的在于谋财	93	69.40%

第7题　您认为打击网络信用卡诈骗的有效方法是？（多选题）

选项	小计	比例
A. 自己警惕，注意个人安全	118	88.06%
B. 有关部门加强管理，公安机关加大打击力度	114	85.07%
C. 学校加强教育程度，社区和街道也多宣传	106	79.10%
D. 各单位举办讲座增强人们的防范意识，了解网络诈骗的方法与形式	96	71.64%

第8题　您认为如果选择微信与支付宝作为支付平台是否会比选择其他网络支付平台更安全？（单选题）

选项	小计	比例
A. 与其他网络支付平台（如云闪付）相似	47	35.07%
B. 比其他网络支付平台更安全	87	64.93%

第9题　您认为近几年网络诈骗尤其是网络信用卡诈骗的情况是否有好转？（单选题）

选项	小计	比例
A. 有，现在的网络诈骗非常少	13	9.70%
B. 有，但仍需继续加强打击力度	98	73.13%
C. 没有，网络诈骗犯罪分子依然猖獗	19	14.18%
D. 没有，网络诈骗愈演愈烈	4	2.99%

第10题　您认为在网络信用卡诈骗犯罪的维权过程中最大的难度在哪里？（单选题）

选项	小计	比例
A. 缺乏维权渠道	33	24.63%
B. 执法部门工作不力	19	14.18%
C. 相关法律法规不够健全	31	23.13%
D. 维权证据难以获取或保存	51	38.06%

第 11 题　您认为现在网络环境对网络信用卡诈骗等网络诈骗的打击力度是否令您满意？(单选题)

选项	小计	比例
A. 满意，现在的网络环境非常安全	41	30.60%
B. 不满意，还要继续加强打击力度	93	69.40%

第六章　罪错未成年人处遇决定机制的改革困境与合理构建

我国犯罪呈现一定的低龄化、暴力化趋势，特别是近年来未达刑事责任年龄未成年人触犯刑法的恶性刑事案件屡见报端，引发了社会公众对于这部分人处遇措施无效化的担忧。在《刑法修正案（十一）》《预防未成年人犯罪法》出台以前，根据我国法律规定，未达到刑事责任年龄的罪错未成年人主要通过专门学校、收容教养制度等措施进行教育矫治。在"三自愿"原则[①]的入学模式下，缺乏入学方式的强制力保障和专门学校深受污名化影响导致近年来我国专门学校因招生困难日渐萎缩，[②]导致其难以充分、有效地发挥对不良行为和严重不良行为未成年人的教育矫治功能。[③] 不仅如此，尽管原《刑法》(《刑法修正案

---

① 即孩子进入工读学校必须经过原校、学生本人及家长三方同意，即学生自愿、家长同意、原校支持。

② 参见黄哲程：《工读学校"生存录"：半世纪减少过半，有学校多年无生源》，载新京报官网 2019 年 2 月 12 日，https://www.sohu.com/a/294162189_391294。

③ 参见于阳、徐翠红：《惩治未成年人违法犯罪：工读学校构建与工读教育完善》，载《预防青少年犯罪研究》2019 年第 2 期。

(十)》)第17条第4款规定了"在必要的时候,也可以由政府收容教养",但除此之外,收容教养决定程序的法律依据都是一些位阶较低的规范性文件;不仅与《立法法》第8条规定相抵触,使得长期以来公安机关的决定程序陷入合法性质疑,①司法实践中这一制度也因各地执行标准不统一、决定程序过于随意而饱受诟病。② 另外,受劳教时代公安机关随意限制公民人身自由的负面影响,我国收容教养由公安机关决定的模式同样背负着"破坏我国法治化建设"的"骂名"。③ 综上,长期以来我国专门学校和收容教养制度等罪错未成年人处遇的行政化决定方式面临着司法实践的混乱、专家学者的质疑以及社会公众的抵触这"三重困境",难以充分发挥其正当性和合法性。

2020年12月26日,第十三届全国人大常委会审议通过了《预防未成年人犯罪法》,其中删除了有关收容教养制度的条款,并继续坚持对未达到刑事责任年龄的罪错未成年人采取行政化的处遇决定机制。不同于立法者的程序设计,我国学界仍有论者主张保留收容教养制度同时采取司法化程序改造的观点。与此同时,此次立法修改仅提出了较为笼统的专门教育指导委员会评估和公安机关决定送入专门学校的程序规定,尚未明确具体程序之间的配套衔接机制和各部门之间的职能部署安排,由此造成了社会公众对于废除收容教养制度之后,新制度无法有效替代衔接的"制度真空"担忧。④ 因此,如何在现有法律体系下构建一套具有中国特色、改革可行性高的罪错未成年人处遇决定机制是解决当前我国犯罪低龄化、处遇措施无效化问题的当务之急。

---

① 此前的收容教养决定程序来自1982年公安部出台的《关于少年犯管教所收押、收容范围的通知》:"……二、对确有必要由政府收容教养的犯罪少年,应当由地区行政公署公安处或省辖市公安局审批,遇有犯罪少年不满十四岁等特殊情况,须报请省、市、自治区公安厅、局审批。收容教养的期限,一般为一至三年。办案单位对收容教养的犯罪少年,应填写《收容教养犯罪少年呈批表》,详细写明犯罪事实并附罪证材料,提出教养期限。少年犯管教所凭上述公安机关《收容教养犯罪少年决定书》和《收容教养少年犯罪通知书》收容教养……"

② 参见孙春雨:《我国行政矫治措施之问题与出路》,载《政法论坛》2011年第3期。

③ 参见刘仁文:《后劳教时代的法治再出发》,载《国家检察官学院学报》2015年第2期。

④ 参见王春霞:《"收容教养"概念不再使用 如何发挥"专门教育"作用成焦点》,载中国妇女网,http://www.cnwomen.com.cn/2020/08/10/99206065.html。

第一节 罪错未成年人处遇决定机制司法化改革主张

一、司法化改革的主要观点

面对当前犯罪低龄化和暴力化的趋势以及罪错未成年人处遇决定机制难以实际发挥作用的困境,有部分学者主张对罪错未成年人处遇决定机制进行司法化的程序改造,建议由法院对未达到刑事责任年龄的罪错未成年人作出限制人身自由的处遇决定。上述学者主要基于以下理由主张司法化改造:

一是认为此类行为人虽未达到刑事责任年龄不承担刑事责任,但其行为已经构成对犯罪客观要件的违反,因而具有刑事违法性,应当采取刑事司法程序进行规制。[①] 二是认为部分罪错未成年人处遇制度会限制人身自由,从实际效果来看不亚于刑罚的程度,[②]基于保障人权和遵守国际公约的角度考虑应当由法院通过司法程序作出。[③] 三是强调行政化的决定方式不公开、不透明。难以保障证据采信、事实认定的客观性,[④]同时当事人及其监护人无法享有申诉、抗辩等权利以及合适成年人到场、犯罪记录封存等未成年人特殊保护制度。[⑤]而司法程序则能从保障第三方客观中立审判立场以及辩护程序等角度实现程序正义。四是担心新成立的专门教育指导委员会无法保障评估的专业性和独立性,同历史上的劳动教养委员会一样难以发挥实际作用,最终还是由公安机

---

① 参见薛畅宇、刘国祥:《论改革和完善收容教养制度》,载《中国人民公安大学学报(社会科学版)》2004 年第 4 期。

② 参见雷杰:《我国收容教养制度的困境与完善路径》,载《预防青少年犯罪研究》2019 年第 3 期;王贞会:《罪错未成年人司法处遇制度完善》,载《国家检察官学院学报》2020 年第 4 期。

③ 参见冯卫国:《“后劳教时代”未成年人刑事处遇制度的改革与完善》,载《山东警察学院学报》2016 年第 3 期;刘仁文:《后劳教时代的法治再出发》,载《国家检察官学院学报》2015 年第 2 期;姚建龙:《论〈预防未成年人犯罪法〉的修订》,载《法学评论》2014 年第 5 期。

④ 参见周雄:《收容教养制度研究——刑法第十七条第四款之展开》,载《预防青少年犯罪研究》2015 年第 2 期。

⑤ 参见温雅璐:《收容教养制度的发展困境及司法化重构》,载《青少年犯罪问题》2020 年第 1 期;廖斌、何显兵:《论收容教养制度的改革与完善》,载《西南民族大学学报(人文社会科学版)》2015 年第 6 期。

关自行决定。[①] 五是通过对域外少年司法制度发展具有代表性的国家进行考察后，认为当前我国应当顺应世界潮流借鉴英美法系等国家出台专门的少年法并成立特殊的少年法院从而实现对罪错未成年人的司法化处遇。[②]

二、司法化改革的主要模式

在上述改革观点的支持下和司法实践困境的倒逼下，当前学界关于司法化的改革模式主要存在三种不同的观点，一是主张通过公安机关调查——检察院审查起诉——人民法院审理的完全刑事司法模式进行罪错未成年人处遇制度的司法化改造。[③] 此种观点在现有成人刑事司法模式的背景下进行制度设计，具有模式成熟且易于转化的优势，但由于未能充分体现出对未成年人特殊保护的少年司法理念，以及未能解决扩大刑事审判范围带来的违反罪刑法定原则的批判之声而存在一定争议。二是希望借鉴现行《刑事诉讼法》关于精神病人强制医疗的程序设计对罪错未成年人处遇制度进行司法化重构。[④] 在对同样不承担刑事责任的特殊主体司法处遇模式进行借鉴的基础上，通过特别程序对未达到刑事责任年龄的罪错少年进行司法化的处遇决定机制探索。三是主张在移交法院处置之前，由公安机关或成立未成年人保护委员会等行政化的机构在对罪错未成年人进行充分、全面社会调查的基础上对其进行预

---

① 参见佟丽华：《预防未成年人犯罪法草案的"致命"缺陷》，载凤凰网 2020 年 8 月 21 日，https://gongyi.ifeng.com/c/7z7ezia7hNg；朱宁宁：《专门教育能否取代收容教养引发热议》，载法制网 2021 年 12 月 23 日，http://www.legaldaily.com.cn/index/content/2020－09/01/content_8294034.htm。

② 参见姚建龙：《论〈预防未成年人犯罪法〉的修订》，载《法学评论》2014 年第 5 期；张鸿巍：《少年司法通论》（第 2 版），人民出版社 2011 年版，第 67～68 页。

③ 参见胡云腾：《论全面依法治国背景下少年法庭的改革与发展——基于域外少年司法制度比较研究》，载《中国青年社会科学》2016 年第 1 期；吴燕、顾琤琮、黄冬生：《我国收容教养制度的重构》，载《预防青少年犯罪研究》2016 年第 4 期。

④ 参见宋英辉、苑宁宁、尹泠然：《少年司法与法律体系建构需进一步改进》，载《检察日报》2016 年 6 月 30 日，第 3 版；陈伟、袁红玲：《我国触法未成年人处遇之审视与完善——以〈刑法〉第 17 条第 4 款为中心》，载《时代法学》2015 年第 6 期；王顺安、陈君珂：《中国少年收容教养制度的系统思考》，载《上海政法学院学报（法治论丛）》2020 年第 4 期；温雅璐：《收容教养制度的发展困境及司法化重构》，载《青少年犯罪问题》2020 年第 1 期。

先审议,并有权决定是否送交少年法院并由法院作出限制人身自由的裁决。[①]尽管司法化改造的具体程序设计不同,但上述学者均认为当前我国应当采取法院审判的模式对罪错未成年人作出司法化的处遇措施。

第二节　对我国罪错未成年人司法化决定机制改革困境的反思

上述学者通过对实践困境进行反思和对域外少年司法制度进行考察后,提出了进行司法化程序改造的观点,具有一定的问题意识和创新思维。但笔者认为,造成当前我国罪错未成年人处遇决定机制陷入困境的原因是多方面的,应当深入分析导致其真正难以发挥作用的根源,在此需要立足我国国情对罪错未成年人处遇决定机制的改革思路进行充分、理性的思考。

一、对实践中处遇措施适用困境的错误归因

关于我国罪错未成年人处遇措施无效化的困境原因,应当明确的是,司法实践中,对罪错未成年人处遇措施缺乏具有强制力的决定程序保障。决定程序过于随意的真正原因是缺乏权威、明确的法律依据,而非行政化的决定程序本身违法。恰恰是由于缺乏可操作性强的法律规范,而社会实践中又存在强烈的处置需求,才会驱使公安机关在作出决定时按照其内部规定或地方性文件"各自为政",而一旦出台一部明确权威、能够打消公众合法性质疑的规范性依据作为法律支撑,上述司法实践中适用混乱情况或决定程序过于随意的问题则迎刃而解。正如2013年劳教制度被废除后,2008年生效的《禁毒法》有效吸收替代了对原劳教制度中需要进行强制隔离戒毒人员的教育矫治功能需求。且《禁毒法》通过专章规定了公安机关作出强制隔离戒毒决定的行政化适用条件及程序规范,充分奠定了强制隔离戒毒程序这种限制人身自由的行政性强制措施的合法基础,从而在实践中切实发挥了强制隔离戒毒程序对维护

---

① 钟淑敏:《劳动教养制度废止背景下未成年人违法行为处置的困境与出路》,载《预防青少年犯罪研究》2016年第4期;栗志杰、吴春、李玉娥:《论我国工读教育法制改革——以未成年人不良行为矫治法制一体化为视角》,载《犯罪与改造研究》2013年第11期。

社会安全稳定的重要作用。

此外,近年来著名歌唱家之子李天一案、沅江男童弑母案以及大连男童杀害10岁女童案等未达到刑事责任年龄人被收容教养案件的决定程序普遍表现得深受网络舆论影响。[①] 在此背景下,有部分学者和群众将其对民意舆论压力下公安机关决定程序过于随意的反感迁怒于行政化的程序决定机制上。[②] 事实上,即便是采取司法决定程序,相关部门在面对铺天盖地的民意和巨大舆论压力时也难以表现地从容和理性,如南京彭宇案、我爸是李刚案等。因此笔者认为,当前我国部分学者将罪错未成年人处遇困境错误地归因于行政化的决定程序本身,在未考虑对行政化决定机制进行充分改造完善可能性的基础上直接主张废除行政化决定程序、采取司法化改造的观点仍值得商榷。

二、对行政机关不能作出限制人身自由的决定权存在误解

从世界范围来看,未成年人刑事司法制度本质上是从成人刑事司法制度当中分离出来的,因此我国部分学者对于罪错未成年人处遇决定机制的构建不可避免地会陷入"刑法模式"的思维定式:一是认为限制公民人身自由的决定不能由公安机关作出,只能由司法程序作出;二是认为公安机关作出的限制人身自由期限不能超过刑罚期限;三是认为司法程序一定比行政程序更加"正义"。对此笔者分别进行论述。

---

① 2011年9月,著名歌唱家之子李天一因寻衅滋事罪被公安机关收容教养一年,引发网络舆论热议。参见京华:《寻衅滋事罪成 李天一被收容教养1年》,载凤凰网2011年9月16日,http://news.ifeng.com/c/7faNTe32fSq。2018年12月2日晚,湖南沅江12岁男孩吴某康因不满母亲管教太严,被打后心生怨恨将母亲用刀杀死。因未到法定年龄,其已被警方释放。孩子被释放后家长想送其回学校但遭到多数家长抵制,在村里激起民愤,只能带着他待在一家宾馆,想请求政府帮忙管教。参见王昆鹏、张彤:《湖南沅江12岁男孩弑母案续:当地政府称有完整处置方案》,载新京报2018年12月12日,https://baijiahao.baidu.com/s?id=1619634600917624457&wfr=spider&for=pc。2019年10月20日,大连一年仅13岁男童杀害一名10岁女童,曾放言:我是未成年人,可以随便杀人!引发网络舆论要求追究其刑事责任的强烈呼声。参见卢悦:《大连10岁女孩被杀害:未成年人就可以随便杀人?》,载新浪女性2021年12月23日,http://eladies.sina.com.cn/qg/2019-10-28/1838/doc-iicezuev5493244.shtml。

② 参见左袖阳:《中英立法比较下的我国收容教养制度完善》,载《法治研究》2018年第1期。

首先,我国此前的收容教养制度先后在1979年《刑法》和1997年《刑法》当中确立,但《立法法》是在2000年颁布生效的,当我们站在事后角度审视收容教养制度由公安机关决定的模式存在与上位法的立法冲突时,应当注意到当时立法背景的局限性和特殊时代下的社会需求性。关于限制人身自由行政决定程序是否合法的问题,一方面,我国《立法法》第8条规定了限制人身自由的强制措施和处罚决定应当由法律规定,但并非规定为只能由法院通过"刑事审判程序"作出。另一方面,联合国《公民权利和政治权利国际公约》和《儿童权利公约》的现代法治要求仅规定"除非依照法律所确定的根据和程序,任何人不得被剥夺自由",[①]而非规定为"只能通过法院以司法审判的形式作出"。因此,认为公安机关不能作出限制人身自由行政处罚权的观点是对《立法法》第8条以偏概全的误解,而将"正当程序"限缩为"仅限于司法审判"从而排除行政执法程序的论证似乎也于法无据。

其次,有学者提出对未成年人采取限制人身自由的处罚措施违背对未成年人的"拘禁不得已原则"。[②] 不论对未达到刑事责任年龄但触犯刑法的,所进行的行为属于严重恶性案件的未成年人适用限制人身自由措施是否已经到了"不得已"时刻,应当明确的是,无论是采取行政化还是司法化的处遇决定方式均无法回避上述问题。需要指出,限制人身自由并不完全等同于"惩罚",正如强制隔离戒毒程序或对精神病人的强制医疗程序均具有限制人身自由的效果,甚至强制隔离戒毒程序可长达2年之久,但不可否认这并不是一种惩罚,相反,是一种具有福利色彩的保护挽救和教育矫治措施。虽然专门教育等处遇措施也具有限制人身自由的属性,但其本质目的仍是实现对罪错未成年人的教育矫治功能,同时也具有一定的保护功能,防止这部分未成年人在矫治未成

---

① [奥]曼弗雷德·诺瓦克:《〈公民权利和政治权利国际公约〉评注》(修订第2版),孙世彦、毕小青译,新知三联书店2008年版,第234页。

② 参见袁林、姚万勤:《收容教养制度改革研究》,载陈泽宪主编:《行政处罚与羁押制度改革研究》,中国政法大学出版社2016年版。此外,通过与英国对不负刑事责任年龄人采取非剥夺人身自由的方式来实现处遇相对比,有学者认为我国对不负刑事责任的未成年人采取具有剥夺人身自由性质的收容教养措施,实际上是对不负刑事责任这一性质的否定。参见左袖阳:《中英立法比较下的我国收容教养制度完善》,载《法治研究》2018年第1期。

功的情况下再次接触、回归社会从而引发新的、更加严重的违法犯罪行为，同时也避免受害者及其家属对其进行打击报复。未来我国应当逐步探索专门教育的福利化模式和向社区性处遇、半机构处遇措施的转化衔接机制，缩短评估周期，减少限制人身自由的期限，同时淡化限制人身自由带来的负面“惩罚”属性，按照联合国国际公约要求，确保对儿童采取限制人身自由的措施是“最后的必要手段”。

最后，关于行政化决定程序的正义性问题。党的十八大以来，党和国家把“科学立法、严格执法、公正司法、全民守法”作为新时代社会主义法治建设的方针，全面依法治国建设不仅包括刑事司法正义，同样也包括行政执法正义，且二者之间并不存在“孰优孰劣”之分。但有一种观点认为，公安机关内部决定程序存在不公开、不透明现象，在作出包括限制人身自由的行政拘留过程中“既当裁判员又当运动员”，①从而缺乏客观中立的程序正义性。这种观点实际上否认了所有行政执法权的程序正当性与合法性，且忽视了行政复议与行政诉讼的权利救济程序意义。当前不仅行政拘留、刑事拘留、强制隔离戒毒程序等限制人身自由的处罚或强制措施决定是由公安机关作出的，诸如罚款或吊销企业营业执照等其他行政处罚行为也全部都是按照公安机关内部决定程序直接作出的，按照上述学者的观点，是否也要一并对所有行政执法行为的程序正当性产生“既当裁判员又当运动员”的质疑，从而主张废除所有行政执法权并进行司法化的程序改造？此种观点显然有失偏颇。因此，始终抱有“公安机关限制人身自由都是违反人权的”刻板印象，以偏概全地否认所有限制人身自由的行政处罚权的正当性似乎有些偏激。

三、对我国国情和少年司法制度发展现状存在认知偏差

尽管从世界范围来看，由法院作出决定的司法化程序已成为罪错少年处遇决定机制的主要模式。② 但要明确的是，这些国家普遍设立了较低的刑事责

① 苑宁宁：《低龄未成年人收容教养制度改革研究——应对低龄未成年人严重暴力行为的视角》，载《预防青少年犯罪研究》2020 年第 5 期。

② 参见张寒玉、王英：《应对未成年人犯罪低龄化问题之制度建构与完善》，载《青少年犯罪问题》2016 年第 1 期。

任年龄标准,从而只有已达到刑事责任年龄的未成年人才适用这一模式,但适用的是专门针对少年而特别制定的刑事实体法和程序法。① 因此,大陆法系国家普遍注重区分违法和犯罪行为的界限,并没有把未达到刑事责任年龄等非犯罪案件纳入司法审判范围之内。② 在此意义上,在我国尚未出台专门针对未成年人的刑事实体法和程序法背景下,主张直接进行司法化改革似乎并无合法的法院审判权力依据。③ 除此之外,世界其他国家也存在对少年罪错案件采取行政化决定程序的实践特色,对我国具有一定借鉴意义。如瑞典等北欧国家采取行政化主导的福利教育矫治模式,包括有权直接启动限制人身自由在内的设施内处遇措施。④ 俄罗斯也强调通过未成年人事务及其权利保护委员会等行政机构对罪错未成年人处遇发挥作用。⑤

然而,有论者仍然只强调借鉴国外少年司法制度的司法化经验,但却并未充分结合当前中国司法审判系统的实际情况进行考虑。当前我国少年司法制度和少年审判模式发展缓慢,难以承载司法化改革目标。目前来看,我国未成年人审判专业机构建设发展并不充分,在本轮"以审判为中心"的司法体制改革和员额制改革背景下,司法实践中基层法院办案压力普遍偏大。再加上自2016年最高人民法院开展少年家事审判改革试点以来,原本独立的少年刑事法庭正在面临与少年家事审判法庭的合并,在每年100多万件的民事案件冲击下,仅有的5万余件少年刑事案件正在逐渐面临被稀释和冲解的情况,⑥部分

① 参见荣英辉、苑宁宁:《尽快建立中国特色的未成年人罪错行为分级干预体系》,载未来网2019年1月2日,http://news. iqiLu. com/meitituijian/20190103/4155880. shtml。

② 参见宋英辉、苑宁宁:《未成年人罪错行为处置规律研究》,载《中国应用法学》2019年第2期。

③ 参见姚建龙:《中国少年司法的历史、现状与未来》,载《法律适用》2017年第19期。

④ 参见程晓璐:《瑞典的罪犯矫治和少年犯处遇制度考察及启示》,载《青少年犯罪问题》2010年第6期。

⑤ 参见栗志杰、田越光、吴春:《俄罗斯预防未成年人失管和违法法制建设》,载《犯罪与改造研究》2014年第10期。

⑥ 参见白婕、赵芳芳、孙彪:《分立与合并:论内设机构改革中少年法庭与家事法庭的关系处理》,最高人民法院司法体制综合配套改革与刑事审判问题研究——全国法院第30届学术讨论会获奖论文,2019年6月于呼和浩特。

地区甚至还出现少年刑事法庭的员额编制被抽调给其他业务繁忙部门的情况。① 此时再增加大量因未达到刑事责任年龄不构成犯罪的刑事审判业务，对基层法院特别是少年法庭来说无异于雪上加霜。而一旦将这部分人也纳入司法审判系统中，需要同时修改《宪法》《刑法》《刑事诉讼法》《预防未成年人犯罪法》等多部法律来与之配套衔接形成完善的法律体系，在当前对我国虞犯行为和违法行为等未纳入犯罪圈的案件缺乏详细实证统计数据的情况下，对罪错未成年人处遇决定机制进行独立的司法化改革是否有其必要性和合理性仍值得商榷。

此外，自 1984 年上海市长宁区人民法院成立第一个少年法庭开始，至今 30 余年我国少年司法制度发展几经受挫，少年法庭改革模式几经辗转仍存在争议，且目前尚未成立独立的少年法院。② 究其原因是少年司法制度模式与我国当前法律部门体系划分标准存在差异，前者并不是按照调整的法律关系进行划分从而确定的法律部门，而是根据调整的对象（年龄）的不同对行为人采取的一种单独的划分体系标准，因而无法在我国现有法律框架体系内找准合适的法律地位，始终处于一种“格格不入”的状态。不仅如此，在当前犯罪低龄化并且处遇措施无效化的现实背景下，我国仍有大量观点主张降低刑事责任年龄或借鉴“恶意补足年龄”等扩大刑罚处罚范围，主张通过成人“报应刑”的手段来对未达到刑事责任年龄这部分未成年人进行处遇，不仅尚未形成对“教育、感化、挽救”方针和“教育为主、惩罚为辅”原则的统一认识，与世界先进的少年司法理念更是相去甚远。因此，在对社会防卫和未成年人保护“双向保护原则”认识侧重不同且尚未达成统一共识的情况下，一味扩大刑事审判范围容易在“重刑”理念下导致司法决定程序对未成年人的从重处罚，不利于未成年人保护理念的贯彻和发展。③

---

① 参见宋英辉、苑宁宁：《尊重未成年人司法规律 推进综合审判机构建设》，载《人民法院报》2016 年 2 月 3 日，第 5 版。

② 参见姚建龙：《中国少年司法的历史、现状与未来》，载《法律适用》2017 年第 19 期。

③ 参见邓泉洋、汪鸿波：《我国未成年人“双向保护原则”的实践困境及破解之策》，载《中国青年研究》2020 年第 5 期。

四、采取刑事司法模式未能体现未成年人特殊保护需要

众所周知,未成年人身心发育不健全,对其适用严肃压抑的刑事审判模式会导致其产生封闭心理和反社会人格,从而容易引发再犯,造成更加严重的后果。按照联合国"儿童最大利益原则"要求:第一,所有力量均应为未成年人健康成长创造条件,应以儿童的最大利益作为是否对未成年人启动刑事司法审判的首要考虑。第二,一旦进入司法保护视野,应避免二次伤害,充分理解和满足未成年人实现再社会化的需求。① 但是在当前改革模式中,无论是直接仿照完全刑事司法模式,还是主张借鉴强制医疗程序或者由其他行政机关先行案件分流,均未能体现促进未成年人身心健康发展的目标及司法程序中对未成年人的特殊保护,甚至有侵犯未成年人人权之虞。

在此,笔者着重论述改革呼声最高的借鉴强制医疗程序进行专门教育司法化程序设计的不合理性。理由主要有三:一是强制医疗是对"仍有再犯风险"的精神病人采取的措施,即行为人长期处于精神病状态,如不采取强制措施必然具有再犯的危险性。而对于间歇性精神病,由于缺乏再犯的必然风险,司法实践中一般最终交由监护人严加管教。未成年人罪错行为的再犯危险性仅是通过所谓的评估量表和社会调查结果"推测"得出的,同样并不"必然"具有再犯的危险。这也正是我国原《刑法》第17条第4款规定"责令父母管教"要优先于直接"收容教养"的原因所在。由此可见,未成年人发生罪错行为更像是因为"情绪失控"处于的一种"间歇性精神病"状态,对其直接采取完全精神病的司法处遇程序似乎有些不妥。二是强制医疗程序未规定具体的矫治期限,而是根据实际矫治效果确定接受强制医疗的周期。由于精神病作为一项生理性疾病,是否患有精神病以及经过强制医疗是否完全康复均有科学的诊断依据和方法。但未成年人罪错行为不是疾病,对罪错行为人的各种评估考

---

① "关于儿童的一切行为,不论是由公私社会福利机构、法院、行政当局或立法机构执行,均应以儿童的最大利益为一种首要考虑。"——这是1989年11月20日联合国大会通过的《儿童权利公约》第3条第1款规定关于儿童利益最大化的表述。《联合国未成年人司法最低限度标准准则》也建议,尽量不要将未成年人提交正式审判,以避免一系列司法程序带来的消极作用。

量虽然具有一定的合理性,但难以完全地保证科学、严谨。① 因而直接借鉴强制医疗程序规定专门教育的司法化程序必然会陷入由法院判处"不定期刑"的争议之中,不仅会对当前我国刑事司法量刑体系造成巨大冲击,同时也会有侵犯人权之虞,更是对儿童最大利益原则的违反。此外,在此情况下法院依据的裁量标准达不到刑事审判的客观性要求,还会降低社会公众对整个司法审判体系的信任。三是对不承担刑事责任的特殊主体认定的难易程度与相关程序设计不尽相同。众所周知,对精神病的鉴定始终存在一定的争议性和困难性,过去劳教时代常出现公安机关不经法定程序限制公民人身自由,导致某些正常人"被精神病"的情况发生。在此情况下,2012 年《刑事诉讼法》专门增加"对精神病人的强制医疗程序"专章,其目的是由中立的法庭采取司法程序保障对精神病人的客观认定,避免出现行政机关的内部腐败现象。但随着我国公民个人信息采集的正规化和信息化建设的全面发展,刑事责任年龄的认定争议普遍较小,并不必然只能由第三方中立机构介入才能保障得到公正的处理。即便存在一定争议时,也可通过提起行政诉讼引入中立的司法审判程序进行居中裁判。对于长期从事犯罪侦查和违法调查的公安机关,也有足够的办案经验和明确的证据标准来确认行为人是否实施了犯罪行为。因此,从提高行政效率、节约司法成本角度考量,借鉴强制医疗程序对罪错未成年人处遇决定机制进行司法化程序改造的观点是否有其必要性值得讨论。

不仅如此,采取司法化程序设计虽然能提供一定的司法程序保障,但其带来的漫长的诉讼周期以及超长的羁押期限同样不利于未成年人的特殊保护需要,如对发生严重恶性案件触犯刑法的未成年人,在案件侦查和刑事审判过程中采取的羁押措施必然会阻碍其继续接受正常的义务教育,因此从"儿童最大利益原则"角度考量,对其采取处遇决定机制的周期应当越短越好,但是当前我国司法实践中饱受诟病的"疑罪从轻"司法理念以及公检法机关之间的多次程序流转现实情况显然无法满足上述要求。而且我国违法行为和犯罪行为性质有着明显的界限,缺乏完善配套的犯罪记录封存制度和开放包容的社会接

---

① 参见林晞楠、滕若芊:《广东省涉罪未成年人学校型观护基地发展路径研究》,载《预防青少年犯罪研究》2020 年第 1 期。

受程度,再好的犯罪记录封存制度也不如没有记录,进入司法审判程序必然的案卷“留档”对于这部分未成年人今后求职就业将产生严重制约从而产生“标签效应”,不利于这部分人的再社会化。① 当前我国《刑事诉讼法》对于已达刑事责任年龄的犯罪未成年人尚且规定了酌定不起诉和附条件不起诉等程序,尽可能不提交正式的法庭审判,而更多地采用审前分流措施。那么“举重以明轻”,未达到刑事责任年龄的罪错未成年人处遇决定机制是否应当采取司法化的程序设计仍值得商榷。

通过对上述改革观点的分析可以发现,当前我国对于罪错未成年人处遇决定机制的认知仍存在一些有待商榷的地方。对于是否需要进行司法化改革以及司法化之后如何进行配套程序完善的讨论尚不充分,在这种情况下贸然提倡进行司法化的改革,恐怕又会陷入当前少年法庭的改革发展模式选择困境,不利于我国少年司法制度向前发展。

第三节　专门教育的行政化改革路径

一、坚持专门教育的行政化决定方式

2020 年修订的《预防未成年人犯罪法》规定了成立专门教育指导委员会对罪错未成年人进行评估,同时规定由公安机关和教育行政机关决定送入专门学校的启动方式,增加了专门教育措施的法律依据和执行方式,从而确保罪错未成年人处遇措施的行政化决定程序正在逐步走入法治正轨。同样应当看到的是,坚持专门教育的行政化决定方式仍是当前适合我国国情的制度选择。

(一)对刑法谦抑性原则和罪刑法定原则的坚守

德国犯罪理论认为,违法和犯罪行为之间具有“质的差异说”、“量的差异

---

① 参见卢君:《“未成年人犯罪记录封存制度”的反思与完善》,载《法律适用》2014 年第 11 期;宋英辉、苑宁宁:《完善未成年人保护和犯罪预防法律体系与司法体制的构想》,载《预防青少年犯罪研究》2016 年第 4 期;宋英辉、苑宁宁:《完善我国未成年人法律体系研究》,载《国家检察官学院学报》2017 年第 4 期。

说"以及"质量差异说"三种模式。[1] 根据我国现行立法体制模式,当前我国采取了"质量差异说"的划分标准,即违法和犯罪行为之间既有质的区别,又有量的区别。而区分行政违法和刑事犯罪需要从立法和司法两个角度进行考量,目前我国通过坚持立法阶段的谦抑性原则和司法阶段的罪刑法定原则来对此进行区分。首先,立法层面上的刑法谦抑性原则是指在没有可以替代刑罚之外的方式才可将某种违反法律秩序的行为规定为犯罪行为。从前述《禁毒法》对吸毒人员处以强制隔离戒毒程序后的社会效果来看,在行政法律即可规制相关行为的前提下,主张直接扩大对未成年人刑罚处罚范围的改革模式似乎违反刑法谦抑性原则。

而在司法层面,按照罪刑法定原则,我国《刑事诉讼法》第 12 条规定,未经法院依法判决,任何人不得被判有罪。但这是就入罪程序而言,关于出罪方面,我国《刑事诉讼法》第 163 条和第 177 条规定,对不构成犯罪或不需要追究刑事责任的案件,侦查机关和检察机关应当及时作出出罪决定。由此可见,有权决定出罪的主体并非只能是法院一家。而不论是遵循"三阶层"理论还是"四要件"理论,未达到刑事责任年龄人触犯刑法的案件均不能定性为犯罪案件,在此情况下,当公安机关和检察机关明知道行为人因未达到刑事责任年龄不构成犯罪却仍坚持将案件送交法院进行刑事审判时,不仅违反了《刑事诉讼法》中关于及时出罪的相关规定,同时也是对罪刑法定原则的违反。因此,坚持对罪错未成年人采取专门教育行政化处遇决定机制是贯彻我国刑法谦抑性原则和罪刑法定原则的重要体现。

(二)符合我国行政违法与刑事犯罪二元分立司法实践状况

不同于英美法系"三权分立"模式下所有限制人身自由的处罚权只能由法院作出,我国借鉴德国警察权理论采取了行政违法与刑事犯罪的二元分立模式制度设计。[2] 德国警察权理论认为,根据国家行政事务职权分工要求,为了

---

① 参见[德] 克劳斯·罗克辛:《德国刑法学总论》(第 1 卷),王世洲译,法律出版社 2005 年版,第 13 页。

② 参见何勤华、李秀清:《外国法与中国法:20 世纪中国移植外国法反思》,中国政法大学出版社 2003 年版,第 489～495 页。

实现对社会公共秩序的维护和社会运行的有效管理，可以通过国家立法的形式将对公民采取人身强制性质的法律制裁方式的决定权交由警察机关。① 而警察权在我国则体现为《治安管理处罚法》的制定和颁布，通过行政性法律赋予公安机关作出限制人身自由的执法权限。劳动教养制度废除之后，其对特殊主体的部分教育矫治功能被《治安管理处罚法》有效吸收替代，从而发挥了维护社会安全稳定秩序的功能。因此，在当前行政违法与刑事犯罪二元分立司法实践模式下，对未达到刑事责任年龄的罪错未成年人这一特殊主体采取同样的行政化决定方式是契合我国国情和司法实践状况的制度选择。

诚然，曾经劳教时代的部分公安机关滥用行政权力限制公民人身自由的案件引发了广大人民群众内心的反感与不齿。但是应当看到，近年来随着我国民主与法治观念的深入人心以及全面依法治国、全面从严治党建设不断向前深入发展，对公安机关的各种监督途径，包括公安机关内部监督、纪检监察部门监督、网络媒体监督以及人大代表和广泛的人民群众监督，甚至司法行政诉讼的救济监督等均能形成有效的监督力量，充分制约或限制公安机关滥用权力，从而保障公安机关对罪错未成年人作出处遇决定的行政程序在阳光下运行。再加上一直以来，我国公安机关长期进行行政违法案件调查和刑事犯罪案件侦查，具有丰富的办案经验，而未达到刑事责任年龄人罪错行为案件由于行为人社会阅历较浅、违法犯罪动机简单，侦破难度一般不大，公安机关有能力也有责任和义务承担起对这部分罪错未成年人违法犯罪案件的侦破和处理任务。此外，对“儿童最大利益原则”不应当做表面的理解，而是应当深入结合未成年人成长状况进行长期有效的考量，有时候矫治效果的达不到（或让其形成侥幸心理）反而更不利于儿童今后健康成长。不同于过于强调“客观中立”的人民法院缺少对未成年人作出处遇决定的“人情味”，公安机关作为最了解案件一手信息和各方利益诉求的案件侦查机关，同时也最为贴近行为人和被害人实际生活状态，从对未成年人的“教育、感化、挽救”方针以及及时恢复破损的社会关系角度出发，有时警察身份天然的威慑力反而更能实现对未成

① 参见陈新民：《德国公法学基础理论》（增订新版·上册），法律出版社2010年版，第55～63页。

年人的教育矫治功能,避免再犯和二次伤害的发生。因此,不论是从我国司法实践需求还是从实际矫治效果角度考量,坚持我国专门教育的行政化决定方式是解决当前罪错未成年人处遇决定机制的应然选择。

(三)从制度历史沿革和权力制约角度考量应当坚持行政化模式

同劳动教养制度一样,收容教养制度也是在特定历史时期以行政立法的形式登上历史舞台,但不同的是收容教养制度随后被我国刑法所认可。从原《刑法》第 17 条第 4 款“必要的时候,也可以由政府收容教养”的表述可以看出,收容教养制度虽然规定在《刑法》当中,但由于未达到刑事责任年龄缺乏刑事制裁的可罚性,立法机关仍希望将收容教养的决定权以及执行程序交由政府等行政机关,因此并未进行过多详细规定,但这也为现在的司法实践适用困境埋下了伏笔。司法实践中公安部门、司法行政部门等通过出台多部规章制度实际确立了行政化的决定方式,并且在教育矫治触犯刑法的罪错未成年人过程中实际发挥了重要作用。此外,最高人民法院曾专门发布司法解释明确了收容教养属于行政化决定的法律定性。[①] 综上,对罪错未成年人采取行政化的决定方式有着长久的值得借鉴的经验模式,且从历史发展沿革来看,收容教养的执行、功能虽然有所区别,但始终包含于劳动教养制度的模式之下。2013 年劳动教养制度被废除后,其强制隔离戒毒的功能被 2008 年生效的《禁毒法》规定的公安机关强制隔离戒毒程序有效吸收并替代,从而实现了对这部分人员教育矫治功能的有效转化衔接,这为改革探索通过专门教育替代收容教养制度,发挥对罪错未成年人教育矫治功能提供了一种成功的改革经验。因此,从制度历史渊源和改革发展模式来看,我国收容教养制度取消后,对未达到刑事责任年龄触犯刑法的未成年人的教育矫治同样应当采取类似于强制隔离戒毒程序的行政性保护措施。

此外,根据我国《宪法》第 140 条和《刑事诉讼法》第 7 条规定的公检法机关“分工负责、互相配合、互相制约”原则要求,人民法院无权代替行政机关作出行政决定,只能通过司法建议的方式提出建议。从对未成年人采取专门教

① 1998 年最高人民法院印发《关于“少年收容教养”是否属于行政诉讼受案范围的答复》,明确规定“公安机关对公民作出的‘少年收容教养’决定是具体行政行为,属于行政诉讼受案范围”。

育的实际执行机构专门学校的性质定位来看，其并不属于监狱或未成年人犯管教所等司法执行机构。此次《预防未成年人犯罪法》明确规定“专门教育是国家教育体系的组成部分”，此外，从专门学校的管理和运营模式来看，其虽然具有矫治罪错未成年人的司法属性，但本质仍属于教育行政机构管辖范围内。因此，从国家公权力的相互制约角度来看，法院无权直接作出将罪错未成年人送入行政机构的行政决定。

二、完善专门教育的行政化决定程序

避免采取司法化的处遇决定机制，并非是对罪错未成年人的宽容与放纵，而是立足于我国国情和未成年人合法权利保护下进行的对罪错未成年人处遇决定机制的合理构建。此次我国《预防未成年人犯罪法》确立了启动专门教育的行政化决定方式。但是，其中仅规定了较为笼统的行政化决定程序，缺乏各主体之间的权力制约机制以及程序执行保障，对此应当进一步明确和完善，通过制定权威和详细的实施细则解决当前我国罪错未成年人处遇措施无效化的现实问题。

（一）完善公安机关提出送入专门学校的程序设计

应当进一步明确公安机关启动案件事实调查的程序，以及规定当由公安机关启动送入专门学校的程序时“应当”召开听证会制度，其中罪错未成年人有权聘请律师参加，同时借鉴《刑事诉讼法》规定的合适成年人在场制度，要求其监护人或者其他适当的成年人参加并对其进行教育。公安机关应当在听证过程中依法听取当事人及其法定代理人、代理律师意见，同时了解被害人及其法定代理人、代理律师意见等，必要时也可以听取学校、社区代表等有关人员意见，增加事前和事中当事人的辩论、听证程序以进行权利保障。此外，公安机关还应当将送入专门学校的决定书副本送达该未成年人及其父母或者监护人、法定代理人，从而提供上述人员不服移送决定时提起行政复议或行政诉讼的权利救济途径，增强对公安机关决定程序的监督和制约。

（二）明确专门教育指导委员会的职能定位和人员组成

关于专门教育指导委员会的性质，应当明确设置该机构的目的是避免公安机关内部决定不公开、不透明的弊端，引入一种事前和事中第三方中立机构的评审监督程序，这不是上下级之间的“批准”关系，而是一种审议和评估的机制。因此，其属于审议和评估机构，具有法律监督的职能。可以仿照我国人大代表与政府之间的关系，专门教育指导委员会不实际参与案件事实调查的过程，而且需要对公安机关作出的案件事实调查报告以及移送决定（包括采取措施的周期、个性化的教育矫治方案等），在参考司法行政机关或有关组织作出的关于未成年人社会调查报告的基础上进行审核和评估。同时为避免再次陷入公安机关实际自行决定的模式，应当规定专门教育指导委员会有权对公安机关作出的送入专门学校决定的正当性和必要性进行表决，超过一定比例（考虑到未成年人权益保护需要应当是大多数）代表同意才可由公安机关实际执行，同时规定对不同意的意见应当记录在审议报告当中。当表决程序未超过上述比例不能进入执行程序时，公安机关有权通过上级公安机关向同级专门教育指导委员会提出一次复议申请，同时将申请复议的情况记录在案。与此同时，除了《预防未成年人犯罪法》第 46 条规定的依专门学校申请的评估程序外，还应当规定专门教育指导委员会有主动提出解除专门教育的评估提议权和社会化转处机制（如转入社区处遇或半机构处遇措施）的报告审议权。

考虑到处理未成年人罪错案件具有一定专业性同时涉及多方职权配合，建议专门教育指导委员会的组成人员应当涵盖公安机关、检察机关（未检部门）、司法机关（少年法庭）、司法行政机关（未成年犯管教所）、民政部门（儿童福利部门）、教育行政机关、共青团组织以及妇联组织等有利于查清案件事实和有利于未成年人成长保护的组织，上述组织应当选派了解未成年人身心发育状况的工作人员参加；同时要有教育、心理、法学、精神病学等多个领域的专家介入，并设置一定的任期和考核选拔机制。考虑到送入专门学校的案件数量有限且周期具有不确定性，可采取非常设机构的组织模式，由县级以上政府负责政法工作的领导负责牵头组织成立专门教育指导委员会，并成立具体评估小组，根据需要组织召开评估会议。评估模式可根据实际情况，以小组会议或分别评估方式进行，必要时还可以先进行分别评估，如果出现明显评估分歧时，再召开评估小组会议复评。

(三)明确专门教育“三轨制”对应的三种入学方式

第一种是“三自愿”原则下的启动方式。经过当事人、监护人和学校三方同时同意即可直接向专门学校提出申请,此种入学方式实际上是延续了传统的专门学校入学方式。由于各方对于进入专门学校均表示同意且没有争议,从提高行政效率和节约社会资源的角度考虑,可规定当事人、监护人和学校三方直接向专门学校招生单位提出入学申请。第二种是《预防未成年人犯罪法》第43条规定的未成年人的父母或者其他监护人、所在学校无力管教或者管教无效的,可以向专门教育指导委员会提出申请,经过评估决定后将其送入专门学校接受专门教育。考虑到传统“三自愿”原则下家长、学校和学生本人三方同时同意造成启动条件难以达成,建议此次立法规定的依申请评估启动模式解除专门教育提出主体的多重限制,即监护人或者原学校有一方提出申请即可启动。但考虑到此时只有一方希望送入专门学校,当事人或者其监护人可能会存在一定反对意见,专门教育指导委员会应当进行充分讨论评估,在征求多方意见的基础上作出同意的评估决定,同时保留不服教育行政部门作出的送入专门学校决定可提起行政复议或行政诉讼的权利救济途径。第三种是《预防未成年人犯罪法》第44条、第45条规定的公安机关介入决定送入专门学校的模式,此时需要在公安机关进行调查和决定的基础上切实保障专门教育指导委员会的审核和评估功能。要坚决杜绝专门教育指导委员会评估程序和公安机关与教育行政部门会同过程流于形式,公安机关迫于民意舆论压力不得已启动专门教育处遇措施的情况发生,公安机关的负责人应当对由公安机关作出的送入专门学校的决定负责。

结　语

当前我国针对未达到刑事责任年龄未成年人罪错行为缺乏有效处遇机制导致社会公众普遍产生警惕和恐慌心理,不仅对我国“教育、感化、挽救”的少年司法理念造成了严重冲击,同时使公众对罪错未成年人处遇的行政化决定机制产生了正当性的质疑。应当以此次《预防未成年人犯罪法》修改为契机，进一步完善罪错未成年人处遇行政化决定机制程序立法，通过细化和完善决定机制的可操作性和程序正义性，立足中国具体国情和司法实践基础，因地制宜、因材施教地构建一套具有中国特色、改革可行性高的罪错未成年人处遇机制，从而最终实现对当前我国罪错未成年人犯罪低龄化、处遇措施无效化实践困境的超越。

第七章　未成年人违法犯罪行为干预体系的制度构建

当前,媒体对未达刑事责任年龄人实施触犯《刑法》的极端行为的相关报道引发社会各界关于我国刑事责任年龄规定合理性的讨论。刑事责任年龄的调整能否发挥积极作用很大程度上取决于一个国家的少年司法制度。① 当具有完备的少年司法体制作为支撑时,刑事责任年龄的调整意味着在少年司法系统内部为罪错少年选择相应的处理方式,而非直接将其划入普通成人刑事司法管辖范围。我国出台的《刑法修正案(十一)》将刑事责任年龄下限调整至12周岁,虽然设置了严格的适用条件,但是当前我国尚未形成独立的未成年人司法体制,②下调刑事责任年龄下限便意味着扩大犯罪圈,将更多的“严重违法未成年人”

① 本章中的少年司法制度指少年司法的规范或准则,偏重于内容;少年司法体制指少年司法的组织结构,侧重于机构设置、人员配备等。一般而言,少年司法体制是少年司法制度得以有效运行的重要保障。

② 我国《刑法》《预防未成年人犯罪法》等法律将未成年人作为特殊关注的群体,我国的少年司法实际上是特指未成年人司法。但是,国外少年司法所涉行为主体的年龄范围不尽相同,并且大多数时候可以包含成年青年,所以本文在谈及国外司法适用状况时依旧沿用“少年司法”一词。

纳入最为严厉的刑事制裁体系,①从长远来看无益于对未成年人犯罪的预防。尽管我国同时配套修订了《预防未成年人犯罪法》,以期进一步完善针对罪错未成年人的处遇措施,但我国的未成年人罪错行为干预体系在实体和程序方面仍存在诸多问题。现阶段,可从与国外少年司法适用的比较研究中探索构建我国未成年人违法犯罪行为三元干预体系的路径,以此缓和"惩罚"与"保护"之间的紧张关系。

第一节　国外少年违法犯罪行为的司法适用状况与比较分析

当前,国内未成年人严重违法犯罪行为的预防和惩治是一个具有综合性、系统性和复杂性的社会难题,而完善刑事责任年龄制度对解决这一问题所起的作用十分有限。在未成年人犯罪普遍低龄化、暴力性的社会背景下,关于刑事责任年龄的讨论或许只是"冰山一角",其背后反映出更深层次的问题是我国的未成年人违法犯罪行为干预体系不够健全。对此,在立法层面坐而论道绝非良策,而是应当将目光转向国外少年司法实践相关研究领域。因此,笔者试图从国外的少年司法实践中找寻破解之道。

一、国外少年违法犯罪行为的司法适用状况

(一)大陆法系国家少年违法犯罪行为的司法适用状况

大陆法系国家少年违法犯罪行为的司法适用具有多元化的特点,各国少年司法体制也存在较大的差异。德国、意大利实行少年案件处理的双轨制,行政机构、司法机构各司其职;②而法国、日本则是单轨制,各类少年案件均由司法机构处理。

德国的少年司法系统由少年法院和具有行政性质的少年福利局组成,前

---

① "严重违法未成年人"在本文中特指其行为触犯《刑法》,但因未达刑事责任年龄而不承担刑事责任的未成年人。

② 国外的少年案件一般包括少年保护(福利)案件和少年违法犯罪案件。

者处理少年犯罪问题，后者则处理权利保护类案件。[①] 德国的《少年法院法》是少年法院运作的主要法律依据，2008 年修订的该法第 2 条第 1 款明确规定，与少年有关的刑法适用的首要目标是预防未成年人及成年青年再犯罪。[②] 可见，其少年法院虽本质上属于刑事司法系统，但具有明显的教育导向。对于实施了犯罪行为的少年优先适用监督措施（或称教育处分），在其不足以实现上述目标时，方可补充性地适用惩戒措施或少年刑罚。德国少年司法是典型的行政与司法并行的二元体制，但二者并非泾渭分明，其有效互动和紧密衔接在少年违法犯罪案件的处理中发挥着重要作用。例如，根据德国《少年法院法》第 38 条第 2 款的规定，少年福利局有义务参与少年犯罪案件的诉讼程序，对涉案少年生活环境、社会背景等方面的情况进行细致调查，据此为法官提供参考性意见，帮助犯罪少年重返社会。[③]

意大利的少年司法体制与德国相似性很高，皆为行政系统与司法系统并行。在行政系统中，意大利设立隶属于全国司法部的少年司法部，在各地区设立少年司法中心。司法系统包括独立的少年法院，内设于少年法院的少年检察官办公室、少年再教育中心等机构，主要依据《少年刑事诉讼法》运作。[④] 其少年司法体系的一大特色是与社会资源的有效对接，专门的少年公共服务机构以分流制度的“承接者”的角色介入少年司法工作，有效整合社会中的矫治资源，对从少年违法犯罪案件诉讼程序中分流出的少年进行保护和再教育。[⑤] 此外，对于触犯刑法，行为具有严重社会危害性的未达刑事责任年龄的人并非一味地进行保护。少年法官需要在考虑其行为严重程度、家庭环境等多方面

---

① 参见狄小华：《中国特色少年司法制度研究》，北京大学出版社 2017 年版，第 114 ~ 116 页。

② *Section* 2, *subsection* 1, *of the Youth Courts Law* (*Jugendgerichtsgesetz*, *JGG*), Accessed November 13th, 2021, GERMAN LAW ARCHIVE, https://germanlawarchive.iuscomp.org/? p = 756# 1.

③ *Section* 38, *subsection* 2, *of the Youth Courts Law* (*Jugendgerichtsgesetz*, *JGG*), Accessed November 13th, 2021, GERMAN LAW ARCHIVE, https://germanlawarchive.iuscomp.org/? p = 756# 1.

④ 参见杨旭：《意大利少年司法社会化研究》，中国社会科学出版社 2015 年版，第 59 ~ 67 页。

⑤ 参见杨旭：《司法社工在少年司法领域中的应用——以意大利经验为例》，载《华东理工大学学报（社会科学版）》2015 年第 2 期。

的因素后，决定将其收容于司法教养院或适用监视自由措施。[①]

法国少年司法的主要法律依据是《关于少年犯罪的法令》。其少年法庭组织体系较为完善，少年法官作为重要的独立审判组织，管辖第五级违警罪和轻罪，同时负责在少年儿童陷入健康、安全、教育困境时，或者出现不良行为时，对其进行司法干预；少年法庭处理大多数可能被判处监禁刑的较为严重的案件，最严重的案件由少年重罪法庭审判。[②] 其早期采用的保护性少年司法制度并未有效遏制少年犯罪率的攀升，此后开始通过一系列立法为少年司法制度增加更多惩罚性因素，重视社会秩序的维护，强调少年的行为责任。[③]这种转变从罪错少年的处遇措施中也可见一斑。早期，在决定违法犯罪少年的处遇时，法官通常会因刑罚过于严厉而选择适用保护性更强的教育措施。2002 年法国增加了严厉程度介于教育措施和刑罚之间的教育处分（没收犯罪工具或所得、“禁制令”、培训实习、郑重警告等），加大了对违法犯罪少年的惩罚力度。[④]

日本的少年司法体制经历了由双轨制向单轨制的转变。1948 年以前，日本的少年案件处理机构为少年审判所（行政机构）和普通刑事法院。[⑤] 其后，家庭法院（司法机构）取代少年审判所，与普通刑事法院一并作为少年案件的审判机构。家庭法院的审判对象包括犯罪少年，未满 14 岁但触犯刑法的少年，以及有特定不良行为且将来可能触犯刑法的少年。[⑥] 家庭法院受理案件后对案件进行调查和审判，决定涉案少年的处遇，如果根据《少年法》第 20 条的规定认为应当对少年处以刑事处罚，则将案件移送检察机关，由检察机关向普通刑

---

① 少年法官从大审法院法官中选任，由最高司法官委员会提名，总统以法令的形式任命，其地域管辖权与少年法庭相同。少年法官同时兼任预审法官、审判法官和刑罚执行官。参见《最新意大利刑法典》，黄风译注，法律出版社 2007 年版，第 83 页。

② 参见宋泱沙：《法国未成年人刑事司法制度评介》，载《中国刑事法杂志》2011 年第 11 期。

③ 参见王娜：《法国未成年人司法制度的变迁——兼论对中国未成年人司法制度完善的启示》，载《青少年犯罪问题》2013 年第 3 期。

④ 参见宋泱沙：《法国未成年人刑事司法制度评介》，载《中国刑事法杂志》2011 年第 11 期。

⑤ 参见刘灿华：《德国、日本少年司法制度的变迁及其启示》，载《时代法学》2011 年第 6 期。

⑥ 根据日本《少年法》第 3 条第 1 款第 3 项，特殊不良行为包括：有不服从监护人正当监督的习性；无正当理由脱离家庭；与有犯罪习性的人或不道德的人交往，或者出入可疑的场所；有损害自己或他人德性的恶习。

事法院提起公诉,这种案件移送通常称为“逆送”。① 在处理少年刑事案件的过程中,警察、检察官、法官均有将案件移送回家庭法院的权力。日本的少年司法制度与美国高度相似,且有严厉化趋向。如《少年法》在后续修改中增加了原则性逆送制度,即已满16岁的少年因故意犯罪致被害人死亡的案件原则上应当被逆送至检察机关。

(二)英美法系国家少年违法犯罪行为的司法适用状况

多数英美法系国家的司法机构在处理少年违法犯罪行为中占据主导地位。英国、美国以及2003年以前的加拿大,普遍是司法机构处理综合性的少年案件。值得注意的是,加拿大的少年司法制度在2003年发生了重大转变。少年法庭被定位为仅处理严重犯罪行为的刑事司法机构,福利问题则由儿童福利机构处理。尽管如此,上述国家的少年司法逐渐趋向于混合模式,英国、加拿大在后期为少年司法增加更多的惩罚性因素,美国则开始改变以往的严厉手段。

英国各司法管辖区的少年司法的理念和相关制度规定存在差异。英格兰和威尔士的少年司法制度呈现出由福利模式向兼顾福利、惩罚、康复的混合模式转变的倾向,惩罚性干预日趋强化。早期,罪错少年和需要保护的儿童都由少年法院统一管辖。1989年英格兰和威尔士的《儿童法》从法律上将这两个群体加以区分,设立新的家事法院处理少年权利保护案件,从而有效地切断了福利和刑事司法之间的结构性联系。1991年的《刑事诉讼法》规定以青年法院(youth court)取代少年法院(juvenile court)处理少年犯罪案件。② 青年法院具有明显的刑事化特征,其在诉讼程序、量刑框架等方面与成人刑事司法系统保持基本一致,在此基础上根据少年需求进行相应调整。苏格兰在20世纪60年

---

① 少年法(令和三年法律第四十七号による改正),この法律は、令和四年四月一日から施行する. https://elaws. e-gov. go. jp/document? lawid = 323AC0000000168 _ 20220401 _ 503AC0000000047.

② See Scott H. Decker, Nerea Marteache, *International Handbook of Juvenile Justice* (Second Edition), Switzerland, Springer, 2017, p. 288.

代开始转向福利性质的少年司法制度。[①] 法院在该体系中的作用不断弱化，仅限于处理案件事实和法律的争议，儿童听证会掌握实质的案件处理权。其处理方式基本不带有惩罚性质，并且可以平等地适用于各种不同类型的少年案件。

美国的少年司法体系形成较早且较为完备，包括警察局、检察署、少年法院、少年拘留所、少年矫正机构以及儿童安置机构等一系列与少年矫治相关的机构。[②] 各州均有《少年法院法》，联邦层面的主要法律依据是《联邦少年犯罪法案》。整体来看，美国对违法犯罪少年所持态度更为严厉。尽管警察、少年法院受案人员等主体均有实体性权力将违法犯罪少年排除在正式程序之外，但实践中仅有约 1/4 的被捕少年能从正式程序中分流。[③] 与日本相比，美国的逆送制度也更加严厉，罪错少年由少年法院输送至成人刑事法院的渠道更多，包括法官作出的司法弃权、检察官越过司法审查程序直接逆送，以及立法确定的自动逆送等。[④] 近年来，美国不少地区已经开始扭转对罪错少年的严厉态度，逐渐向恢复性理念倾斜。这主要反映出美国加大了对少年矫治方案的改善力度，更加重视治疗与恢复，将预防再犯和促进其融入社会生活作为主要目标，正在大力发展的“循证式”少年犯罪预防与矫治措施成为一大亮点。[⑤] “循证”项目即基于证据的各级各类干预措施，这些项目涉及毒品、暴力、帮派犯罪等多种领域，由官方提供资金支持，学者进行实证研究，能够使项目的针对性、有效性得到显著提升。

2003 年，加拿大依据《青少年刑事司法法》，建立了独立的少年刑事司法系

---

① 参见［美］玛格丽特·K. 罗森海姆等编：《少年司法的一个世纪》，高维俭译，商务印书馆 2008 年版，第 455～462 页。

② 参见［美］玛格丽特·K. 罗森海姆等编：《少年司法的一个世纪》，高维俭译，商务印书馆 2008 年版，第 379～382 页。

③ See Marvin D. Krohn, Jodi Lane, *The Handbook of Juvenile Delinquency and Juvenile Justice*, West Sussex, Wiley-Blackwell, 2015, p. 6－7.

④ Patrick Griffin et al., *Trying Juveniles as Adults: An Analysis of State Transfer Laws and Reporting*, Accessed November 13th, 2021, Office of Justice and Delinquency Prevention (OJJDP), https://www.ojp.gov/pdffiles1/ojjdp/232434.pdf.

⑤ See Marvin D. Krohn, Jodi Lane, *The Handbook of Juvenile Delinquency and Juvenile Justice*, West Sussex, Wiley-Blackwell, 2015, p. 9－10.

统,以干预 12 ~ 18 岁少年的严重犯罪行为,同时限制监禁刑对少年的适用,并设置了许多非正式程序,将法庭当成最后一道防线。[①] 自此,加拿大的少年法庭仅处理严重的少年犯罪案件,12 岁以下儿童的违法行为主要由《儿童福利法》调整,通常情况下将其交由父母监管,儿童福利机构必要时会参与其中。在其行为非常严重的情况下,通过司法程序,可能会排除父母监管,转而将其安置在寄养家庭或精神卫生机构。总体来看,加拿大通过《青少年刑事司法法》完成了少年司法的重大转变,少年法庭从处理综合性案件转变为仅处理少年犯罪案件,该法通过调整警察、检察官、法官的自由裁量权将更多的少年案件从司法系统中转出,较多适用基于社区的矫治措施,少年罪错案件的指控率、拘留率都显著降低。同时,加拿大的少年犯罪率也缓慢下降。[②] 这在一定程度上反映出非正式程序、社区化处遇在防范和治理少年犯罪中的重要作用。

二、国外少年司法制度具有的共性

以上所提及的不同国家虽然分属不同法系,有着各自独特的社会背景,但在处理少年违法犯罪行为时所秉持的基本态度是一致的,即考虑少年儿童与成年人在生理、心理等方面的差异,并认可少年司法所应具备的教育保护功能。因此,各个国家的少年司法制度存在一些相同特征,能够反映出少年司法制度的基本发展方向,只是在具体实现程度方面存在一些差别。总体来看,国外少年司法制度的共性主要体现在以下三个方面:

(一)少年司法制度法律依据的独立性

国外少年司法制度法律依据的独立性是较为明显的共性之一。多数国家根据各自的国情,设置了单行的少年法,如德国的《少年法院法》、意大利的《少年刑事诉讼法》、法国的《关于少年犯罪的法令》、日本的《少年法》、美国的《联邦少年犯罪法案》、加拿大的《青少年刑事司法法》等,系统性地规定少年司法的实体或程序等内容。采用单行少年法模式的国家的少年司法制度通常更为

---

① 参见[加]安东尼·N. 杜布:《加拿大少年司法制度述评》,曹波、袁如心译,载《预防青少年犯罪研究》2013 年第 5 期。

② See Scott H. Decker, Nerea Marteache, *International Handbook of Juvenile Justice* (Second Edition), Switzerland, Springer, 2017, p. 92 - 109.

完善和健全,其少年司法体系相对于普通成年人司法体系的独立性更强,可以根据少年的身心发育特点对其适用更有针对性的教育保护措施。与此相反,采用非独立少年法立法模式,①可能导致少年司法制度依附于普通刑事司法制度,实践中容易忽视对少年轻微违法行为的管控,也不利于对罪错少年的保护。此外,上述国家少年司法的管辖范围一般较为宽泛,涉及不同的法律部门。② 将涉及少年司法的法律系统化地整合于同一部法律之中,能够使社会法、民法、刑法等相关法律之间的衔接更加顺畅,为少年司法程序的运作提供坚实的法律基础。

(二)少年司法机构的独立性与完整性

少年司法机构作为少年司法系统的硬件设施,其独立性与完整性是各国普遍追求的目标。从横向来看,各国少年司法体制中通常设置专门处理少年案件的机构,并配备专业人员。但不论是行政机构还是司法机构,都特别强调其与成年人司法系统的区别,更多关注未成年人生理、心理特点,促使少年司法制度良好运行。从纵向上看,大多数国家在少年司法的流程中设置相互衔接的各个环节,并由相应的专门机构作为载体,包括少年警察机构、少年检察机构、少年法庭或者少年法院、少年矫正机构等。完整全面、环环相扣的少年司法机构有利于更好地发挥分流转处制度的积极作用,实现对罪错少年的层层筛分,尽可能使其处置非正式化、非刑事化。少年司法机构的独立是指与成人司法机构的分离,但是其与社会资源的联系却越发紧密,逐渐强化社会支持体系的合法化与专业化。例如,德国的非官方社会工作机构可以参与到少年案件的诉讼过程中,为法院提供少年处遇的相关建议,进而实现对少年的帮扶和教育。

(三)少年的特殊处遇的层级性与连续性

特殊处遇虽然处在少年司法程序的最末端,但却对少年的康复与矫治效

---

① 非独立少年法立法模式,是指少年司法的法律依据依附于普通成人的相关立法,没有独立的少年法。

② 少年司法的管辖范围一般较为宽泛,主要是指国外的少年司法条件一般包括少年保护(福利)案件和少年违法犯罪条件。涉及不同的法律部门是指,不但涉及刑法,还涉及民法及其他法律部门。

果发挥着举足轻重的作用。对此，上述国家不仅设置了不同等级的保护处分措施，而且还设置了适用于少年犯罪人的刑罚替代措施，对于刑罚这种最为严厉的处罚，主要通过缓刑加以平衡，尽量弱化对少年的负面影响。当前，从刑罚处罚措施到非刑罚替代措施，从监禁式矫治到非监禁式矫治，从机构处遇到非机构处遇，“以教代刑”已经成为世界各国少年司法处遇的发展趋势。此外，具备层级性、连续性的罪错少年处遇体系是法国、英国、美国等国家少年司法制度从单极的福利或者惩罚模式转向“混合模式”的重要标志。处遇体系具有层级性能够更好地满足不同罪错少年群体的个性化需求，而连续性则强调各层级之间保持连贯，避免少年违法犯罪处遇体系的内部出现“空白地带”，而使其对罪错少年的处遇不是过于宽宥便是过于严苛。

三、国外少年司法制度存在的差异

从各国少年司法的干预模式来看，大致可以将其分为两大类：第一类是以英国、美国、法国、日本等国为主的仅以司法进行干预的“单一结构”少年司法体制；第二类是以德国、意大利等国为代表的，行政干预与司法干预相结合的“二元结构”少年司法体制。

（一）“单一结构”中的独立性与综合性

适用“单一结构”少年司法体制的国家，由独立的少年法院对少年案件行使广泛的管辖权，其管辖范围能够涵盖需要帮助的孤贫少年、有不良行为的少年、未达刑事责任年龄的触法少年以及犯罪少年。这与起源于罗马法并在普通法中得到迅速发展，最终扩张应用到少年司法领域的“国家亲权”制度的影响密不可分。[①] 各种类型少年案件统一进入司法程序，在各个环节的具体运作中，实现对不同性质案件的过滤和筛分。“单一结构”少年司法体制的优势在于其少年司法系统的独立性更为彻底，机构和人员的专业化程度相对更高，能够实现对罪错少年的一体化处置，从而给予其更加充分的保护。此外，由于综合性地处理所有少年案件，这种体制有时也面临着在少年案件处理系统内部界限划分不清晰的问题。这可能导致在处理少年案件时将更多关注点放在儿

① 参见徐国栋：《普通法中的国家亲权制度及其罗马法根源》，载《甘肃社会科学》2011 年第 1 期。

童少年这一特殊的主体身份上,将违法犯罪少年一概视为“病人”或者是“受害者”,而忽视其应对自身行为所承担的责任。例如,英格兰和威尔士最初将不带惩罚性的保护性处遇适用于一切性质的少年案件,而一些明显比少年一般不良行为更严重的少年犯罪行为,却未得到应有的重视,这引发普通公众对其公平性的质疑和对社会安全的隐忧。于是,20 世纪末的英格兰少年司法改革便开始将犯罪少年与需要保护的少年区别对待,分别交给不同的机构处置。与此相类似,美国的少年司法也将其福利模式一概适用于困境儿童和违法犯罪少年,由于过于强调对特殊群体的保护,并且缺乏严格的正当程序,导致违法犯罪少年的基本人权得不到应有保障。英国、美国的非正式、非对抗式的少年法院庭审程序常因对少年人权的忽视而遭到诟病,几乎被起诉的少年最终都被判决有罪。罪错少年通常缺少由陪审团审判的机会,同时缺失一些合理的上诉手段。

（二）“二元结构”中的分工与衔接

行政与司法并行的“二元结构”的少年司法体制与一些大陆法系国家历来重视行政权力,历史传统相契合。它们根据少年案件的不同性质划分行政机构与司法机构的职权范围,由行政机构处理具有保护性质的少年案件,将那些严重违法和犯罪的少年案件纳入司法系统。行政与司法分工处理少年案件的模式,在需要保护的少年与违法犯罪的少年之间,以及违法犯罪少年与成年人之间划出一道明显界限,进而设置不同的处罚梯度。福利性质的行政机构对于提升儿童福利水平、预防少年犯罪起到重要作用,相当于在司法系统的入口加上了一层“过滤网”。同时,将较为严重的少年罪错行为交由司法机构处理,由其通过司法程序决定可能涉及限制与剥夺少年人身自由的处遇措施,能够保证程序的公正性和严谨性。但是,在行政与司法并行的制度中要特别关注二者之间的平衡发展与良性互动,理顺二者关系,并注重二者职权范围的合理划分与紧密衔接,以防止出现少年事务管理中的“空白地带”,从而避免一部分处于行政和司法管辖边缘的少年得不到及时的适当处遇。

此外,“二元结构”的少年司法体制在运行中同样可能出现忽视少年权利保障的问题。以日本的旧少年司法体制为例,在二战结束前,日本还没有彻底移植美国的“国家亲权主义”少年司法制度，其少年司法体制同样属于“二元结构”，普遍采用双轨制处理少年案件。[①] 由少年审判所这一行政机构处理有不良行为的少年和16岁以下犯轻罪少年的案件，并且只能对其适用保护处分。同时，在普通刑事程序外设置适用于少年的特别刑事程序，以处理罪行严重的少年犯，对其则适用刑罚处遇。日本这一旧的少年司法体制在某种程度上提高了保护处分的地位，增加了保护处分在少年罪错案件中的适用频率。但是，行政机构决定的处遇措施可能限制或剥夺少年的人身自由，容易损害少年的基本权利。而后，日本在少年司法体制改革的进程中，将受理少年严重违法案件的主体由行政机构（少年审判所）改为司法机构（家庭裁判所），这有利于对少年人权的保护和对行政权力的制约。总体而言，“单一结构”“二元结构”两种少年司法体制虽各有利弊，但均能发挥教育和保护未成年人的作用，从而保障少年司法目的的实现。当然，最终适用何种体制仍需要重点考察本国的整体法律制度与司法传统。

第二节　我国未成年人违法犯罪行为干预中的制度问题与模式选择

由于各个国家的经济水平、政治制度、历史传统、社会文化等各不相同，在少年司法的制度、实践方面存在差异实属必然，同时我们也能看到，其少年司法体制的发展、少年司法模式的演变存在一定的共通性和规律性。有必要以此为基础，结合我国的立法与司法实践，分析我国的未成年人违法犯罪行为干预在制度结构方面存在的问题，反思我国未成年人违法犯罪行为干预模式的合理性与适配性，更好地缓和惩罚与保护之间的矛盾，从而在防控未成年人违法犯罪的问题上少走弯路。

一、我国未成年人违法犯罪行为干预中的制度问题

首先，行政干预措施的有效性不足，处遇决定程序的公正性有待提升。我

① 参见刘灿华：《德国、日本少年司法制度的变迁及其启示》，载《时代法学》2011年第6期。

国的行政干预措施主要适用于有严重不良行为的未成年人。严重不良行为实际上既包括违反《治安管理处罚法》的行为，也包括触犯《刑法》但因主体未达刑事责任年龄而不承担刑事责任的行为。由于干预客体的跨度较大，相应地，我国的行政干预措施也呈现出明显的梯度。其中，保护性最强的父母严加管教和惩罚性因素较多的专门教育在实践中反响平平，其有效性有待考量。责令父母或其他监护人对罪错未成年人严加管教，虽然关注到非正式力量在教育保护方面的优势，但是缺少配套的指导、监督制度，通常会让未成年人再次回归到容易滋生违法犯罪行为的生活环境中，且监护人的错误管教方式对于未成年人往往适得其反。此前的工读教育、政府收容教养在实践中存在法律依据不完善、设计不够科学合理、封闭性和惩罚性过强等问题，《刑法修正案（十一）》和新修订的《预防未成年人犯罪法》废除政府收容教养制度代之以专门教育制度。但是，专门教育制度仍然存在相关立法滞后、法律位阶过低等问题，其定义、属性、类别、操作程序等还需加以明确。① 同时，诸如此类的行政处遇均适用行政决定程序，对于封闭或半封闭的机构性处遇而言，现有行政决定程序的公开公正性会受到质疑，事后的行政复议等救济方式的滞后性又会给罪错未成年人造成消极影响。关于有严重不良行为的未成年人接受专门教育的相关规定，《刑法》第 17 条、《预防未成年人犯罪法》第 43 条至第 45 条，实际上为决定机关预留了较大的自由裁量空间，但是目前并未规定听证程序、社会调查程序等配套措施对此加以限制。② 当前我国亟须完善程序保障的相关立法，将处遇行政决定程序的关注重点从事后救济转向事中控制。

其次，刑事司法干预有“重刑主义”倾向，非刑罚处罚措施缺位。当前，我国未成年人的刑事立法和司法的独立性不强，过于依附成年人的刑事司法体系。即使在刑事诉讼程序方面为未成年人设置了一系列特殊制度，但最终还是将其置于与成年人基本相同的刑罚制度之下。处理未成年人犯罪问题时，

---

①　参见周颖：《再定义：专门教育的改革之路——以上海为例》，载《预防青少年犯罪研究》2021 年第 2 期。

②　参见孙传浩、于阳：《未成年人严重不良行为专门教育制度完善路径》，载《行政与法》2021 年第 10 期。

要坚守教育为主的基本立场，应当在报应与预防之间侧重预防，在一般预防与特殊预防之间又要向后者倾斜，充分强调刑罚对未成年人的矫治教育效果。因此，未成年人刑罚体系独立于普通刑罚体系实属必要。[①] 同时，刑事责任年龄不仅是罪责的判断标准，更是刑罚适应性的判断标准，未成年人与成年人之间除认识和控制能力不同外，更重要的差异是对刑罚的适应能力和承受效果不同。[②] 刑罚不应成为矫治未成年犯罪人的优先选择。犯罪原因通常是复杂多样的，而刑罚作为众多犯罪防控途径之一，不可避免地具有功能上的局限性，依靠单一的刑罚手段注定难以实现犯罪防控的目的。未成年人犯罪有特定的生理罪因，其中多数可以随着年龄的增长和社会阅历的增加而自我修复。因此，应尽量避免将强制性、惩罚性过重的刑罚适用于未成年犯罪人，应转而采用保护处分或非刑罚处罚措施。我国的多数刑罚替代措施同时面向成年与未成年犯罪人，仅有监护人严加管教和接受专门矫治教育是专门针对未成年人。简言之，我国的非刑罚处罚措施在未成年人犯罪领域的适用空间较窄，同时并未强调对未成年犯罪人的特殊教育关怀。[③] 此外，我国的非刑罚处罚措施种类较少且过于轻缓，难以实现同刑罚的有效衔接，也无法满足对未成年罪犯特殊保护的需要。当前，我国未成年人特殊刑罚体系与刑罚替代措施的缺失加剧了行政与司法二元结构的失衡，行政干预措施“萎缩”，而刑事干预措施“强盛”，法官在面对严重违法未成年人时，往往只能被迫在严厉的刑罚处罚与“无所作为”这两个极端处置之间做出选择。但无论做出哪种选择，最终都将收效甚微。

最后，未成年人违法犯罪行为干预体系内部管辖范围划分不合理，各级干预措施之间的衔接不顺畅。《预防未成年人犯罪法》将未达刑事责任年龄的未成年人实施违反《刑法》的行为归类为严重不良行为。这种除行为主体年龄之外与犯罪无异的严重违法行为，与其他仅违反《治安管理处罚法》的严重不良

---

① 参见于阳、周丽宁：《刑事责任年龄刑法规制比较研究》，载《警学研究》2021 年第 2 期。

② 参见李川：《从刑罚论视角看刑事责任年龄的修正根据与适用》，载《环球法律评论》2021 年第 4 期。

③ 参见高铭暄、张杰：《中国刑法中未成年人犯罪处罚措施的完善——基于国际人权法视角的考察》，载《法学论坛》2008 年第 1 期。

行为适用同样的行政性处遇措施决定程序。而触犯《刑法》规定的严重违法行为通常案情复杂、社会影响大、社会危害性严重,适用现有的行政决定程序一方面忽视了行为主体的抗辩权利,缺少相应的制衡与监督,难以保障程序正义;另一方面无法体现出案件处理的严肃性以及国家对此类行为绝不轻纵的态度,难以平息社会舆论。因此,严重违法未成年人的处遇决定程序有必要进行司法化,通过保护性的司法程序,以查明事实为基础,以罪因分析为核心,决定对其适用何种处遇。同时,我国未成年人刑事司法系统的管辖范围过于宽泛,所有的未成年犯罪人都被纳入独立性不强、报应性明显的刑事司法系统中加以处理,本应作为最后手段的刑罚被适用于大多数未成年犯罪人,不利于对这一特殊主体的行为矫治以及对其再犯罪的预防。此外,各梯度的未成年人违法犯罪行为干预措施之间衔接不够紧密,存在"断层",尤其体现在对未成年犯罪人的处遇方面。在我国,行为触犯《刑法》且已达刑事责任年龄的未成年人主要有两种转处方式(或称分流方式)。其一,根据《刑法》第 13 条规定,在未成年人的行为符合犯罪构成,但情节显著轻微危害不大的情况下,可以认定其行为不构成犯罪;其二,根据《刑事诉讼法》第 282 条规定,对于部分符合条件的本应被起诉的未成年人,可以附条件不起诉,从而将其从刑事司法程序中转出。对于前者而言,《刑法》没有明确规定此类未成年人的后续处置措施,如果将此类行为认定为严重不良行为,则可交由公安机关适用《预防未成年人犯罪法》第 41 条规定的各类矫治措施。行为人仅可在符合该法第 43 条或第 44 条规定情形时被送入专门学校接受"专门教育",而无法适用第 45 条即仅为触犯《刑法》但未达刑事责任年龄之人设置的"专门矫治教育"。从《预防未成年人犯罪法》第 45 条的规定来看,"专门矫治教育"的场所必须是"闭环管理",而"专门教育"则无此要求。相较之下,前者是更加严厉的处遇措施。尽管此类未成年人行为情节显著轻微,但毕竟已经是符合犯罪构成要件的行为,不应彻底排除对其适用"专门矫治教育"措施的可能性。对于附条件不起诉的未成年人而言,《刑事诉讼法》第 283 条仅规定人民检察院作为考察机关可以要求其接受教育和矫治,但并未具体说明可选择适用的处遇措施。而闭环管理的"专门矫治教育"同样无法适用于这一情形,此类行为主体能否得到适当处遇尚存在较多疑问。

二、我国应坚守"混合式"未成年人违法犯罪行为干预模式

我国目前面临着两难境地,即未成年人违法犯罪形势不容乐观,同时社会公众认为,当前对违法犯罪未成年人的处置过于宽纵。这样的局面在其他国家的少年司法制度发展过程中也曾出现过。例如,20 世纪 60 年代的美国,少年司法未使少年犯罪率得到有效控制,民众开始质疑以教育和治疗为目标的少年矫治方式的有效性,儿童福利体制与少年司法体制界限不明也成为被诟病的主要对象。此后,美国在少年司法改革中又开始偏向对少年罪错行为进行严厉打击。可见,少年司法模式并非一成不变,其随着不同历史时期的少年违法犯罪状况、社会公众施加的压力等因素的变化而进行适当调整,但是在多数国家的少年司法实践中被证实有效的仍是兼顾福利与惩罚的"混合模式"。

少年司法模式时常在宽容与严厉之间转换。美国犯罪学家托马斯·J. 伯纳德(Thomas J. Bernard)在其著作《少年司法的循环》(*The Cycle of Juvenile Justice*)中回顾了美国少年司法的发展历程,发现少年司法模式呈现出周期性循环的特点。① 在循环的初始阶段,司法官员和社会公众往往认为少年的犯罪率超出了正常范围,而现有的应对措施多为严厉处罚,少有宽缓的处置措施。这时,法官在处理罪错少年时,只能在严厉惩罚与置之不理之间做出选择,这使得不少少年犯逍遥法外。究其原因,无非是客观上缺少宽缓的处置措施,而司法官员在主观上又认为严厉的处罚极其不利于罪错少年改过自新。随后,司法官员和公众会意识到,严厉的惩罚会使少年犯罪率不降反升,而对此置之不理同样无益于对少年犯罪的防控。此时的解决办法就是在两个极端选择之间引入适用于少年犯的宽缓处罚,当少年司法模式完成了这一转变时,大家都乐观地认为少年犯罪率将很快下降。但是,司法官员和公众仍然认为,当前这一群体的犯罪率处于异常高的水平,一段时间过后,他们又开始把这一问题归咎于对少年的宽大处理,基于此种想法,对少年罪错行为将给予更加严厉的回应。如此持续下去,对罪错少年的处遇又回到了两个极端之间。

---

① See Thomas J. Bernard, Megan C. Kurlychek, *The Cycle of Juvenile Justice* (Second Edition), New York, Oxford University Press, 2010, p. 3 - 9.

在这一循环的初始阶段,少年司法模式能够发挥什么样的作用很大程度上依赖于少年司法制度的完善程度,缺少介于严厉处罚和“一放了之”之间的宽缓处遇,法官的选择范围受到制约,少年司法的有效性就很难发挥。而在少年司法制度得以完善,层级式干预措施得以建立之后,少年司法政策理念的作用才能够被有效传导至实践中。在这种情况下,如果少年犯罪率依然居高不下,则可能出于以下两点原因:首先是原因和结果的错配。在少年司法模式循环周期的每一阶段,官员和民众都将少年犯罪率居高不下归咎于少年司法制度。而事实上,少年的违法犯罪是某个特定历史时期社会弊病的“症状”,它反映出的是整个社会的问题而不仅仅是少年司法制度的问题。其次是少年司法干预手段与现实状况的错配。少年违法犯罪的原因极其复杂,当我们将此类少年看作不良社会环境的受害者时,倾向于对少年采取更为温和的措施;反之,将其行为归咎于人性或反社会人格时,则倾向于采取更为严厉的措施。当这种设想与现实完全重合时,即受环境影响较大的易于矫治的少年适用教育性处遇,主观恶性大且难以矫治的少年适用惩罚性处遇,此类群体的违法犯罪情况就会被有效遏制。然而,现实与理想状况往往存在较大差距。一些国家常常因为温和的处遇措施对极少部分、极端恶劣的少年的无效性,而开始将少年司法转变为更严厉的惩罚模式,由此深陷在少年司法制度的恶性循环中无法自拔。

为避免我国的未成年人违法犯罪行为干预体系陷入无效的“恶性循环”,有必要坚守“教育为主,惩罚为辅”的混合干预模式,以此为基础完善层级式干预体系。一方面,应当跳出刑事责任年龄和未成年人违法犯罪行为干预体系的樊篱,看到未成年人犯罪问题的根源在于社会,极少数的极端案件不足以成为否定现阶段刑事责任年龄制度或未成年人违法犯罪行为干预体系的理由。另一方面,应当注重“混合式”未成年人违法犯罪干预模式的“横向”展开。干预模式于纵向的时间维度上在“保护”与“惩罚”之间位移,多以某一时期的整体社会背景为出发点。这种纵向维度的位移需要以完整的未成年人司法干预体系作为硬件基础,否则难以发挥预期的积极作用。现阶段,我们应注重硬件基础的完善,强调“混合式”干预模式的横向展开,即兼顾教育与惩罚,强调干预措施的个性化,建立层级分明、衔接紧密的干预体系。以未成年人为中心,将其看作制度的主体,对未成年人适用何种处遇措施应当以其需求为导向,考虑其罪错行为的发展阶段,进而“对症下药”。在处置有一般不良行为和严重不良行为的未成年人时,以“保护儿童最大利益”为主要原则,“保护社会利益”次之;在处置已达刑事责任年龄的未成年人实施的犯罪行为时,则应重视“保护社会利益”,强调未成年人需对自己行为承担相应责任。① 通过采用混合干预模式,建立一套完整灵活、有层次、有针对性的未成年人违法犯罪行为干预体系,才能在“教育”与“惩罚”之间进退有度,在保护未成年人利益与防卫社会之间保持动态平衡。

第三节 构建我国未成年人违法犯罪行为的三元干预体系

现阶段,我国未成年人违法犯罪行为干预体系存在诸多问题,各级干预措施衔接不畅,干预体系中梯度层级不完整,实践中适用的灵活性不足,处理结果往往过轻或过重,无法达到有效预防未成年人违法犯罪的目的。因此,我国可以兼顾教育与惩罚,采用混合干预模式,在充分借鉴国外经验并结合本国未成年人立法和司法现状的基础上,建立一套层次鲜明、架构完整、适用灵活的未成年人违法犯罪行为“社会—行政—司法”三元干预体系,即一般不良行为的社会干预体系、“轻微违法”行为的行政干预体系以及“严重违法”行为与犯罪行为的司法干预体系。笔者认为,各级干预体系的管辖范围应当结合我国立法与司法实践以及各阶段未成年人罪错行为的特点进行如下划分。首先,《预防未成年人犯罪法》第28条规定的一般不良行为,其本质上不具有社会危害性,应由非正式的“社会”干预体系进行调整。其次,根据《预防未成年人犯罪法》第38条的规定,严重不良行为包括未成年人严重违反《治安管理处罚法》的行为以及未达刑事责任年龄的人触犯《刑法》的行为。严重不良行为包

① 参见何挺:《附条件不起诉适用对象的争议问题:基于观察发现的理论反思》,载《当代法学》2019年第1期。

含的这两种违法行为,触犯的法律不同,行为的社会危害程度不同,应当将二者区别对待,分别适用不同的干预手段。笔者根据这两类行为的社会危害程度,分别将其简称为"轻微违法"行为和"严重违法"行为。① 前者适用行政干预手段,由公安机关以行政程序决定其处遇方式,对于后者则有必要采用司法手段干预,将其移送至少年法庭适用保护性程序,经过调查、辩论等庭审程序后,由少年法官决定对行为人适用何种矫治教育措施。最后,对于达到刑事责任年龄并且其行为违反《刑法》的未成年人,应根据其行为严重程度、人身危险性等因素,决定对其适用保护性司法程序或刑事司法程序。

一、一般不良行为的"社会"干预体系

一般不良行为通常具有违背社会公德性和身份性的特点。这类行为对社会的现实危害性轻微,但是对未成年人本身成长发育的危害不言而喻。从不良行为到严重不良行为再到犯罪行为,是一个渐进的发展过程,各相关主体越早介入这一过程的演变就越能提升未成年人犯罪预防的效果。早期阶段,需要大力发掘行政干预之前的来自未成年人原生环境中的干预力量,如家庭、学校、社会等。最初,美国、日本、德国等国家将少年的一般不良行为纳入司法系统中处理,而现实是监禁式的矫治模式给少年带来的是报应与惩罚,而非预想中的康复与治疗。此后,在该领域出现了分流与非机构化的改革浪潮。在笔者看来,我国未成年人一般不良行为的早期干预系统,应当以"儿童福利最大化"为基本原则,在未成年人保护与社会防卫之间向前者位移。同时应当以社会干预为中心,实现早期干预的非正式化。社会性干预措施是矫治未成年人不良行为的优先选择,这种与未成年人有着天然亲近感的干预措施,比国家权力的介入更适合仅有轻微不良行为的未成年人。非正式干预措施相对于行政干预和司法介入而言惩罚色彩更弱,但更加注重对未成年人轻微不良行为发展态势的遏制。②

---

① "轻微违法行为"指仅违反《治安管理处罚法》,尚未达到刑事处罚标准的行为;"严重违法行为"指违反了《刑法》的相关规定,但是因行为主体未达刑事责任年龄而不予刑事处罚的行为。

② 参见常进锋、尹东风:《改革开放40年中国青少年犯罪的社会学理论阐释》,载《当代青年研究》2019年第4期。

首先,从家庭角度来看,应当完善亲职教育制度并引入监护监督机制。家庭环境对未成年人的成长至关重要,不少国家将亲职教育作为非正式干预的重要措施,就如何履行监护职责对未成年人的监护人进行教育。家庭环境关系到未成年人思想观念与行为模式的形成,父母对不良行为的反馈会影响其未来的发展方向,可以说家庭是预防未成年人犯罪的第一道防线。对此,可建立亲职教育制度,通过设置专业化的亲职教育机构,在强制严重违法未成年人的监护人接受亲职教育的同时,允许普通未成年人的监护人自愿接受亲职教育。此外,借鉴《德国民法典》第1792条、第1799条等有关监护监督人的规定,在我国建立有效的监护监督机制,也是改善有严重不良行为的未成年人所处家庭环境的重要方法。① 应当在民事法律中明确对监护人进行监督的责任主体,一般是由对未成年人有监护资格与监护能力的其他亲属担任。同时,在民政部设立监护监督机构,主要负责指导跟进监督人监督工作,确保监督实际效果。②

其次,学校是仅次于家庭的未成年人活动的主要场所,来自学校方面的有效干预对于预防犯罪至关重要。要重视学校在发现早期不良行为方面的功能,学校应当承担起及时发现未成年人不良行为的责任,而不是因其轻微便视而不见,任由其发展。在此基础上,应考虑如何更好地发挥学校对有不良行为的未成年人的再塑造作用。基于此,当前亟须为学校对学生的惩戒权提供法律依据。由于目前教师对学生的惩戒行为没有相关法律加以规范,变相的虐待与适当惩戒之间的界限并不明确,实践中会出现教师怕承担责任而对有不良行为的未成年人置之不理,或是惩戒不当使其生理或心理受到伤害的情况。因此,应当为学校对未成年人的管理提供法律依据,明确其惩戒的合法方式,同时设立相应的追责机制。

最后,是来自社会方面的干预。主要体现在扩大未成年人宵禁制度的监管责任主体方面。对此,美国、英国、法国等国家通常设置未成年人的"宵禁制

① 参见《德国民法典》(第4版),陈卫佐译注,法律出版社2015年版,第535~536页。

② 参见姚建龙、李乾:《论虞犯行为之早期干预》,载《东南大学学报(哲学社会科学版)》2017年第3期。

度”，禁止少年在夜间的特定时间出入特定场所（通常是暴力犯罪高发的地区），除非有父母或其他监护人陪同，否则警方有权采取行动，或带其回家或将其送入福利机构。[①]我国《预防未成年人犯罪法》（2012 年）中虽然有禁止未成年人夜不归宿的条文，但仅将监管责任分配给未成年人的监护人和寄宿学校，实践中经常会出现执行不力的问题。因此，2020 年新修订的《预防未成年人犯罪法》第 36 条扩大了责任主体的范围，规定公安机关、公共场所管理机构等发现或接到这类报告时，有及时依法采取相应保护措施的义务。此外，应充分引导动员普通群众、基层群众自治组织在日常活动中自觉主动地参与对未成年人的行为监督，发现夜不归宿的未成年人及时报告有关部门，严密我国的未成年人早期不良行为非正式干预网络。

二、“轻微违法”行为的“行政”干预体系

行政性干预应当作为早期干预的补充措施和辅助性措施，在行为人行为性质较严重，即在违反《治安管理处罚法》，但尚未达到刑事处罚标准的情况下可以适用。通过对国外少年司法制度的考察可以发现，警察作为最先接触违法少年的主体，在发现和矫治违法少年方面发挥重要作用。不论是在大陆法系国家还是在英美法系国家的少年司法制度中，警力往往能够渗透到少年的日常生活中，如美国的执勤巡警、英国的驻校警察等。相对而言，他们能够在更早的阶段干预少年罪错行为，并被赋予不同程度的处理少年案件的实体性权力，起到分流的作用，成为少年法庭受案前的一道“过滤网”。[②] 当前我国的少年警察机构发展严重滞后，并且将主要精力放在未成年人刑事案件的侦查取证上。我国应当尽快设立独立的少年警察机构，并完善发现未成年人罪错行为的预警机制，如开展重点区域巡逻、远程监控等。同时增加少年警务机构中处理未成年人事务的专业警务人员，重视与社会资源的协调配合，为其发挥对轻微违法未成年人的矫治教育作用提供各方面保障。

我国 2020 年修订的《预防未成年人犯罪法》第 41 条规定，有严重不良行为

---

① 参见张鸿巍：《英国少年司法政策变化之研究》，载《河北法学》2005 年第 2 期。

② 参见于阳：《城市青少年犯罪防控比较研究——基于英美国家的理论和实践》，天津社会科学院出版社 2015 年版，第 208 ~211 页。

的未成年人,公安机关可以采取相应的矫治教育措施,如训诫、责令具结悔过、心理辅导、行为矫治等。笔者认为,公安机关决定罪错未成年人处置措施的实体性权力通常仅限于违反《治安管理处罚法》,但尚未达到刑事处罚标准的行为人。对于有"严重违法行为"和其行为已满足犯罪构成要件但因其他原因未予刑事处罚的未成年人,如果少年法庭在审理后,综合考虑其行为严重程度、行为人家庭教育环境等因素,认为对其适用矫治教育措施足以达到矫治目标,可例外选择对其适用上述矫治教育措施。违反《治安管理处罚法》的"轻微违法行为"已经触犯法律,并具有一定的社会危害性,需要非司法化的正式干预力量介入。由公安机关主导的,正式的、专业的行政性干预措施,能够使不服父母、学校管教的有"轻微违法" 行为的未成年人意识到问题的严重性,进而得到较好的预防犯罪效果。同时,此类行为与触犯《刑法》规定的"严重违法" 行为相比,案件数量较多、社会危害性较轻、矫治难度较低,其矫治教育措施的严厉性、封闭性也应该更弱,应主要采取非机构化的、开放式的矫治措施。以此为前提,考虑到目前未成年人身心发育尚不成熟的特点,以及对待未成年人罪错行为以教育和保护为导向的社会政策,应当尽可能地缩小国家司法对其行为干预的消极影响,将仅违反《治安管理处罚法》的未成年人置于福利性、保护性更强的"行政"干预体系中。因此,出于节约司法资源,强调教育保护理念等目的,对有"轻微违法"行为的未成年人宜适用行政决定程序。

在行政干预体系方面,除了限制行政权力的适用范围外,还应当从公安机关可选择的矫治教育措施性质、种类以及程序着手,对行政权力加以限制,以便更好地保护行为人的基本权利。我国 2020 年修订的《预防未成年人犯罪法》第 41 条规定的可以由公安机关决定的矫治教育措施,均属于教育性较强、惩罚性较弱的矫治措施,且具有开放性的特点,适宜纳入以行政权为中心的干预体系中。根据该法第 43 条、第 44 条的规定,在一定条件下经专门教育指导委员会同意,公安机关会同教育行政部门共同决定将有"轻微违法行为"的未成年人送至专门学校接受专门教育。笔者认为,这里的专门学校应当限定为半开放的,或全开放的针对"轻微违法行为"的未成年人实施矫治教育的专门学校。同时,有必要完善行政机关决定矫治教育措施的程序,增加并细化对事前和事中的调查、审核、监督等环节的要求，在特定情形下可引入听证程序。[①]如此，一方面避免了出现行为人的程序性权利缺乏必要保障的局面，另一方面削弱矫治措施的惩罚性和社会防卫色彩，有利于在实践中更好地发挥教育和保护未成年人的作用。

三、“严重违法”行为与犯罪行为的司法干预体系

犯罪行为具有严重社会危害性，无疑要纳入司法干预体系中。应当强调的是，从长远考虑，未达到刑事责任年龄人实施的触犯《刑法》的行为也应一并纳入司法体系处理。一方面，此类行为已经具有违法性和严重的社会危害性，只是由于行为主体未达刑事责任年龄而不受刑罚处罚。对此类行为简单适用保护性更强的非正式社会措施或行政措施，不但与其行为危害性不相称，而且不利于此类行为的预防和矫治。另一方面，对实施严重不良行为的主体施加的处罚措施往往更严厉，甚至可能包含有限制人身自由的处罚。因此，从坚持正当程序原则，保护严重违法未成年人合法权利的角度出发，此类行为也有必要纳入司法体系中进行干预。[②] 但是对有“严重违法”行为的未成年人适用的司法程序应当区别于未成年人刑事司法程序，应适用保护性更强的特别司法程序，审理过程中将更多的精力放在对其行为的原因分析以及矫治手段的选择等方面，相对弱化报应和惩罚的意味。保护性司法程序同样可以适用于从未成年人刑事司法程序中转处的未成年人，以决定对因情节轻微等原因作非犯罪化处理的、被检察机关决定附条件不起诉的未成年人适用何种后续矫治教育措施。

目前，我国将严重违法行为排除在犯罪圈外，由行政性、社会性措施加以干预，但实际上收效甚微。责令监护人严加管教、专门教育、治安处罚等这些现有干预措施，常因没有具体的操作规定而流于形式。其中，专门学校从强制参与变为自愿参与后，面临着规模萎缩、与普通学校趋同等问题，并且未成年

---

① 参见于阳、孙传浩：《罪错未成年人处遇决定机制的改革困境与合理构建》，载《政法学刊》2021 年第 2 期。

② 参见姚建龙：《未成年人罪错“四分说”的考量与立场——兼评新修订〈预防未成年人犯罪法〉》，载《内蒙古社会科学》2021 年第 2 期。

犯适用与成年犯相同的一套刑罚制度。当前,应当对现有的责令管教、专门教育等制度进行改良,设置严厉程度介于行政性处遇措施与刑罚处罚之间的专门针对未成年人的非刑罚处罚措施,一方面作为有严重违法行为的未成年人的矫治措施,另一方面可以作为刑罚的替代性措施适用于有轻微犯罪行为的未成年人,将情节轻微的未成年犯从严厉的刑事处罚中分离出来。① 同时,需要根据未成年犯罪人的特点,适当调整现有刑罚适用范围和刑罚种类。

当前,有必要进一步完善针对未成年人的非刑罚处罚体系。对于进入刑事司法程序的未成年人而言,应当优先考虑对其适用非刑罚处罚措施。非刑罚处罚与刑罚相比更侧重教育与矫治,主要被适用于应为自己行为承担刑事责任,但犯罪情节较轻、主观恶性不大、认罪态度良好的未成年人,以及有"严重违法行为"的未成年人。考虑到未成年人性格尚未定型,其犯罪行为受所处环境、该年龄阶段特殊发育特点影响较大,及其对刑罚的理解能力、承受能力较弱等因素,应尽量将其分流出刑罚体系,转而适用替代性措施。笔者认为,现有的"由行政主管部门予以行政处罚或行政处分"这一非刑罚处罚措施不应被适用于未成年人,因为通常情况下,未成年人尚未归属于某一行政单位,这样的规定难免无用武之地。"由父母或监护人严加管教"这一措施的有效性最容易引发舆论质疑。对此,可通过增设担保、增加监督等方式对其进行完善,提高其强制性。法官可根据案件不同情况决定未成年人不得从事某些事项,同时责令父母或者监护人履行监督义务,并缴纳保证金,出现诸如未成年人违反禁止令或有"轻微违法"行为等情形时则没收其保证金转而适用其他处遇措施,否则期满退还。此外,强制未成年人于其所在社区内完成短期的无偿服务,将未成年人置于社区环境中,有利于对其进行矫治教育并恢复受损的社会关系。在服务内容、服务期限的设置等方面可适当区别于可由公安机关决定适用的社会服务活动。在改善未成年犯处遇方式的实践中,我国早有此类尝

---

① 参见杨旭:《转介与互动:社会工作参与下我国少年司法分流制度的重构》,载《青少年犯罪问题》2021 年第 4 期。

试,并取得不错成效。①《预防未成年人犯罪法》第45条规定的专门矫治教育,同样可作为刑罚的替代性措施,但是需要进一步强化针对严重违法和轻微犯罪未成年人的专门学校的司法属性,使其具有更强的封闭性和强制性。对于触犯《刑法》的未达刑事责任年龄的行为人,可以适用全封闭式的专门教育(在专门学校设置专门场所并实行闭环管理)。同时,改革现有的专门学校制度,以类型化的视角建立面向不同群体的专门学校,对未成年人实行分级、分类矫治教育。②

此外,在对未成年人适用刑罚时,应当更加重视罚金刑与资格刑的适用,对多数的未成年犯罪人做非监禁化处理,尽量避免自由刑造成的负面影响。我国《刑法》立法将罚金刑和剥夺政治权利这一资格刑设置为附加刑,多在单位犯罪中规定单处罚金,实际上限制了这两类刑罚在实践中单独适用的空间。当前,有必要以立法的形式适当调整单处罚金刑在未成年犯罪人中的适用范围,以便更好地发挥其替代短期自由刑的作用。此前,最高人民法院曾在2000年出台的《关于适用财产刑若干问题的规定》第4条中规定"犯罪时不满18周岁,犯罪情节较轻,适用单处罚金不致再危害社会的,可以单处罚金"。可以在将该规定上升为立法的同时,设置配套的易科制度,作为未成年犯罪人无力缴纳罚金时的替代措施,并尽量避免父母或其他监护人代为缴纳罚金导致的对罪责自负原则的背离。③ 严格来讲,我国的资格刑仅有剥夺政治权利一种,但是剥夺政治权利对于未成年人而言过于严厉,可能对其服刑后的人生道路、职业选择造成消极影响,不利于未成年犯罪人重返和融入社会,以及预防其重新犯罪。实践中一般不对未成年人适用剥夺政治权利的处罚。笔者建议适当增加适用于未成年人的资格刑种类,如限制出入特定场所、从事特定行为、限制活动时间等,进而从实体内容的严厉性和监督手段的严格性等方面同非刑罚

① 上海市长宁区人民法院早在2002年就首次试行未成年人刑事案件的"社会服务令"制度,对已构成犯罪的未成年对象责令其至某一场所,完成一定期限的无偿社会服务劳动。参见《就"社会服务令"访长宁法院丁寿兴院长》,载《青少年犯罪问题》2003年第4期。

② 参见周颖:《专门教育定义的思考——以中美比较为视角》,载《青少年犯罪问题》2021年第3期。

③ 参见张明楷:《外国刑法纲要》(第3版),法律出版社2020年版,第347~348页。

替代措施加以区分。

结 语

未成年人违法犯罪问题并非为某个特殊时期、某个国家所特有，从比较法的视野考察其他国家的司法适用，对于突破我国未成年人违法犯罪行为干预体系发展的现实"瓶颈"，解决我国未成年人刑事责任年龄制度调整等问题，具有十分重要的理论研究意义和司法实践价值。笔者认为仅下调刑事责任年龄下限，在中长期将难以发挥预防和控制未成年人犯罪的作用。基于此，笔者将研究视角转向未成年人违法犯罪行为干预体系。在坚守混合干预模式的前提下，建立一套完整灵活、有层次、有针对性的未成年人违法犯罪行为干预体系，才能在"教育"与"惩罚"之间进退有度，在保护未成年人利益与防卫社会之间保持动态平衡。从刑事责任年龄制度出发，到未成年人违法犯罪行为干预体系，最后落脚到当前的社会治理对策，是一个由表及里、由浅入深的过程，抑或是一次由"标"至"本"的有益探索。在笔者看来，未成年人违法犯罪问题是社会弊病的"症状"，它反映出的是整个社会的治理问题，而不仅仅是刑事责任年龄制度或者是未成年人违法犯罪行为干预体系的具体问题。基于我国当前的刑事立法（不限于刑法实体法）、司法实践与社会发展状况，应当进一步把握好"治标"与"治本"之间的平衡，以继续探索我国未成年人违法犯罪问题的防控之道。

第八章　未成年人违法犯罪的工读学校构建与工读教育完善

近年来，由于未成年人实施的严重违法恶性事件的负面影响，①关于刑事责任年龄是否应当进行调整的争议引起公众的广泛关注。然而，刑事责任年龄的下调并不能从根本上解决未成年人违法犯罪问题。一方面，如今未成年人群体出现的违法犯罪行为呈现许多新的特征。究其根源，是因为未成年人自身发展的不完全性，同时受到来自成长环境（包括家庭、学校、社会等）中多个条件的制约，从而形成了非常规的社会认知。最终致使其以"如何主动地创造自己行为的框架"②的方式产生问题，从而发生违法犯罪行为。另一方面，多数违法犯罪的未成年人（除进入未管所的具有严重社会危害性的未成年人之外）在被判决之后，并没有得到合理安置，仅仅是由法院宣告其罪行之后，便"放虎归山"。这些回归的未成年人既无力改变自身所

---

① 例如，甘肃省13岁男孩强暴女孩后再杀人，广西壮族自治区13岁少女肢解同窗好友，湖南省12岁少年弑母案，等等。

② ［美］J. A. 舍伦伯格：《社会心理学的大师们》，孟小平译，辽宁人民出版社1987年版，第136页。

处的环境，也不能得到国家的“救济”，他们再次走上违法犯罪道路的概率自然会更大。而不以未成年人违法犯罪的成因为出发点寻求解决对策，仅仅考虑降低刑事责任年龄的方式，对于控制犯罪无异于“抽刀断水”。对于国家而言，在影响未成年人违法犯罪的一系列相关因素中，法律往往是相对合理并且能够实现监管最大化的方式。因此，国家以法律的形式对未成年人的处遇机构进行规范构建与管理，有益于对未成年人的处遇实现个别化，从而有效预防和控制未成年人群体的违法犯罪行为。最后，需要指出的是，2020 年 12 月 26 日，第十三届全国人大常委会第二十四次会议通过的《刑法修正案（十一）》和 2020 年修订的《预防未成年人犯罪法》，在立法层面统一以“专门学校”替代“工读学校”。但不可否认，工读学校曾经在罪错未成年人矫治工作中发挥了重要作用。而且，在我国当前的少年司法实践中，“工读学校”尚未完全退出历史舞台，其仍然是“专门学校”的重要组成部分。因此，重新审视和探讨工读学校与工读教育中存在的问题，方能以史为鉴，实现“工读教育”向“专门教育”的平稳过渡。

第一节　未成年人违法犯罪处遇机构的历史与现实

我国少年司法史上曾存在过一些解决未成年人违法犯罪问题的各种对策和举措，其制定和运行多少都受到来自国外青少年司法制度的影响。在特定的历史时期内，这些对策和措施对于控制未成年人违法犯罪行为也的确行之有效。当今社会正在快速发展和转变，虽然有些对策措施并没有全部延续至今，但是对我国现存的一些少年司法制度及其改革仍然具有十分重要的意义。

一、感化学校

感化教育是指具有感化目的和功能的教育措施。从法律制度的角度来讲，是对不适合给予刑事处分但具有犯罪危险性的少年，为使其摆脱不良习惯，并培养其重新适应正常社会生活的能力，将其安置于特定处所，能够帮助其改善罪错行为的特殊教育。[①] 感化教育属于保护处分[②]中的收容性处分，在性质上最为严厉，而感化学校正是来源于当时各国方兴未艾的这一感化教育制度。

英国是世界上最早针对罪错少年实施非刑罚处罚措施的国家，如社区归化和惩罚令（Community Rehabilitation and Punishment Order）、补偿令（Reparation Order）、无条件释放（Absolute Discharge）和有条件释放（Conditional Discharge）等。[③] 德国也随着《少年法院法》的施行构建了独立的少年司法制度，在其中作出了以教育处分措施取代刑罚处罚的规定。而早期的日本则创立了对罪错未成年开展教育性处遇与保护主义的先例。[④] 随着少年司法的不断发展，惩治场[⑤]逐渐演变成后期的感化院，并在少年法颁布后改造为少年院。[⑥]

同时期的清朝，借鉴各国的司法经验，以会议文件[⑦]的形式对感化制度作了专门介绍，并在之后开展了一系列实践。[⑧] 中华民国成立后，政府颁布了《感化学校行章程》，借此成立感化学校“以教代刑”，通过教育的方式矫治犯罪者的思想及行为。1935 年颁布的《中华民国刑法》中正式规定了以感化教育替代

---

① 参见刘作揖：《少年事件处理法》（修订 9 版），台北，三民书局 2012 年版，第 193 页。

② 参见刘作揖：《少年事件处理法》（修订 9 版），台北，三民书局 2012 年版，第 172 页。

③ 参见赵勇：《英国青少年司法体系的改革及启示》，载《中国青年政治学院学报》2003 年第 5 期。

④ 参见刘灿华：《德国、日本少年司法制度的变迁及其启示》，载《时代法学》2011 年第 6 期。

⑤ 惩治场是指以劳动教育等方式对少年进行矫治的场所，即教化的场所。在惩治场中，要对少年进行读书、写字、算术和图画等科目教育，这种做法被称为“惩治主义”。

⑥ 送到少年院的非行少年主要包括犯罪少年、触法少年、虞犯少年 3 种，由少年院进行收容，接受矫治教育包括生活指导、知识教育、职业辅导、适当的训练和医疗服务等。参见李中良、毕宪顺、燕丽：《劳动教养制度废止背景下专门学校的司法化改革》，载《预防青少年犯罪研究》2017 年第 2 期。

⑦ 清廷派员参加第八次国际监狱会议（近代所称“万国监狱会议”），会后形成《考察司法制度报告书》。参见汪庆祺编：《各省审判厅判牍》，李启成点校，北京大学出版社 2007 年版，第 461 ~ 472 页。

⑧ 参见姚建龙：《近代中国少年司法改革的进展与高度》，载《预防青少年犯罪研究》2014 年第 4 期。

短期刑罚的相关措施。[①] 如感化教育能对少年犯罪人达到矫治、教育的目的，那么刑罚的威慑力也就无用武之地。由于感化教育制度的推广，当时全国的感化学校及相关衍生机构达到44所，对社会形势的稳定有了良好的效果。

二、工读学校

工读学校最初的形态是由瑞士教育学家裴斯泰洛齐（Johan Heinrich Pestalozzi）在18世纪创立的孤儿院，以边学习边劳动的方式教育儿童，在当时属于公益性机构。但20世纪20年代左右，孤儿院在苏联发展成为另一种形式。苏联杰出的教育学家安东·谢苗诺维奇·马卡连柯（АНТОН Семëновии Макаренко）创办了高尔基工学团、捷尔任斯基劳动公社，是具有收容性质的机构，主要是为了收容二战后流落社会的孤儿以预防其犯罪。而我国的工读学校在20世纪50年代也已经开始出现，在长时期的发展中不断吸取域外的经验，也深受我国社会形势的影响，对我国青少年犯罪处遇问题的解决作出了重要贡献。

1949年以前的中国，社会形势不稳定，各项政策也不够完善，大环境动乱不断。一些儿童和青少年没有机会受到规范教育，且沾染了社会遗留的恶习旧俗，以致养成不良习惯而实施违法或轻微的犯罪行为，极大地扰乱了新中国的社会秩序。为了解决这个问题，工读学校得到了极大的发展。20世纪50年代创办的北京温泉工读学校是我国第一所工读学校，不久后，北京市海淀区工读学校、北京朝阳工读学校等第一批工读学校陆续成立。在这段时期全国范围内工读学校的数量达到了一个高峰，未成年人扰乱社会的问题也因此得到了极大的改善。然而工读学校在接下来的一段时间内因为社会逐渐稳定，以及"文化大革命"的冲击，数量骤减，发展陷入低谷。直到1976年"文化大革命"之后，违法犯罪的青少年数量激增使得大量工读学校复办，但其仍沿袭以前的教学模式，教师队伍是由以前的老教师组成；师资不够的学校或地区引入

---

① 《中华民国刑法》第86条第2款第3项规定："因未满十八岁而减轻其刑者，得于刑之执行完毕或赦免后，令入感化教育处所，施以三年以下之感化教育，但其宣告三年以下有期徒刑、拘役或罚金者，得于执行前为之。"第4款规定："第二款但书情形，依感化教育之执行，认为无执行必要者，得免其刑之执行。"参见姚远：《民国时期青少年感化教育探究——从上海公共租界案例谈起》，载《青少年犯罪问题》2010年第2期。

新教师,由老教师传授经验。截至1981年,全国大部分省份都办起了工读学校,在校学生共约8000人。① 但是随着经济的发展和教育的普及,工读学校再次进入发展的困境,全国各地区的工读学校所剩无几。同时由于工读学校有关法律规范不健全,工读学校自身的教育功能难以保障,父母不愿送孩子进入工读学校,以及社会对于工读学校的不合理待遇等原因,据统计,2010年工读学校在全国仅存67所,且多数已改名为专门学校,但仍不能解决其面临的种种问题。近年来,因留守儿童问题产生的违法犯罪行为逐渐引起国家重视,亟待国家拿出应对方案,这也成为工读学校重启的契机。例如,2006~2016年仅贵州省便新开设11所工读学校,②工读学校逐渐重回公众视野。

三、未成年犯管教所

未成年犯管教所(以下简称未管所)在监狱法实施以前又称为少年犯管教所,针对的对象主要是实施了犯罪行为且已满16周岁、不满18周岁的未成年人;《刑法修正案(十一)》出台以前,我国《刑法》第17条第4款规定,对于不满16周岁不予刑事处罚的,必要的时候,也可以由政府收容教养,此处的收容教养机构即未管所;另外对于已满18周岁,但余刑不到2年的,继续在未管所执行。尤其是在工读学校逐渐没落之后,未管所在关押未成年犯的同时,也成为罪错未成年人的教育机构。

因违法或轻微犯罪而不应执行刑事处罚的未成年人群体,与应受刑罚处罚的未成年犯,甚至还包括部分普通罪犯被安置在同一个处所内。③ 在这个处所内,这些人由同样的管理模式和同一套管理人员进行管理,对于未成年人群体的教育的矫治目的根本不能达到预期的效果,重者可能出现交叉感染的情况。出现这种局面一方面是由于制度设置的不合理。全国未成年人调查数据显示,2001年未成年犯的年龄均值为15.76岁,2016年未成年犯平均约为

---

① 参见王平、何显兵:《论工读教育的历史发展与完善设想》,载《预防青少年犯罪研究》2012年第8期。

② 参见刘燕:《从工读学校教育历史发展探究其时代价值》,载《预防青少年犯罪研究》2018年第3期。

③ 例如,某市未成年犯管教所内,未成年犯罪人仅有二十几人,普通罪犯却超过两百人。

15.46 岁。[①]以广东省的调查为例，未成年人出现犯罪行为的年龄多分布在14～16周岁，占调查基数的 80.74%，年龄为 17～18 周岁的只占 19.26%。而未管所的收容对象的最低年龄限制在 16 岁，14～16 岁的未成年人即使是触犯刑法规定的八种严重罪名也不能到少年犯管教所执行刑罚，而 16 岁以上且须给予刑罚处罚的未成年群体的数量并不多，因此导致部分未管所“空置”，而应该接受矫治的群体却没有合适的处所可去。另一方面则是由于普通罪犯数量本身足够庞大，尤其在收容教育制度废除后，普通监狱出现“供不应求”的状况，不得不把部分普通罪犯关押到未管所。因此，未管所如今的状况，对于未成年人处遇的个别化以及未成年人犯罪人的有效矫治并无裨益，而工读教育制度的构建完善则成为解决未成年人处遇问题的更优选择。

第二节　未成年人违法犯罪处遇机构存在的突出问题

多数违法犯罪的未成年人在其行为被追究之后，仍然回归到原本的生活轨道，其思想和行为方式并不会因其“罪行”的宣告而改变。然而，工读学校与未管所作为承担未成年人惩戒与矫治任务的机构，在实践中却受到多方面的限制，严重阻碍了各自职能的充分发挥。因此，要寻求最终的解决对策，首先要对工读学校存在的各种突出问题进行认真、细致的梳理，并进而形成一些准确的认识。

一、制度保障措施乏力

2020 年以前，对于如何安置违法未成年人与未成年犯罪人，我国法律并没有形成独立的司法体系或救济体系，不仅无法实现合理的惩戒效果，也不能有效地保障未成年人的合法权利。此前的法律制度只是将与其相关的规定散布于 2018 年修正的《义务教育法》，2020 年修订的《预防未成年人犯罪法》和《未成年人保护法》三部专门法律，以及多部其他有关法律中。其中对违法未成年

① 参见林毓敏：《中国当代青少年犯罪状况调查》，载《福建警官学院学报》2017 年第 2 期。

人与未成年犯罪人的处遇措施，涉及收容教养所、工读学校（或称专门学校）与未成年犯管教所三类场所（从两个条文中看，专门学校和工读学校实际上是指同一个场所）。[①] 但在实践中，收容教养并没有专门的场所，而大多是在未管所或劳动教养场所执行。[②] 并且根据这些法律规定，不能对收容教养和工读学校作出一个准确定位，使得实践中二者的适用达不到预期的效果。

而未成年人收容教养或进入工读学校的程序问题，也是一个亟待解决的难题。1995 年 10 月 23 日公安部颁布的《公安机关办理未成年人违法犯罪案件的规定》第 28 条规定，未成年人犯罪凡是能够由家长管教的，都不送收容教养。在 1997 年《刑法》中也只是规定“在必要的时候，也可以由政府收容教养”。同时，对未成年人适用工读学校需履行的程序，在 1999 年之前是由原学校报经公安局批准，或者由公安局直接报教育部门批准，即可强制执行。而 1999 年《预防未成年人犯罪法》第 35 条将其修改为由父母或其他监护人相互配合，也可以将符合条件的未成年人送入工读学校，并且，未成年人进入工读学校就读需要父母（或其他监护人）或者原学校提出申请，报教育行政部门方能适用。即未成年人进入工读学校学习需三个条件：经其父母或监护人同意，并由其父母或监护人、原所在学校提出进入工读学校的申请，报教育行政部门审批。2012 年修正的《预防未成年人犯罪法》未对程序进行改动，而是增加了“应当及时予以制止”的规定。从“也可以”送工读学校到“及时予以制止”，这些规定的修改，在实质上削弱了工读学校的司法功能。

另外，在现实中容易产生争议的是，父母对未成年人是否适用工读教育的决定权的合理性。《未成年人保护法》中明确对父母的义务作了规定，“父母或

---

① 《预防未成年人犯罪法》（2012 年）第 35 条针对不良行为制止问题进行明确规定：对未成年人实施本法规定的严重不良行为的，应当及时予以制止。对有本法规定严重不良行为的未成年人，其父母或者其他监护人和学校应当相互配合，采取措施严加管教，也可以送工读学校进行矫治和接受教育。对未成年人送工读学校进行矫治和接受教育，应当由其父母或者其他监护人，或者原所在学校提出申请，经教育行政部门批准。《未成年人保护法》（2012 年）第 25 条就专门教育问题作了专门规定：对于在学校接受教育的有严重不良行为的未成年学生，学校和父母或者其他监护人应当互相配合加以管教；无力管教或者管教无效的，可以按照有关规定将其送专门学校继续接受教育。

② 劳动教养制度已于 2013 年 12 月 28 日被废止。

者其他监护人应当学习家庭教育知识,正确履行监护职责,抚养教育未成年人”。但是,未成年人产生违法犯罪行为的关键因素之一就是监护缺位,而这个程序由未对未成年子女履行监护义务或未正确履行监护义务的父母、监护人首先作出决定,即让他们决定是否让未成年子女进入工读学校,在实质上就违背了立法原意。父母或监护人的意愿要尊重,未成年人自身的意愿也应着重考虑。

最后,对于提出申请的主体,法律规定由父母、监护人或学校提出申请。那么实际而言,该未成年人首先必须是一个有固定居所且正在接受教育的人。这一条件在事实上把未能在学校接受教育的群体(例如,流浪未成年人、闲散未成年人、城市外来未成年人等群体)排除在外,从而缩小了工读学校的对象范围。把未成年犯中占有高比例的群体排除在外,对于预防未成年人犯罪和矫治犯罪而言百害而无一利。

二、司法矫治功能缺失

工读教育制度对于矫治不良行为与预防犯罪都具有良好的效果,且对象针对性强,有助于改善违法犯罪的未成年人的生存状态。然而其在实践中仍然遭到多数父母的“抵制”。这正是因为它在发挥矫治和预防功能的同时和“犯罪”也是密不可分的。其所附带的“标签效应”容易给未成年人带来心理上的负面影响,更无益于涉罪未成年人的教育矫治。即使是儿童的心理出现了问题,其原因也一般都在于不正确的家庭教育与学校教育,当父母和学校不想再为这些孩子负责时,就会把他们送到一个特殊的学校,证明他们是潜在的犯罪人。社会学研究者的这种想法不无道理,这也是社会大众对工读学校普遍抵触的原因。送进学校的是“不良少年”,从学校出来之后却变成了“犯罪人”。公众产生这种想法的原因在于,就读于此类学校的既然都是“问题少年”,那么交叉感染导致“犯罪人”的产生也是理所当然。这种普遍的看法给工读学校贴上了不好的标签,导致其处境艰难,由此形成无法解决的死循环。实际上,公众往往忽略了其原本的机能——矫治,在其他不可控的影响因素之外,进入工读教育反而是最能够对这些未成年群体形成合理约束的措施。家庭问题涉及的因素方方面面，从古至今都难以找到一个普遍适用的方法合理解决。① 正如美国犯罪社会学家戈夫（W. Gove）所言，家庭在青少年成长的过程中扮演的角色至关重要，并且很多研究都证明了家庭因素对未成年人越轨行为的影响，一个人的行为能够在其幼年生活环境中寻找到踪迹。② 然而，家庭环境、教育方式并不在社会或国家的约束之下。因此，从理论的角度分析，工读教育制度或许能够为我们寻求一个矫治和教育双赢的路径提供依据。

另外，根据2014年的一项调查，工读学校的司法功能逐渐消失的原因，与公众对其性质的理解偏差也有很大的关系。③ 据统计，工读学校的在读生进入学校的理由71.4%是因为学习成绩差，43.6%是由于不良的师生关系，因“不良行为”而入校的有42.1%，而存在“犯罪”行为的仅占11.3%。④ 这说明公众认为工读学校的接收对象是成绩不好的学生或者老师不喜欢的学生，具有严重不良行为或犯罪行为的对象往往被排除在外。另一个重要的原因是，与工读教育有关的法律规定对学校招生产生了很大的影响。工读教育创建之始，罪错未成年人入校学习是由公安机关强制的，而20世纪90年代以后我国取消了强制入校的规定，修改为由父母或学校提出申请，并且学生必须出于自愿才能够进入学校就读。这种规定严重阻碍了工读学校的发展，同时，应当适用工读教育的未成年人也不能实现矫治的效果，其受教育的权利甚至也难以得到保障。⑤

有学者对2002～2016年全国法院司法统计公报中的青少年犯罪情况进行梳理，发现我国青少年犯罪在刑事犯罪中所占比重由2002年的7.08%，逐年

---

① 参见胡勇、于倩倩：《家庭环境与青少年犯罪的实证研究——以四川地区为例》，载《预防青少年犯罪研究》2017年第2期。

② See Gove W., *The Family and Delinquency*, The Sociological Quarterly, 1982 (23): 301 – 319.

③ 参见中国青少年研究中心“违法犯罪未成年人群体研究”课题组2014年的调查。

④ 例如，地处广东省的某知名工读学校集工读教育、职业教育和校外教育三者于一身，每年培训普通学校学生五六万人，职业教育学生600多人，而工读生不到100人。参见张良驯：《工读学校“去工读化”现象及其原因分析》，载《预防青少年犯罪研究》2016年第5期。

⑤ 正如贵州黔南州启航学校的校长所言：“这些14岁以下孩子涉罪后，家庭、学校、法律都管不了，出现了‘空白’。”参见杨杰：《黔南州有所特殊教育学校，“问题少年”在这里启航》，载《贵州都市报》2016年8月24日，第A03版。

上升至2008年的8.81%，然后又渐降至2016年的2.93%。[①] 未成年犯罪率下降的原因是否应当归结于《预防未成年人犯罪法》《未成年人保护法》等法律和相关政策的适用，各方持有不同的观点。而回答这个问题的前提在于，我们是否已完全掌握未成年人犯罪的特点和法律的实践效果等信息。美国当代犯罪学家克里斯伯格（Krisberg）、施瓦兹（Schwartz）等曾经指出："未成年人违法犯罪行为的本质和程度——包括已报案的和未报案的——基本上是一个说不清的状况，甚至比成年人犯罪更难以让我们掌控。"[②]我们对于未成年犯罪的数据几乎都是来自司法机关或者执法机构，国家并没有提供完整的有关未成年犯罪率的数据。而正如龙勃罗梭所言，"在研究和理解犯罪之前，必须首先了解犯罪人"。[③] 我们得到的信息是犯罪率在逐渐下降，但是根据全国法院公布的有关未成年犯罪的数据，可以发现2011年全国出现的具有严重不良行为的未成年人至少有7万人，而当时工读学校在读的学生只有8000多人。[④] 绝大部分未成年仍然在原学校学习，也有一小部分人被家长送入近年来社会上存在的"训练营"。

结合以上数据进行相关分析，发现应当适用工读教育的未成年群体并没有进入工读学校，而那些不需要进入工读学校的人却在接受工读教育。这是因为工读学校的定位早已从矫治具有"严重不良行为"的未成年人的司法机构，发展成为今天被公认的"坏孩子"的学校。社会对这些曾在工读学校学习的未成年人不能公正对待，因此几乎没有父母会同意孩子进入工读学校。而工读学校失去了生源，那么针对特殊群体的司法矫治功能便无从谈起。因此，要重新构建和发展工读教育，消除公众眼中的"标签"便是首要任务。

三、教育功能的畸形发展

工读学校设立的任务是，"把有违法和轻微犯罪行为的学生教育、挽救成

---

① 参见马麒：《未成年犯罪嫌疑人的心理特征及审讯对策研究》，载《预防青少年犯罪研究》2018年第1期。

② ［美］柯特·R.巴托尔、安妮·M.巴托尔：《犯罪心理学》，李玫瑾等译，中国轻工业出版社2017年版，第150页。

③ ［意］恩里科·菲利：《实证派犯罪学》，郭建安译，商务印书馆2016年版，第6~8页。

④ 参见路琦：《工读教育与未成年人违法犯罪预防》，载《预防青少年犯罪研究》2013年第1期。

为有理想、有道德、有文化、有纪律并掌握一定生产劳动技术和职业技能的社会主义公民”。[①] 其对学生同时实行思想与文化教育，不仅要矫治行为，也要达到对其心理疏导的目的。然而，随着它在20世纪末演变成“问题孩子”的学校，社会各界对其教育功能产生了质疑。工读学校的教育功能或许达不到普通学校的水平，但其管理方式和理念始终是未管所和其他监禁刑无法实现和达到的。对于不能回归正常学校生活的未成年人，工读学校相对于家庭矫治和自我矫治能发挥更大的作用。实际上，工读学校在20世纪设立之初时对不能接受正常教育的问题孩子确实起到了一定的作用，当时的教育主要涉及普法、劳动和面向就业的职业教育，对在读学生的思想矫治和促使其回归社会有一定的效果。

但是，随着社会的发展，工读学校不仅失去了原本的定位，而且因地区差异而呈现出了两极分化的发展倾向——“另类的未管所”与普通学校。一些工读学校实行“军事化管理”，在建筑外观上和管理制度上都仿效监狱的模式，对在校生的自由严格限制，甚至盛行“标签化”管理——贴“罪行卡”。[②] 这种方式对于矫治学生的不良行为或思想百害而无一利，把公众避之不及的“犯罪人”的烙印打在这些学生的身上，他们在潜意识里就会受到这些评价的影响，包括心理和行为。这部分学校在实行“劳动改造”的同时，也在多方位开展文化课与职业教育。一种方式是请职业学校的老师到本校教授课程；另一种方式是与职业学校的教育接轨，让工读学校的学生可进入职业学校继续学习。相反，还有一些地区的工读学校慢慢地发展成了普通学校。在师资配备上，由于有经验的老教师人手不够，很多学校启用新教师，即使有岗前培训或学习经验的机会，但随着社会的发展，成绩的高低仍然成为评判学生好坏的重要指标，与普通学校并无二致。在课程设置上，工读学校本应该更注重心理防控和劳动教育，以此疏导未成年人的心理与矫治不良行为，但是学校却放弃了劳动教育这一方

---

① 国务院办公厅转发国家教委、公安部、共青团中央《关于办好工读学校几点意见的通知》（国办发〔1987〕38号）。

② 参见姚建龙、孙鉴：《从“工读”到“专门”——我国工读教育的困境与出路》，载《预防青少年犯罪研究》2017年第2期。

式,全部以文化课教育为主,偏离了工读教育的本质。同时,在教学评价上,这些工读学校过于重视文化课的分数,使得老师对矫治教育也缺乏积极性,不能在教学中贯彻。另外,工读学校历史上曾存在工读预备生制度和托管与强制并行的制度,①在当时取得了很大的成效,对如今工读教育的重现生机也提供了积极示范意义。

综上所述,工读学校纷纷转型虽然在一定程度上是迫不得已,但确是违背了其创办的初衷。工读学校是以"教育代替刑罚"的方式培养学生"再社会化"的机构,是为了让学生更好地回归到正常的社会生活中。其中,"教育"的含义不仅指文化课的开展,应更加注重品德教育、心理教育、劳动教育等,这些特殊教育针对"不良"未成年人的心理、生理特征所设计,有助于其养成良好的生活方式。由于其承担的责任不同于普通学校,单独开展文化课并不能有效实现对未成年人的矫治,因此在这些课程类型中,文化课虽然对于这些未成年人来说必不可少,但并不是当下最主要的任务。而如今的工读学校或是过于轻视文化课分数,或是极度看重文化课分数,都是其教育功能的畸形发展的表现,其矫治功能及教育功能的实现均受到严重阻碍。

第三节 解决违法犯罪未成年人合理处遇的对策

未成年人的健康成长关乎国家的未来,一方面应当有效保障未成年人享有的特定的合法权益,另一方面对其违法犯罪行为的预防必须制定完备的对

① 工读预备生制度是指通过校际工作会等途径多方面确定重点关注学生作为校外预备生,学校指导老师到普校与学生本人、家长和教师进行交流,提供教育指导,力争使得学生不良行为在原校得到改善,杜绝或减少他们进入工读学校的可能,如果仍有个别学生不能转化的,再转入工读学校教育。"托管生"即普通中学内心理行为偏常的中学生以学籍保留在原校的"委托代管"名义,到工读学校接受寄宿教育。家长、原校、工读学校签订三方协议且学生本人自愿,该项制度使得学生到毕业时可以无任何"工读痕迹"而走上社会。参见刘燕:《从工读学校教育历史发展探究其时代价值》,载《预防青少年犯罪研究》2018 年第 3 期。

策。[①] 因此,在相对独立的我国少年司法体系尚未完善的形势下,工读教育制度对于未成年人的矫治和犯罪预防肩负重任。而发展至今的工读教育制度也亟须注入新的内容,以适应当今社会的发展。

一、工读教育亟须开展

(一)工读教育性质的重新划定

早期的工读学校和少部分现存的工读学校,其教育方式和教育重点主要在职业技术教育,这是为了顺利实现学生的再社会化,也是由工读学校接收对象的限制决定的。在当下的社会环境中,只注重培养职业技能的教育体系对于未成年人而言显然已经不合理。因此,如何指导工读学校更快更好地转变以适应社会并重焕生机,首先最重要的一点就是要明确工读学校的性质,同时以其创办理念和原则为抓手。工读学校在我国创立之初,设立的办学方针就是"挽救孩子,造就人才,立足教育,科学育人",我国未成年人处遇的基本理念——"教育为主,惩罚为辅",对于现实中开展工读教育仍然具有重要指导意义。

根据未成年人最佳利益一元理念,社会中的人对于违法未成年人与未成年犯罪人,应当视其为"孩子"而非"犯罪人",以保护代替惩罚。[②] 未成年人对社会和国家都具有重要的意义,帮助他们回归社会才是未成年人处遇的最高目标,这也是各国都推广非监禁刑的原因之一。教育既是一种刑罚也是一种保护的目的,在矫治不良行为的同时,可以使未成年人树立健康的心理信念,更好地回归社会。同时,教育刑还能实现预防犯罪或者再犯的效果。赵国玲教授也提出未成年人保护与责任并重的二元理念。[③] 未成年人违法犯罪受到多种因素的影响,诸如亲情关系、社会环境、学校的教育方式等因素。当然也受其自身因素的影响,如缺乏自制力、习惯性行为等。因此,未成年人即使实

---

① 参见[德]威廉·冯·洪堡:《论国家的作用》,林荣远、冯兴元译,中国社会科学出版社1998年版,第161页。

② 参见于国旦、苏明月:《论少年司法制度的基本理念》,载《中国青年政治学院学报》2013年第6期。

③ 参见赵国玲、王海涛:《少年司法主导理念的困境、出路和中国的选择》,载《中州学刊》2006年第6期。

行了违法犯罪的行为，也不能仅仅被看作施害者，因为他们同时也是受害者，而家庭、学校和社会都应当承担一定的责任。因此，国家有义务对他们进行特殊保护，帮助他们回归正常的人生轨道。另外，来自西方的国家亲权、儿童不能预谋犯罪和教育刑并重的三元理念也对工读学校的发展提供了推动力。[①]该理念提出，实证学派的社会预防理念应当取代古典学派的报应惩处理念，强调对未成年人违法犯罪的教育和感化，实现个别化处遇，从而预防犯罪。

（二）开展工读教育的必要性

从未成年人受教育权的角度分析，根据我国《刑法》第17条的规定，12周岁以下的人犯罪不负刑事责任；已满12周岁不满14周岁的人，犯故意杀人、故意伤害罪，致人死亡或者以特别残忍手段致人重伤造成严重残疾，情节恶劣，经最高人民检察院核准追诉的，应当负刑事责任；[②]已满14周岁不满16周岁的人，触犯八种特殊罪名的，应当负刑事责任；[③]12周岁到18周岁的人犯罪，应当从轻或者减轻处罚。[④] 对于12周岁到16周岁触犯特殊罪名、符合其他特定条件的，18周岁以下犯有其他罪行应当负刑事责任的，在刑罚执行完毕之后，其依然要回归正常的社会生活和学校生活。但是在现实中，普通学校往往是不会接收这类人的，一是对学校其他未成年人的安全负责，二是要考虑到未成年人交往间的交互学习行为，避免群发性不良行为。即使是12周岁以下不负刑事责任的未成年人，在犯罪之后，尤其是严重犯罪之后，也很难被原所在学校继续接收。那么，这些未成年人的受教育权该如何保障成为很大的问题。由此，工读学校的存在对解决这个问题发挥了不可替代的作用。

同时，在对未成年人的心理矫治和降低再犯率两个方面，工读学校的作用也是不可替代的。从犯罪社会学的角度分析，未成年人实施违法犯罪行为受

① 参见张美英：《论现代少年司法制度——以中、德、日少年司法为视角》，载《青少年犯罪问题》2006年第5期。

② 已满12周岁不满14周岁的人，犯故意杀人、故意伤害罪，致人死亡或者以特别残忍手段致人重伤造成严重残疾，情节恶劣，经最高人民检察院核准追诉的，应当负刑事责任。

③ 《刑法》第17条第2款规定，已满14周岁不满16周岁的人，犯故意杀人、故意伤害致人重伤或者死亡、强奸、抢劫、贩卖毒品、放火、爆炸、投放危险物质罪的，应当负刑事责任。

④ 《刑法》第17条第4款规定，对依照前三款规定追究刑事责任的不满18周岁的人，应当从轻或者减轻处罚。

到多种社会因素的影响,这些因素在不同地区、因未成年人年龄阶段的不同对未成年人的整体作用也是不同的。[①] 因此,有学者在对这些不同的因素分析后,把预防未成年人犯罪划分为三个阶段,一般犯罪预防、虞犯少年矫治与再犯预防。[②] 虞犯少年就是指根据未成年人的品性和平时的行为方式,判定其有可能再次犯罪的未成年类型,其说法来自日本的《少年法》。在美国则将有关未成年人的案件称为少年罪错,包括违反社会规范、违法、犯罪的行为。

研究者根据20世纪80年代有关课题组所做的统计结果发现,仅司法机关掌握的数据,14~18岁产生违法行为或犯罪行为的未成年人占全体犯罪人中的20%左右。而这个在未成年时期就出现违法犯罪行为的群体,再次实施违法行为或犯罪行为的概率往往高于成年刑释人员。[③] 其原因在于两方面:一方面,未成年犯罪人的违法犯罪行为没有及时得到矫治,并且依据法律规定,未成年人也没有受到刑罚处罚,仅仅刑罚或罪名的宣告对其行为的矫治并无大的意义;另一方面,即使未成年犯罪人的行为得到了矫治,但其在矫治后的生活状况仍然不能得到改善,再犯的风险仍然存在。另外,未成年犯罪群体中短刑犯的再犯率也居高不下。在全国部分年龄段的再犯人中,未成年再犯的比重明显高于其他罪犯。这是由于未成年人心理不成熟,即使他们认识到了事物并不正确,但是他们的行为往往更容易受到外部其他因素的影响,从而使犯罪行为具有反复性,刑罚在发挥惩戒性的同时,也可能催发惯犯和累犯。由此可以看出特殊未成年人的矫治对于控制犯罪的意义。未成年人犯罪在一定程度上不具有偶发性,并且,违法犯罪的年龄越小,矫治的难度越大,再犯的概率越大。因此,事前的预防对于降低再犯率是必要的。

工读学校是一个小圈子,其中的未成年人更容易受到这种特定环境的影响,从而在潜移默化中矫治自己的行为。对于刑罚执行完毕的未成年犯,在回归社会生活的过程中,往往会产生不被社会需要的心理状态,加上社会支持的

---

① 参见吴宗宪:《西方犯罪学》(第2版),法律出版社2006年版,第329页。

② 参见田相夏、朱翀、郑娴:《地方性预防未成年人犯罪条例的立法研究》,载《当代青年研究》2012年第6期。

③ 参见李玫瑾:《构建未成年人法律体系与犯罪预防》,载《法学杂志》2005年第3期。

缺失，又重返犯罪前的生活状态中，很难不再实施犯罪行为。而工读学校针对性的教育和疏导可以给予未成年犯社会关怀，让他们重新树立生活的信心，在学习中找到目标。同时，工读学校作为社会机构，它也承担着一部分国家对未成年人的监护职能。对于家庭监护缺位的流浪未成年人、城市外来人员及在押人员的未成年子女，国家应当积极履行义务，保障他们的合法权利，维持他们正常的生活，帮助他们回归社会。尤其是在未成年人家庭监护缺位时，国家更应当履行监护职责。在我国，工读学校就是国家承担监护责任的机构。

二、以制度保障工读教育开展

（一）法律程序的细化

未成年犯罪群体出现新的特点，工读学校接收对象的范围随之扩大，入校的相关法律程序也应当完善。在《未成年人保护法》和《预防未成年人犯罪法》中都规定了将未成年人入校的程序，但是条件比较苛刻且没有强制性，对于真正预防犯罪并没有达到很好的效果。当务之急，应当首先由法律规定工读学校接收对象包括哪些，由谁来提出入校的申请，如何作出入校的合法裁决等程序问题。

在决定是否应对未成年人施加刑事处罚时，应当充分考虑其主客观性质，区分偏差行为与犯罪行为。[①] 工读学校作为未成年违法犯罪人员的矫治机构，接收的对象包括虞犯未成年人和已犯未成年人（不负刑事责任或刑罚执行完毕的未成年人）。对于14周岁以下触犯严重罪名与其他18周岁以下具有严重不良行为的未成年人，应当及时适用工读教育进行矫治。

申请送入工读学校的主体在之前仅限于两种，父母（或监护人）和原学校。随着工读学校接收对象的扩大，申请的主体也应当根据形势合理增加。对于以下三类未成年人：有监护人且正在学校接受教育，但严重扰乱课堂或校园秩序拒绝改正的未成年人；有监护人但未在学校接受教育，违反社会秩序给社会造成危害的闲散未成年人；无监护人且未在学校接受教育，在社会上流浪且实施危害社会行为的流浪未成年人，在他们实施不良行为或违法行为时，最先接

① 偏差行为又称越轨行为、偏离行为，通常认为它是社会学上的一个概念。参见林山田：《刑罚学》，台北，商务印书馆1975年版，第20页。

触到的是父母、学校、警察。父母当然具有提出申请的资格，学校同样如此。而警察是在社会上最容易发现违法的未成年人作为的人，同时也是流浪未成年人寻求帮助的重要力量，所以，警察也应当成为提出申请的主体。

将未成年人送入工读学校的裁决，是由少年法庭作出。而少年法庭与其他法庭最大的区别在于，少年法庭更重要的职能是办理未成年人的相关案件，而不是办理普通案件。未成年人案件往往比较简单，问题主要是在法律不完善的形势下缺少社会参与机制，导致相关部门无法对其作出合理的处遇决策。[①] 因此，对未成年人的矫治既应当有法庭审判，同时也应当结合社会法律服务机构、心理咨询机构，或者有经验的社会人士，企事业单位等社会力量参与。

（二）社会参与支持的“去标签化”

标签理论来源于美国的少年司法改革，与之相配套的理论是4D政策。[②] 标签理论，是指司法活动的介入会给犯罪人贴上坏人的标签，犯罪人会在标签的影响下形成强烈的心理暗示，并逐渐按照标签的模式做出行为。为此提出4D政策解决这个问题，4D政策即正当程序、分流、非犯罪化、非机构化等政策建议。[③] 而我国的“社会 · 司法模式”[④]或“教主刑辅模式”[⑤]与4D政策也不无相似之处——为了改变公众对未成年人处遇的不公正看待。因此，不管是选择何种模式，要解决的问题都是如何实现对未成年人的有效矫治。那么首先

① 参见宋志军：《未成年人刑事司法的社会参与问题研究》，载《北方法学》2016年第2期。

② 参见姚莉：《未成年人司法模式转型下的制度变革与措施优化》，载《法学评论》2016年第1期。

③ 标签理论所提出的非犯罪化（decriminalization）、分流（diversion）、非机构化（deinstitutionalization）、赔偿（restitution）、补偿（reparation）等政策建议，以非犯罪化、分流、非机构化三大改革最为显著。参见姚建龙：《标签理论及其对美国少年司法改革之影响》，载《犯罪研究》2007年第4期。

④ 该模式的特征是社会各界广泛参与帮助违法犯罪少年，运用司法、行政、教育、经济、福利等多种手段综合治理未成年人违法犯罪。徐美君：《未成年人刑事诉讼特别程序研究——基于实证和比较的分析》，法律出版社2007年版，第42页。

⑤ 该模式的特征是以“教育为主、惩罚为辅”为原则构建多元化的立法与程序，促使未成年人实现真正的再社会化，强调对未成年犯罪人帮教应当从犯罪心理学、社区矫治学以及配套的各项“社会复归”方案入手。刘磊：《未成年人刑事诉讼程序的新思维与再修改——解读〈刑事诉讼法〉（再修改草案）中的未成年人犯罪案件诉讼程序》，载《青少年犯罪问题》2012年第1期。

就要从工读学校自身出发“去标签化”。

在发展初期,工读学校针对违法未成年人与未成年犯罪人采用了融入教育的方式,把学生进校改为老师进校。工读学校的老师进入普通学校给未成年提供帮助,不需要进入工读学校就实现矫治问题学生的效果,而已经进入工读学校的未成年人则保留原学校的学籍,当其行为和学习达到了“正常”的程度,就能够返回原学校继续学习。这样的方式打消了家长过多的担忧,同时也能让这部分未成年人有更好的处遇并且矫治其不良行为。这种方式对于社会这个责任主体同样具有借鉴意义。

工读学校是对未成年人进行矫治的机构,“能够发挥教育集体的功能,矫治未成年人严重不良行为”。[①] 首先,要解决公众观念与工读学校理念的冲突,修复未成年人的社会关系,与社会支持体系的作用是分不开的。曾在工读学校学习的未成年人只有得到社会公众的认可,才能真正回归到正常的生活轨道。能否得到公众的认可,一方面在于未成年人在工读学校接受的教育是否能够与社会生活良性衔接,另一方面在于社会的观念能否改变和接纳。司法机关应当重视社会机构或者公益性社会组织的作用,对工读学校的未成年人回归社会提供支持。同时,国家应当在愿意为保护未成年人贡献力量的企业或机构中,为其设置缓冲的工作岗位,让未成年人找到社会归属感,尽快重新适应社会生活。或者通过政府购买第三方服务,使相关企业组织参与到预防未成年人犯罪的工作中,在一定范围内积极地承担对未成年群体的教育和管理服务。[②] 另外,普通学校也应当改变观念,重新接收在工读学校毕业且愿意继续接受普通教育的未成年人,使他们的未来充满希望。

(三)工读学校内部管理与教育体系的完善

在文化产业兴起的时代,工读学校不仅应当作为实现矫治效果的机构,也

---

① 鲁礼堂:《谈工读教育的重要性与对策》,载《湖南公安高等专科学校学报》2004 年第 6 期。

② 例如,中共中央办公厅、国务院办公厅《关于进一步深化预防青少年违法犯罪工作的意见》中再次强调引入社会力量参与的重要性。天津是第一个将青少年事务社工写入其《预防条例》的省市,并对青少年事务社工的定位与职责进行明确。另外,山东首次在其《预防条例》之中强调了政府购买服务、培育和扶持相关社会组织参与预防未成年人犯罪工作的重要性。参见孙鉴:《我国预防未成年人犯罪地方立法的现状与比较》,载《预防青少年犯罪研究》2018 年第 5 期。

应当对未成年人社会化作出适当的投入，作为与普通教育的衔接环节，满足未成年人对知识的需求。14 周岁以下的未成年人在应当接受教育的时期，进入工读学校即转向职业技术的学习，对于未成年人的未来生活是不负责任的；而 14 周岁到 18 周岁的未成年人进入工读学校学习，也应当对其有选择、有重点地教授知识。未成年人从工读学校毕业之后，应当有选择继续接受普通教育或投入社会工作的权利，工读学校对于他们来说，应当是回归正常生活的关节。而想要重启工读学校，就必须改变工读学校原本的教育体系，才能让进入学校学习的未成年人回归社会生活。

鉴于接收对象的不同，工读学校应当设置两套相分离的内部教育系统。一个是普通教育系统，就是根据未成年人入学前的受教育程度，继续开展与外部普通学校相衔接的文化教育。这些未成年人毕业后可以取得原学校的毕业证，或者继续回原学校学习。另一个是专门教育系统，即为未成年人提供专门的职业技术教育，为毕业后投入社会工作作准备。两套教育系统除了与之相符的文化或技术教育外，还应当注重法律知识的普及，思想教育的重点抓取，以及公益活动的开展。未成年人在进入工读学校时，可以根据年龄、个人情况和未来的规划等因素主动在这两种体系中做出选择。

对于教师队伍的建立，“陪伴式教育”①不仅耗费人力、物力，在当今社会形势下也不宜开展。首先，对在工读学校工作的教师的要求应当比普通教师更高。进入工读学校的部分学生自身具有心理问题需要疏导，因此在教师队伍中，应当要求一定比例的教师具备心理咨询经验或资格，可以在日常教学中为学生提供心理疏导。其次，教师应当对学生给予个性化辅导。由于不同的学生自身存在的问题也不尽相似，因此教学方法与矫治方式也要随之改变。

同时，工读学校的教育体系中所包含的评价标准与普通学校应该完全不

① 每个班级至少有两名固定的班主任教师全天候陪伴，与学生同吃、同住、同生活，在“陪伴式教育”工作模式下，工读教师随时随地让学生得到积极的情感支持，帮助学生建立和修复安全的、可依赖的情感关系，同时及时发现学生的情绪变化和遇到的问题，给予及时支持。参见刘燕、朱秋泉、谭朴：《工读学生的管理问题》，载刘瑞峰主编：《工读教育论文选集(一)》，文津出版社 1994 年版，第 123 ~ 126 页；刘燕：《从工读学校教育历史发展探究其时代价值》，载《预防青少年犯罪研究》2018 年第 3 期。

同。工读学校对学生应当采用综合评价与跟踪评价相结合的体系,对学生的发展状况作出整体的预测。综合评价可以包括品质发展、情绪管理、心理健康、行为方式、学习进步状况等要素,在评价中占有不同的比重。跟踪评价是指对学生在前期的矫治工作进度,后期发展的状态或者矫治教育结束后的状态,特殊帮教或个别帮教情况,对学生的动态发展做一个总体的呈现并进行预测。结合两者的分析,及时作出预防对策,同时也能够为后续的教育积累经验。

更重要的一点是,工读学校不仅仅面向在校就读的学生。从2010年开始,部分地区的工读学校与未管所建立了合作关系,由工读学校对正在执行监禁刑的未成年犯进行义务教育。① 这种形式为未成年人的再犯预防开辟了一个新的途径。而工读学校作为违法犯罪未成年人的特殊教育机构,是社会利益与未成年利益博弈后妥协的结果。因此,无论是从实现社会稳定的角度,还是从保护未成年人的角度出发,工读学校都应当在新时期焕发出新的生机,以使其在对未成年人有效矫治的同时,对未成年人的教育也能够与社会生活恰当地衔接。工读教育制度的构建与发展,既能够合理保障未成年人的利益,完善我国的未成年人法律体系,对于社会也具有更深远的意义。

结　语

针对未成年人的犯罪预防应当包括两个方面,一是对于越轨未成年人的初次犯罪预防,二是对于未成年犯的再犯预防。由于未成年人心理和生理的特殊性,监禁刑的适用对其有较强的负面性,容易诱发再犯的危险,且矫治效果也不显著。近年来,我国对未成年犯的刑罚适用逐渐趋于轻缓化,但在刑罚轻缓化的过程中却忽略了对未成年犯回归社会后的规范管理。客观上既造成了没有达到预期的惩戒效果,也未完全实现对未成年犯有效的教育矫治。当前,为了走出我国未成年人司法模式转型的现实困境,工读学校制度的改革具

---

① 参见路琦、郭开元、刘燕、张晓冰:《新时期专门学校教育发展研究》,载《中国青年研究》2018年第5期。

有重大意义,但同时这种转型也存在一个相对发展缓慢的过程。总之,工读学校的建立离不开法律制度的完善和相关社会支持系统的构建。只有搭建起连接教育和社会的平台,才能让那些违法犯罪的未成年人更好地回归社会,从而真正地实现对于未成年人违法犯罪行为的有效防治。

第九章　未成年人严重不良行为专门教育完善路径探索

近年来,我国未成年人犯罪呈现出一定的低龄化、暴力化趋势,特别是未达刑事责任年龄的人实施的严重不良行为①屡见报端。原本应当发挥教育矫治功能的收容教养制度因其立法存在不彻底性,始终缺乏权威性高、可操作性强的规范内容逐渐陷入司法实践困境。一些专家学者曾主张对收容教养制度进行不同方向的改革,甚至针对我国是否仍需保留收容教养制度产生争论。② 2020 年 12 月 26 日,第十三届全国人大常委会第二十四次会议审议通过

---

① 根据 2020 年 12 月 26 日通过的《预防未成年人犯罪法》第 38 条规定,本法所称严重不良行为,是指未成年人实施的由刑法规定、因不满法定刑事责任年龄不予刑事处罚的行为,以及严重危害社会的下列行为:(1)结伙斗殴,追逐、拦截他人,强拿硬要或者任意损毁、占用公私财物等寻衅滋事行为;(2)非法携带枪支、弹药或者弩、匕首等国家规定的管制器具;(3)殴打、辱骂、恐吓,或者故意伤害他人身体;(4)盗窃、哄抢、抢夺或者故意损毁公私财物;(5)传播淫秽的读物、音像制品或者信息等;(6)卖淫、嫖娼,或者进行淫秽表演;(7)吸食、注射毒品,或者向他人提供毒品;(8)参与赌博赌资较大;(9)其他严重危害社会的行为。

② 参见苑宁宁:《低龄未成年人收容教养制度改革研究——应对低龄未成年人严重暴力行为的视角》,载《预防青少年犯罪研究》2020 年第 5 期。

了《刑法修正案(十一)》和《预防未成年人犯罪法》。此次立法修改取消了我国长达60余年的收容教养制度概念,[①]将有关措施纳入专门教育并细化和完善其程序规范,是一次适合我国国情的重要改革尝试和进步。[②] 但在当前,由法律条文所构建的专门教育法律体系,依然呈现出原收容教养立法模式下制度立法的不彻底性,表现出可操作性不强、程序衔接不畅以及存在制度空白区域等特点。对此,可以在坚持专门教育改革方向的基础上,尽快补充和完善相关法律规定,真正建立起权威、严谨、可操作性强的专门教育制度规范。

第一节　"两法"修订的不彻底性造成法律适用困境

本次《刑法修正案(十一)》和《预防未成年人犯罪法》修改将原《刑法》第17条第4款规定的收容教养制度纳入专门教育,具有重要的改革和实践意义。但就客观现实而言,立法过程和实施效果不可能一蹴而就。此次立法修改所构建的专门教育体系仍缺乏可操作性强的实施细则,一些实践中亟待规范和完善的现实问题仍未能得到及时、有效的回应,相关程序规定间也尚未能形成有效衔接机制,极有可能造成实践中的适用困难,从而在这方面重走收容教养制度的老路。

一、实体条件不明确

(一)专门教育和专门矫治教育之间关系不明确

本次《刑法修正案(十一)》虽然将收容教养制度修改为"专门矫治教育",看似与《预防未成年人犯罪法》第45条进行了衔接,但尚未明确"专门矫治教育"和"专门教育"之间的关系究竟如何。在此次《预防未成年人犯罪法》二审修订过程中,立法机关曾表示"不再保留收容教养制度,将有关措施纳入专门教育"。从这一表述来看,作为收容教养替代措施的专门矫治教育应当归属于

---

① 参见薛畅宇、刘国祥:《论改革和完善收容教养制度》,载《中国人民公安大学学报(社会科学版)》2004年第4期。

② 参见朱宁宁:《收容教养退出历史舞台》,载《法治日报》2021年1月5日,第5版。

专门教育范围之内。但两种措施在表述上存在差异,并且专门矫治教育与《预防未成年人犯罪法》第43条、第44条规定的专门教育适用情形完全不同,针对的是未达到刑事责任年龄的人触犯刑法的行为。此外,专门矫治教育的矫治场所和矫治模式也更为严格,法律不仅规定了分校区、分班级设置专门场所,其执行方式也实行"闭环管理"。不仅如此,《预防未成年人犯罪法》第59条在规定犯罪记录封存时,还同时列出了这两种措施。以上情形表明,尽管这两种措施之间有许多相似之处,但仍存在较大的区别,但此次立法对于这两种措施之间的关系却语焉不详、未予明确。

(二)"必要时"条件不明确

关于适用专门矫治教育的条件,即"在必要的时候"仍未明确。由于收容教养时代制度立法的不彻底性,我国两部《刑法》均未对收容教养的"必要时"进行明确,司法实践中的适用条件也一直存在模糊争议,有关部门[①]往往依据公安部规定的"凡是可以由其家长负责管教的,一律不送"予以执行。[②] 显然,以家长是否具有管教能力作为适用收容教养的条件不但缺乏可操作性,而且无法回应社会上低龄未成年人暴力事件频发的现实情况。长期以来,与"责令父母加以管教"之间的关系为何一直是收容教养何为"必要时"的争议源头,关于各地自行创设的"必要时"具体规定的合法性与合理性也始终存在讨论。[③]此次《预防未成年人犯罪法》第45条虽然规定了对未达刑事责任年龄的触法未成年人启动专门矫治教育的决定程序,看似增加了实施的"强制力"保障,但《刑法修正案(十一)》却仍保留"在必要的时候"的表述,同时又增添了一层启动之前的"软保护"。在这"一软一硬"之间,专门矫治教育的适用条件仍不明确。

(三)适用年龄下限不明确

无论是原来的收容教养制度,还是现在的专门矫治教育,我国《刑法》规定

---

①　参见王贞会:《罪错未成年人司法处遇制度完善》,载《国家检察官学院学报》2020年第4期。

②　1995年公安部《公安机关办理未成年人违法犯罪案件的规定》第28条。

③　参见廖斌、何显兵:《论收容教养制度的改革与完善》,载《西南民族大学学报(人文社会科学版)》2015年第6期。

对未达到刑事责任年龄触犯刑法的未成年人采取措施的条件均是“不满十六周岁不予刑事处罚”。但除此之外，并未明确规定是否存在适用年龄的下限标准。1991年《未成年人保护法》将收容教养的年龄规定为“已满十四周岁但不满十六周岁”，①由此造成收容教养适用对象是否存在最低年龄下限的立法争议。对此，公安部在1993年特别出台一份通知进行解释，②明确了《刑法》规定的不满16周岁既包括14~16周岁应负刑事责任但不予刑事处罚的，也包括未满14周岁不负刑事责任的人，而后出台的1997年《刑法》直至此次《刑法修正案(十一)》均对此进行了保留。但在实践中，各地针对收容教养的适用年龄标准各有不同，有些地方以14周岁为限，有些以12周岁为限，还有些地方不设最低年龄下限。③ 由此可见，缺乏对适用年龄下限的规定，将导致司法实践中各地执行标准的不统一。特别是随着此次《刑法修正案(十一)》将故意杀人等严重犯罪行为的刑事责任年龄下调到12周岁，是否应当统一法律适用并且顺应立法变革，规定专门矫治教育的最低年龄下限，此次立法也未予以明确规定，再加上此次《预防未成年人犯罪法》也并未对专门教育的适用年龄范围进行明确，将造成后续司法实践中的适用混乱。

(四)执行模式规定不明确

在执行方面，关于专门教育的管理模式以及专门矫治教育“闭环管理”的内容尚不明确。除此次《预防未成年人犯罪法》外，目前我国由全国人大及其常委会制定的法律条文当中并无关于“闭环管理”的相关表述。④ “闭环管理”究竟包括对于人身自由的封闭，还是仅指区别于普通专门教育对象的管理封闭，如果是前者是否会因此陷入“监狱化”的争议之中。而如果是后者，则只要避免

① 1991年《未成年人保护法》第39条规定，已满14周岁的未成年人犯罪，因不满16周岁不予刑事处罚的，责令其家长或者其他监护人加以管教，必要时，也可以由政府收容教养。

② 1993年公安部《关于对不满十四周岁的少年犯罪人员收容教养问题的通知》。

③ 参见雷杰：《我国收容教养制度的困境与完善路径》，载《预防青少年犯罪研究》2019年第3期。

④ 笔者在“北大法宝”法律数据库以“闭环管理”为关键词进行法律法规条文全文检索，仅得到此次《预防未成年人犯罪法》当中1处表述。此外，在行政法规中检索出8处结果，部门规章中263处，党内法规4处，行业规定6处，团体规定1处。上述检索结果均无明确定义性条款表述，且适用主体和条件各不相同。

专门矫治教育对象与采取普通专门教育的未成年人相互接触和交叉感染即可。如果只能在专门矫治教育学校内部实行闭环流转,即便取得一定矫治效果后也不可转入普通专门教育学校。如果转回普通专门教育学校,恐怕又会带来新的问题。因为,已经取得明显矫治效果但尚未达到转回普通学校标准的专门矫治教育对象,容易和其他矫治对象之间产生交叉感染。而专门教育的管理模式,是承继原本工读学校(专门学校)限制人身自由的管理模式,还是按照实践中部分工读学校采取的寄宿制模式,[①]目前《预防未成年人犯罪法》没有明确规定。此外,当前法条仅规定对"专门矫治教育的罪错未成年人"[②]由公安机关和司法行政部门负责矫治工作,教育行政部门承担教育工作,对采取普通专门教育的对象是否同样需要公安机关和司法行政机关负责矫治工作也尚未规定。

二、程序规定不完善

(一)专门教育指导委员会建设尚不充分

2020年修订的《预防未成年人犯罪法》第6条虽然规定了多个机构和个人参与组成专门教育指导委员会,但对专门教育指导委员会的性质、人员比例、具体职能分工、主管单位以及其究竟是常设机构还是松散组织均未明确,需要后续进行明确规定。而针对其评估职能方面,一些学者认为,此次成立的专门教育指导委员会只是参与构建专门学校的多个部门之间的议事协调机构,并不能实际作出评估决定,将同历史上的劳动教养管理委员会一样只是停留于形式。[③] 2020年修订的《预防未成年人犯罪法》第43条、第44条、第45条规定的三种专门学校入学程序虽然均要求专门教育指导委员会评估同意,但并未规定专门教育指导委员会如何进行评估;需要评估哪些内容;达到什么程度方

---

① 北京市朝阳区一所工读学校采取全封闭的军事化式管理,周一到周五学生吃住都在学校,周五晚上由家长接回家,下周一再送回学校。参见黄哲程:《工读学校"生存录":半世纪减少过半,有学校多年无生源》,载搜狐网2019年2月12日,https://www.sohu.com/a/294162189_391294。

② 学界将未成年人发生的一般不良行为、严重不良行为以及触犯刑法但不予刑事处罚的行为统称为"罪错行为",但由于一般不良行为不采取专门教育,且随着2020年《预防未成年人犯罪法》修改后将触犯刑法但不予刑事处罚的行为也纳入严重不良行为范围,因此罪错行为特指未成年人从事的需要依法进行专门教育的严重不良行为。

③ 佟丽华:《预防未成年人犯罪法草案的"致命"缺陷》,载凤凰网2020年8月21日,http://gongyi.ifeng.com/c/7z7ezia7hNg。

可同意进入专门学校；如果评估不同意怎么办；决定机关是否有申请复议或复核的权利和程序保障。缺乏上述具体程序设计和执行标准，司法实践中专门教育指导委员会很容易陷入“只能同意，不能拒绝”的僵化模式，导致评估程序“走过场”，最终只能流于形式。

此外，如何保证专门教育指导委员会评估的权威性与合理性也需要立法机关进一步考虑。作为启动专门教育和专门矫治教育的必经前置程序，专门教育指导委员会看似只有评估职能，但实际上具有送入专门学校的启动权，从而具有较大的自由裁量权。这样是否摆脱了长期以来公安机关内部决定权过大的弊端，又迎来专门教育指导委员会内部决定不公开、不透明甚至“自己说了算”的问题。况且作为决定主体的公安机关和教育行政机关本身也是专门教育指导委员会的组成部分之一，这两个主体是否会影响专门教育指导委员会评估的中立性；而一旦专门教育决定被提起行政复议或行政诉讼，专门教育指导委员会是否会因评估同意而像上级行政机关维持行政复议结果一样作为行政诉讼的共同被告。关于这些问题法律均需作出明确的限制和规定。遗憾的是，此次立法对专门教育评估程序规定尚不充分，这将严重制约后续的司法实践适用。

（二）决定机关决定程序和会同程序尚不完善

2020年修订的《预防未成年人犯罪法》并未规定教育行政机关或公安机关等决定机关需要考量哪些因素从而作出送入专门学校的决定。《预防未成年人犯罪法》第43条、第44条、第45条仅规定启动专门教育的适用条件。换言之，目前决定机关只依申请内容或严重不良行为的调查结果启动专门教育程序。显然，关于“无力管教或管教无效”以及“情节恶劣或者造成严重后果”的认定均具有强烈的主观色彩，在缺乏明确认定标准的基础上，这样的规定将造成决定机关的自由裁量权过大，甚至有可能陷入“民意审判”的舆论旋涡之中。[①] 不仅如此，相关法

---

① 如在我国著名歌唱家之子李天一因寻衅滋事罪被收容教养一年案件中，其家庭监护能力充沛且已经取得被害人谅解但仍被收容教养一年，是否因舆论压力影响案件处理的公正性，值得我们反思。参见京华：《寻衅滋事罪成李天一被收容教养1年》，载凤凰网，http://news.ifeng.com/c/7faNTe32fSq。

律既没有规定遵循行政化模式召开“听证会”程序听取当事人及其监护人意见；也没有规定按照《刑事诉讼法》中“未成年人刑事案件诉讼程序”进行社会调查、心理评估，以及未规定应遵循合适成年人在场制度等有利于未成年人保护和案件审理的特殊程序。缺乏对上述程序中调查内容的考量，将无法保证专门教育决定的准确性和合理性。特别是针对不同未成年人个体差异以及罪错行为的不同，采取“一刀切”式只判断是否应当将其送入专门学校，而未考虑对其后续教育矫治的期限以及进入专门学校后的针对性矫治内容，不仅不利于矫治效果的早日实现，同时还会存在交叉感染的风险。

此外，《预防未成年人犯罪法》第 44 条、第 45 条规定教育行政部门“会同”公安机关作出决定的模式也会因程序不明确引发实践争议。“会同”在实践中如何操作，公安机关和教育行政机关两个行政主体是否均有“一票否决权”，抑或不规定具体表决权，完全由两机关自行商量。如果双方意见不统一，根据《行政诉讼法》第 26 条的规定，一旦被提起行政复议或行政诉讼时，两个决定主体之间如何分担责任将存在不明。上述司法实践中可能存在的问题均需要进一步的程序完善来解决。

（三）“双规制”启动方式导致适用范围限缩

2020 年修订的《预防未成年人犯罪法》第 43 条、第 44 条、第 45 条分别确立了专门教育依申请评估决定启动和公安机关介入启动两种入学方式，由此确立了专门教育启动方式的“双轨制”模式。此种“双轨制”模式看似规范了专门教育入学流程并增加了强制送入专门学校程序规定，但实际将造成专门教育资源的限缩适用。专门教育措施是融合了工读学校和收容教养的一种全新的罪错未成年人处遇机制，不仅应当承接原收容教养的矫治功能，同时也要保留原工读学校的教育作用。虽然原工读学校因“三自愿”原则导致招生困难，但实践中未成年人仍有自愿入学的需求。而此种依申请启动模式仍带有强烈的行政审批意味，即便是家长或原学校以及学生本人均同意入学也要经过专门教育指导委员会评估同意，并且由教育行政部门决定才能进入。复杂烦琐的审批程序将导致专门学校完全沦为一种司法举措，不仅没有体现出专门教育应有的福利性、保护性特点，反而强调了惩罚性意味。严格的入学条件限制将导致专门学校过于封闭化和特殊化,将会重新形成"污名化"的社会观感,带来新的"标签效应"。不仅如此,面对近年来杨永信"电疗戒网瘾"学校、江西"豫章书院"等打着"工读学校"幌子严重侵犯未成年人合法权益的民间矫治机构有些泛滥的情形,对存在如早恋、沉迷网络等一般不良行为或家长有能力管教但不想管教的未成年人,如果经评估和决定后不能进入专门学校,家长在缺乏合适矫治场所选择的情况下往往会转而投靠这些没有正规教育矫治资质的"纠偏机构"。[①] 这样一来,不仅会造成对不良行为或轻微违法未成年人的身心摧残,还将进一步导致社会公众对专门学校的负面评价,最终造成对家长、原学校和当事人入学意愿的违背,还将阻断专门教育与"责令父母加以管教"之间的转化衔接机制。对于以上问题,亟待通过相关程序的完善而逐步加以消解。

第二节 制度设计本身有侵犯严重不良行为人权利之隐忧

面对收容教养制度存在的诸多侵犯人权的合法性争议,社会各界对于此次专门教育措施的保障严重不良行为人权利方面高度关注。遗憾的是,此次专门教育措施在制度设计方面仍然缺乏全面、审慎的考量。受与收容教养制度衔接的需要以及社会反响强烈冲击的影响,此次专门教育在制度设计方面呈现出保留或回避收容教养制度部分设计缺陷的特征,对未成年人人身自由限制的规定存在诸多不合理之处,将再次引发针对侵犯未成年人合法权利的质疑。

一、国务院制定《专门教育实施办法》的合法性存疑

长期以来,收容教养制度因规定限制公民人身自由内容的法律位阶过低,

---

① 萧辉:《变相工读学校暴利可图"豫章书院"们体罚学生为何屡禁不止》,载财新网,http://china.caixin.com/2017-11-04/101165753.html。

导致了与《立法法》第8条的规定存在一定冲突。① 原因即是在《刑法》修订过程中对收容教养制度欠缺明确性、体系性的思考，立法机关按照“留待以后解决”或“进行授权性立法”的不彻底性立法思路，通过后续其他法律位阶过低的规范性文件来进行补充。本次《预防未成年人犯罪法》第6条规定“专门学校建设和专门教育具体办法，由国务院规定”同样存在这一隐忧。笔者认为，考虑到法律条文的严谨性和简洁性要求，对一些不适宜也无明确必要规定在法律当中的内容，可通过授权性立法模式进行后续的细化和完善，但限制公民人身自由的内容作为法律的绝对保留事项禁止由授权性立法规定。因此，涉及限制公民人身自由的专门教育措施也必须由符合法律位阶的规范规定清楚，特别是关于执行期限、转出专门学校的标准以及执行何种程度限制人身自由的措施等，应当视为最核心、最主要的限制人身自由法律条款。因此，应当对《预防未成年人犯罪法》第6条规定的专门学校组织管理规定和专门教育限制公民人身自由规范的内容进行区分。前者可由国务院通过行政法规或部门规章的形式确定，但后者由于涉及对公民人身自由的限制，必须由全国人大及其常委会制定的法律来规定。但遗憾的是，此次《预防未成年人犯罪法》却对此进行了笼统的授权性立法规定，容易导致因法律规范内容的法律位阶过低，再次陷入侵犯公民人身自由的质疑声中。

二、回避专门教育期限规定可能陷入不定期处罚争议之中

面对收容教养制度可限制公民人身自由长达四年之久引发的社会质疑，本次立法尚未对专门教育的具体执行期限进行明确，仅规定了专门学校在每个学期可适时提出转回普通学校的申请。② 少年司法虽然不同于成人刑事司法，执行期限并非追求罪刑的对应性，但考虑到其对未成年人人身自由的实际限制，同样容易让人联想到“完全不定期刑”的执行模式，同时，缺乏明确具体的执行期限容易违反宪法并且侵犯人权。基于罪刑法定原则，目前我国刑事

---

① 《立法法》第8条规定：“下列事项只能制定法律：‘……（五）对公民政治权利的剥夺、限制人身自由的强制措施和处罚……’”

② 参见刘仁文：《后劳教时代的法治再出发》，载《国家检察官学院学报》2015年第2期。

司法量刑体系中并无“不定期刑”的司法实践，理论界对此也颇具争议。[①] 但从效果来看，此次专门教育不规定具体执行期限似乎是借鉴了精神病人强制医疗程序的矫治模式，即以矫治效果决定实际的矫治期限。然而，精神病属于一项具有科学诊断方法和矫治标准的生理性疾病，而未成年人发生的罪错行为不是疾病，如何判断矫治方式和手段的合理性以及矫治后是否“成功”的标准并不明确。诚然，当前对罪错未成年人的各种评估考量机制具有一定的合理性，但难以保证完全的权威、严谨，[②]仅凭几项测量数据或几张评估量表就能决定对罪错少年的实际关押期限将构成对未成年人人身自由权利的严重侵害，同时也是对“儿童最大利益原则”的违反。[③] 不仅如此，没有明确具体的执行期限标准还容易滋生司法腐败现象，不仅造成司法效果的实质不公，还会纵容这部分人之后去从事更为严重的违法犯罪行为。

三、缺乏事前和事中对行为人的权利救济保障

尽管《预防未成年人犯罪法》第 49 条规定，对专门教育决定不服的可提起行政复议或行政诉讼，但显然上述权利救济仅属于事后的救济程序。根据行政复议和诉讼不停止执行原则，即便提起行政复议或行政诉讼后，将罪错未成年人送入专门学校的决定也不会停止，甚至是“被申请人认为需要停止执行的”的例外情况，也只是“可以”而非“应当”停止执行。作为一项能够限制公民人身自由的强制性措施，专门教育仅规定事后的行政复议和行政诉讼权利救济机制显然不够。一方面，对公民人身自由的剥夺难以复原，即便事后证明不应当被采取专门教育，但其对未成年人人身自由的限制已经执行完毕，显然不能再进行有效弥补。另一方面，考虑到当前我国社会对收容教养和工读学校的负面刻板印象，接受专门教育的未成年人往往会受到社会和原学校的排斥，甚至其家庭也会对其采取“破罐破摔”的放任态度。再加上当前我国尚未形成

---

① 参见孙鉴：《我国少年司法中的不定期刑试点及其未来》，载《青少年犯罪问题》2018 年第 6 期。

② 参见林晞楠、滕若芊：《广东省涉罪未成年人学校型观护基地发展路径研究》，载《预防青少年犯罪研究》2020 年第 1 期。

③ 联合国《儿童权利公约》第 3 条规定：在涉及儿童的所有行动中，无论是由公共还是私营社会福利机构进行的，法院、行政当局或立法机构，应以儿童的最大利益为首要考虑。

完善的犯罪记录封存制度,对其专门教育的痕迹将会对罪错少年今后再社会化产生重要“标签效应”,不利于其再次融入社会。[①] 此外,我国已加入的《联合国少年司法最低限度标准规则(北京规则)》明确规定对少年人身自由的剥夺应当是“万不得已的手段”,并且期限应当尽可能短。[②] 在案件调查和作出决定过程中如果能增加事前和事中救济程序,对不需要启动专门教育的案件及时终止程序,不仅有利于节约羁押司法资源,同时也有利于保障未成年人权利。因此,从保障人权的角度考量,需要审慎地对待专门教育决定的作出,同时更需要给接受专门教育的主体提供事前和事中的权利救济机会。

然而,此次专门教育措施不仅仍未规定当事人辩护权利、律师介入以及检察机关法律监督等法治程序要求,也没有基于“教育、感化、挽救”方针对未成年人专门教育的事前和事中救济权利进行保障。事前救济方面,没有规定公安机关对罪错未成年人可以采取何种强制措施;也没有提供社区或原学校发表意见的机会;更没有保障家长表达意见的权利,调查家长是否有进行管教的能力和条件,尽量避免启动专门教育。而在事中救济方面,不仅联合国《儿童权利公约》第37条d项规定了被剥夺自由的儿童有权迅速获得法律及其他适当援助,并就剥夺人身自由的合法性提出异议;我国《刑事诉讼法》也规定,未成年人审判程序应当保障未成年人行使其诉讼权利,应当规定为其指派律师以及由合适成年人代为行使诉讼权利等未成年人特殊程序制度。显然,缺乏启动专门教育的事前和事中救济程序,不仅不利于寻找到最适合对罪错未成年人教育矫治的方式,同时也容易造成案件像放在“流水线”上一样不断向前滚动,只能通过事后的行政复议或行政诉讼程序进行救济,从而侵犯未成年人的合法权利。

---

① 参见王顺安、陈君珂:《中国少年收容教养制度的系统思考》,载《上海政法学院学报(法治论丛)》2020年第4期。

② 1985年《联合国少年司法最低限度标准规则(北京规则)》第19条规定:把少年投入监禁机关始终应是万不得已的处理办法,其期限应是尽可能最短的必要时间。

第三节　发展和完善专门教育制度的改革路径

2020 年修订的《预防未成年人犯罪法》中关于专门教育的规定仍具有一些不彻底性，或将严重制约其后续的司法适用。对此，不仅需要从制度的顶层设计层面完善相关法律规定，更需要结合当前我国少年司法实践状况，考量提出的完善对策能否在后续发挥实际功效。对此，笔者在下文中提出了发展和完善专门教育措施改革路径的一些探索模式和操作思路，以期为构建具有中国特色的未成年人严重不良行为专门教育制度（体系）提供些许参考和建议。

一、修改法律规范，形成统一法律体系

（一）与《刑法》相关条文的衔接契合

第一，关于“专门教育”和“专门矫治教育”之间的关系，笔者认为两者应当是包含关系，即专门矫治教育属于专门教育的一种特殊情形。《刑法修正案（十一）》增加“专门矫治教育”对应《预防未成年人犯罪法》第 45 条的内容，与第 43 条、第 44 条规定的专门教育情形共同组成了罪错未成年人专门教育体系。从统一协调法律适用的角度考量，将二者界定为包含与被包含的关系有利于发挥专门教育的体系性功能，同时也能契合立法机关“不再保留收容教养概念，将有关措施纳入专门教育”的改革思路。

第二，考虑到此次《刑法修正案（十一）》将刑事责任年龄下调到 12 周岁，而专门教育是作为与一般不良行为、犯罪刑罚处遇措施相互分级衔接的“中间处遇”，因此应当将其适用年龄与刑事责任年龄进行一定的区别，以同时为这两种制度设计保留相对独立的适用空间。而且实践中被矫治人的年龄过小也不利于矫治效果的实现，他们甚至无法照顾自己，不具有矫治实施的可能性。再加上过小年龄的未成年人自身能力有限，较难做出启动专门教育的严重不良行为，笔者建议规定专门教育（含专门矫治教育）的年龄下限为 10 周岁，低于此年龄不予启动专门教育程序，而是责令父母加以管教。

第三，考虑到家庭对罪错未成年人矫治的重要作用以及专门教育机构的运作成本，未达到刑事责任年龄的人触法行为还是应当以责令父母管教为主，同时增加强制亲职教育、家庭监护效果评估和不定期考核机制，以及善行保证金制度等确保"责令父母管教"制度发挥实效。① 同时建立"责令父母管教"与专门教育之间的转处机制，当父母无法管教或管教无效时，应当及时通过法定程序将其送入专门学校接受矫治。②

第四，考虑到司法实践中的矫治需求，也要明确规定"必要时"的情况。除没有父母或监护人、父母或监护人不能（或不愿）继续履行管教义务时可启动专门教育外，仍要规定在行为人的社会危害性较大，不采取专门教育无法管教的情况下也可采取专门教育。但要避免因民意舆论影响而启动专门教育的情况，对"必要时"的理解应当是以严重不良行为少年"要保护性"的需求为主，③ 同时还要综合对罪错未成年人采取专门教育的必要性和社会防卫的可行性来进行考量。

（二）推动国务院专门教育行政法规建设

如前所述，为契合《立法法》的规定，需要对专门学校建设部分和专门教育限制人身自由内容进行区分并分别规定。但考虑到《刑法修正案（十一）》和《预防未成年人犯罪法》通过后短期内很难再次修改，而当前实践中关于专门教育的具体内容却急需进一步明确，同时，考虑到行政法规的效力可及于全国

---

① 善行保证金是指对于因家庭环境不良、家庭教育不力而犯罪的未成年人，法院可以责令其家长加强管教，并提供一定数额的金钱作担保。如果未成年犯罪人违反规定，再次受到行政拘留以上的处理，担保金即予以没收，上交国库。参见冯卫国：《"后劳教时代"未成年人刑事处遇制度的改革与完善》，载《山东警察学院学报》2016 年第 3 期。

② 《预防未成年人犯罪法》第 43 条规定：对有严重不良行为的未成年人，未成年人的父母或者其他监护人、所在学校无力管教或者管教无效的，可以向教育行政部门提出申请，经专门教育指导委员会评估同意后，由教育行政部门决定送入专门学校接受专门教育。

③ 在日本《少年法》中，"要保护性"是对非行少年采取必要手段时首先要考虑的因素。根据日本法官平井哲雄的观点，"要保护性"包括三个要素，即反复非行性、矫治可能性和保护相当性。所谓反复非行性是指不良行为正在进行，并且有反复进行的危险；矫治可能性是指对未成年人不良人格矫治的可能，如对精神障碍者就不可能矫治；保护相当性是指保证保护处分是对未成年人最有效、适当的保护性矫治手段。参见于国旦：《保护处分及其在我国的适用》，载《国家检察官学院学报》2009 年第 3 期。

从而具有统一法律适用的功能,因此,从现实可行的角度考量,笔者建议可仿照《治安管理处罚法》的立法模式采取分步走的立法思路。第一步,先由国务院制定《专门教育实施条例》或《专门教育实施办法》等行政法规作为临时性、过渡性法律文件,统一全国专门教育的实施细则和配套规范建设,就未成年人专门教育工作的管理体制、组织机构、人员队伍、经费保障等作出具体规定,并且探索与开放式矫治措施(如社区帮扶)、半机构化矫治措施(如观护基地)的转处机制以及开展给予教师惩戒权、强制亲职教育等与罪错未成年人教育矫治功能相关联措施的试点工作。第二步,待后续条件成熟后,将规定转化为全国人大及其常委会制定的《专门教育法》,对其进行完全法律化的改造,其中规定适用年龄下限、"必要时"条件、矫治期限、评估标准、转处程序等专门教育具体办法以及经费、人员、管理、场地等专门学校建设规定;并将上述试点措施的有益经验纳入其中,从而实现整个未成年人严重不良行为矫治体系的法制化和规范化。

二、整合教育矫治资源,激活专门教育措施

(一)规范专门学校建设和管理模式

法国人道主义代表人物维克多·雨果(Victor Hugo)曾说:"多办一所学校,就可少建一座监狱。"收容教养制度被废除后,可将实践中曾用于关押收容教养人员的强制隔离戒毒所、未成年犯管教所等机构改建为专门学校。笔者认为,在拘禁措施单一化理念下,无论如何都要确定一处限制未成年人人身自由的场所作为最为严厉执行方式的载体。① 并且考虑到隔断罪错少年的不良社会交往和糟糕的家庭环境可以防止这部分未成年人在矫治尚未成功的情况下再次接触社会,从而引发新的、更加严重的违法犯罪行为,同时也可避免受害者及其家属对其进行打击报复,对采取专门教育和专门矫治教育的专门学校采取封闭式的管理模式更为合理。但应当避免其陷入"监狱化"的污名之中,毕竟专门学校仍属于国民教育序列,学生不能轻易外出或回家,但可聘请校外师资团队、社会志愿者等帮扶力量进入专门学校开展帮扶工作。此外,对

---

① 参见姚建龙、孙鉴:《触法行为干预与二元结构少年司法制度之设计》,载《浙江社会科学》2017 年第 4 期。

于轻微不良行为或者矫治效果突出的未成年人,可在带队老师带领下外出参观博物馆、烈士纪念馆等具有教育矫治意义的活动场所增强矫治效果,同时避免他们完全与社会隔离。

(二)推动完善"三轨制"启动方式改革

面对"双规制"模式下的入学范围限缩,笔者建议进行以下两方面的改革,打造"强制入学+自愿入学"相结合的模式,发挥专门教育作用。一是明确《预防未成年人犯罪法》第43条规定的启动方式,无论是监护人一方还是学校一方,均可在无力管教或管教无效时提出送入专门学校的申请,无须按照原"三自愿"原则同时取得家长、原学校和当事人的同意才可提出申请,从而增加送入专门学校的启动可能性。由于后面设置了专门教育指导委员会评估和教育行政机关决定程序,能够保证送入专门学校对触法少年教育矫治的必要性和合理性,因此不会造成对未成年人合法权利的侵犯。二是建议保留原"三自愿原则"下的入学方式,即增加送入专门学校的"第三轨",经过当事人、监护人和学校三方同时同意即可直接向专门学校提出申请,由专门学校招生机构接收入学。此时,由于各方对于进入专门学校均表示同意,从提高行政效率和节约社会资源的角度考虑,可规定直接向专门学校招生单位提出入学申请。同时,根据不同入学方式对采取专门教育的学生进行分班级、分场所管理并采取不同的教育矫治方案,避免形成交叉感染或叛逆心理。

三、坚持并完善行政化的专门教育决定方式

(一)明确公安机关移送细则与权力监督

一方面,需要由前述《专门教育实施条例》或《专门教育法》规定公安机关在办理未成年人专门教育案件时,应当启动行为人家庭环境及人格情况调查程序。公安机关可自行或委托司法行政机关等进行未成年人社会调查,充分调查原家庭能否履行严加管教的监护要求,并结合调查结果、人身危险性评估报告等材料对行为人的专门教育期限提出建议,与专门教育调查报告一同提交专门教育指导委员会评估,并作为后续对其实施专门教育措施时确定个性化矫治方案的重要内容。另一方面,在上述法律法规中同时要增加专门教育的事前和事中救济程序规定。笔者建议可参照《行政处罚法》中的听证程序,

同时借鉴《刑事诉讼法》中规定的未成年人案件合适成年人在场代为行使诉讼权利制度，规定对未成年人启动专门教育措施时"应当"告知其有召开听证会的权利，当事人及其监护人要求听证的，行政机关应当组织听证。公安机关应当在听证过程中保障当事人及其监护人、代理律师的辩论和证据质证等权利，除依法听取当事人方面意见外，还应站在恢复性司法的角度充分听取被害人方面意见。同时应注意，为保护未成年人隐私不得进行公开听证。针对案件侦查和社会调查内容，必要时也可听取原学校、社区代表等有关人员意见，并综合各方意见后作出专门教育决定。此外，还需要明确规定，公安机关应当将作出专门教育的决定以及建议的矫治期限和矫治内容报告送达该未成年人及其监护人，同时要保障上述人员提起行政复议（或行政诉讼）的权利救济途径畅通无阻，以此增强对公安机关决定程序的监督和制约。

（二）完善专门教育指导委员会组成与职责

关于专门教育指导委员会的性质，考虑到此前公安机关内部决定程序不公开、不透明引发的广泛质疑，应当明确设置该机构的目的是在决定机关作出专门教育决定过程中引入一种第三方中立的监督制约程序。显然这种监督模式不是行政机关上下级之间的"批准"关系，而是具有法律监督职能的审议和评估机制，因此专门教育指导委员会不应当承担行政复议和行政诉讼的法律责任。作为专门教育启动前的必经前置程序，应当同时对专门教育指导委员会的评估职能进行规范和制约。专门教育指导委员会不实际参与案件事实的调查，而是需要在参考对罪错少年社会调查报告的基础上，对教育行政部门或公安机关作出的专门教育决定进行充分讨论和评估。为避免评估程序流于形式，应当规定专门教育指导委员会对专门教育决定评估同意的表决程序，2/3以上代表同意才可视为评估通过，同时规定对表决不同意的意见应当充分讨论并记录在评估报告当中。① 当表决程序未达到上述比例，评估未同意时，决定机关有权通过同部门上级机关向同级专门教育指导委员会提出一次复议申请，如果经复议后再次未通过则不能作出专门教育决定。

---

① 参见于阳、孙传浩：《罪错未成年人处遇决定机制的改革困境与合理构建》，载《政法学刊》2021年第2期。

最后,在人员配置方面,考虑到未成年人专门教育案件的评估具有一定的专业性以及实务性要求,建议专门教育指导委员会下设评估小组,由专业人员和专门人员共同组成。其中专业人员由心理学、教育学、社会学、法学以及医学等多个领域的专家组成,负责审查对罪错未成年人采取专门教育的科学性和可行性。而专门人员则由公安办案机关、检察院未检部门、法院少年审判法庭、未成年犯管教所、教育行政机关以及儿童福利部门等组成,负责审查采取专门教育的必要性与合理性。评估小组根据需要组织召开评估会议,专业人员和专门人员可以采取小组统一评估或分别评估方式,必要时也可采取评估人员个别评估模式,当出现较大分歧时再召开全体小组会议复评。笔者认为,由于需要采取专门教育的案件评估时间不固定且根据以往经验总体数量不会太多,因此没有必要全部设置为全职工作人员。建议设置专门教育指导委员会秘书处作为常设机构,其中专业人员可采取专职聘用模式,由专门教育指导委员会秘书处领导,而专门人员可由专门教育指导委员会的上述各部门中熟悉未成年人身心特点的工作人员兼职担任。考虑到专门教育是国民教育体系的组成部分,建议专门教育指导委员会的秘书处下设在县级以上人民政府教育行政主管部门之下,再由县级以上党委负责政法工作的领导组织牵头成立专门教育指导委员会并保障经费支持和职能协调。

四、灵活设置多种机制,构造分级分类处遇模式

(一)贯彻个别化处遇原则

在前期调查阶段,有关部门根据行为人的年龄、性别、犯罪动机、行为危害程度和主观恶性大小、父母是否有监管能力,以及心理评估结果等综合考量后作出处遇决定,以适合罪错未成年人教育矫治为目的为每一名学生设计个性化的矫治方案,包括在执行过程中参与不同的矫治活动,甚至可采取一些有针对性的教育矫治措施,如赔礼道歉、心理治疗以及根据个人兴趣和特长进行相应的职业技能培训。在矫治期间,对其进行跟踪化的评估考察,设立专人(如班主任、教导员等)确保其个性化矫治方案的执行落实并进行实时的监督、反馈,根据矫治效果的变化及时调整执行方案,对表现良好或取得较好矫治效果的未成年人可适当缩短矫治期限或采取较为宽松的矫治模

式。考虑到目前独立的专门矫治教育场所可能无法实现也无必要单独建设，在专门学校内仍有负责专门矫治教育的公安机关和司法行政机关派驻工作人员，但要注意的是，虽然安置在同一所专门学校内，普通专门教育和专门矫治教育的执行模式也要有所区别。甚至在专门矫治教育内部也要分为不同的班级，对人身危险性差异和取得不同矫治效果的未成年人需要及时进行调整，防止交叉感染。

（二）探索弹性化矫治模式

罪错未成年人的专门教育期限并不与其行为的报应性惩罚一一对应，而应当以帮助其纠正自身偏差行为、形成正常社会人格回归社会为目的，因此根据罪错未成年人的教育矫治效果进行弹性化的矫治模式探索仍有必要。“弹性化”矫治模式是指根据严重不良行为人的教育矫治效果适时调整矫治期限，有利于确保罪错未成年人接受矫治教育的必要性和针对性，但显然弹性化矫治模式不等于完全没有标准和范围的不定期模式。

基于未成年人权利保障以及激励罪错少年自我矫治的目的，笔者建议探索“执行区间内”的弹性化矫治模式。经专门教育指导委员会评估后，由决定机关根据行为人的个性化调查报告，对每位进入专门学校的未成年人作出最长和最短矫治周期的建议区间和建议期限，且区间的上限和下限之间一般不得超过一年，在此区间内根据罪错未成年人的实际矫治效果适当缩短或延长实际执行期限。该区间原则上不设最低下限，但考虑到必要的矫治周期和转入普通学校的学制衔接需求，建议一般经过六个月后才可进行评估是否适合转回普通学校，因此专门教育的执行期限建议在六个月以上。此外，域外保护性处分措施的期限一般规定为六个月至三年。① 考虑到过长的矫治期限会使未成年人接受矫治的积极性将下降，甚至矫治完成后已年满18周岁，建议规定我国专门教育的期限最长不超过三年。

---

① 英国《青少年法》规定法官可将10岁以上的违法犯罪少年儿童委托给少年教养院，教养期限不固定，一般在六个月至三年；美国原家庭之外的安置期限为一年至二年；日本《少年法》规定送入少年院期限一般为六个月至三年，特殊情况下可执行到23岁。参见姚建龙：《少年刑法与刑法变革》，中国人民公安大学出版社2005年版，第183～194页。

(三)设置动态化转处机制

此次《预防未成年人犯罪法》规定的闭环管理只是在执行专门矫治教育期间的管理模式。转回普通学校后,有关部门仍要探索有利于严重不良行为未成年人回归社会的动态化转处机制,增强其与我国其他罪错未成年人矫治措施的衔接适用。依照《预防未成年人犯罪法》第48条的规定,转回原学校后仍可规定同时对其适用"观护基地"或"社区帮教"类措施,如转回原学校后白天在原学校上学,晚上或周末在观护基地内继续接受教育矫治,为其提供假日辅导、宵禁保护、生活技能培训等帮教措施。在此基础上,根据一段时间的教育矫治情况可转为更为宽松的"社区帮教"模式,即允许未成年人回归家庭生活,并通过社区劳动、就业安置、帮教小组观护以及亲职教育和家庭辅导等措施帮助学校、家庭、社区逐步适应他们重新回归社会。而一旦发现未成年人不适合采取更为开放化的保护措施,可再动态转为较为严格的处遇措施,以此形成"专门教育——观护基地——社区帮教"相互衔接的动态化转处机制。

结　语

面对近年来我国发生的多起犯罪低龄化、暴力化极端个案,此次《刑法修正案(十一)》和《预防未成年人犯罪法》构建的专门教育矫治体系被各方寄予厚望。然而,由于与收容教养制度存在同样的修法不彻底性,当前专门教育措施仍存在诸多不完善之处,恐导致其重走收容教养制度的老路。因此,对专门教育制度进行后续的立法完善以及对其执法实践完善路径探索便具有十分重要的现实意义。同时,今后国内还需要更多从事预防青少年犯罪与少年司法制度研究的学者对此问题进行持续关注和深入研究。正如姚建龙研究员所言,中国的少年司法改革并非先有少年立法再有少年司法实践,而是呈现出实践先行、立法后进的鲜明特征。[1] 由此可见,关于专门教育的各项改革举措和立法完善对策,仍有待于在后续的理论和实践中不断检验和发展。今后,我国专门教育体系的建设仍需要与社区矫正、社区观护制度等其他罪错未成年人矫治措施进行有效衔接,并在理想和现实之间寻找到一条真正适合我国国情的未成年人严重不良行为专门教育的发展与改革之路。

---

① 参见姚建龙:《中国少年司法的历史、现状与未来》,载《法律适用》2017 年第 19 期。

参考文献

一、著作类

1.[奥]曼弗雷德·诺瓦克:《公民权利和政治权利国际公约评注》(修订第2版),孙世彦、毕小青译,新知三联书店2008年版。

2.[德]埃里希·弗罗姆:《逃避自由》,陈学明译,工人出版社1988年版。

3.[德]威廉·冯·洪堡:《论国家的作用》,林荣远、冯兴元译,中国社会科学出版社1998年版。

4.[德]赫伯特·马尔库塞:《单向度的人》,刘继译,上海译文出版社1989年版。

5.[德]克劳斯·罗克辛:《德国刑法学总论》(第1卷),王世洲译,法律出版社2005年版。

6.[法]皮埃尔·布尔迪厄:《关于电视》,许钧译,南京大学出版社2011年版。

7.[法]古斯塔夫·勒庞:《乌合之众——大众心理研究》,戴光年译,新世界出版社2010年版。

8.[美]柯特·R.巴托尔、安妮·M.巴托尔:《犯罪心理学》,李玫瑾等译,中国轻工业出版社2017年版。

9. [美]罗伯特·J. 桑普森、约翰·H. 劳布:《犯罪之形成——人生道路及其转折点》,汪明亮等译,北京大学出版社 2006 年版。

10. [美]尼尔·波茨曼:《童年的消逝》,吴燕莛译,中信出版社 2015 年版。

11. [美]J. A. 舍伦伯格:《社会心理学的大师们》,孟小平译,辽宁人民出版社 1987 年版。

12. [美]乔纳森·H. 特纳:《社会学理论的结构》,邱泽奇等译,华夏出版社 2006 年版。

13. [美]乔治·B. 沃尔德:《理论犯罪学》(第 5 版),方鹏译,中国政法大学出版社 2005 年版。

14. [美]玛格丽特·K. 罗森海姆等编:《少年司法的一个世纪》,高维俭译,商务印书馆 2008 年版。

15. [美]史蒂文·拉布:《美国预防犯罪的理论实践与评价》,张国昭等译,中国人民公安大学出版社 1993 年版。

16. [美]约翰·费斯克等:《关键概念:传播与文化研究辞典》(第 2 版),李彬译注,新华出版社 2004 年版。

17. [日]大谷实等:《刑事政策学》,黎宏译,法律出版社 2000 年版。

18. [日]大谷实等:《刑事政策学》,黎宏译,中国人民大学出版社 2009 年版。

19. [英]阿雷恩·鲍尔德温、布莱恩·郎赫斯特等:《文化研究导论》(修订版),陶东风等译,高等教育出版社 2004 年版。

20. [英]R. 布莱克本:《犯罪行为心理学:理论、研究和实践》,吴宗宪、刘邦惠等译,中国轻工业出版社 2000 年版。

21. [英]詹姆斯·迪南:《解读被害人与恢复性司法》,刘仁文、林俊辉等译,中国人民公安大学出版社 2009 年版。

22. [意]恩里科·菲利:《犯罪社会学》,郭建安译,商务印书馆 2017 年版。

23. [意]恩里科·菲利:《实证派犯罪学》,郭建安译,商务印书馆 2016 年版。

24. [意]切萨雷·龙勃罗梭:《犯罪人论》,黄风译,北京大学出版社 2011

年版。

25. 曹立群、周愫娴:《犯罪学理论与实证》,群众出版社2007年版。

26.《德国民法典》(第4版),陈卫佐译注,法律出版社2015年版。

27. 陈新民:《德国公法学基础理论》(增订新版·上册),法律出版社2010年版。

28. 狄小华:《中国特色少年司法制度研究》,北京大学出版社2017年版。

29.《最新意大利刑法典》,黄风译注,法律出版社2007年版。

30. 胡疆锋:《中国当代青年亚文化:表征与透视》,中国电影出版社2016年版。

31. 何勤华、李秀清:《外国法与中国法:20世纪中国移植外国法反思》,中国政法大学出版社2003年版。

32. 黄希庭:《人格心理学》,浙江教育出版社2002年版。

33. 郝银钟:《中国青少年法律与司法特别保护制度研究》,群众出版社2005年版。

34. 蒋晓红:《教育心理学》,山东人民出版社2014年版。

35. 罗大华主编:《犯罪心理学》,中国政法大学出版社2007年版。

36. 李明:《我国大众文化消费结构研究》,中国书籍出版社2017年版。

37. 李培林、陈光金、张翼主编:《中国社会形势分析与预测》,社会科学文献出版社2019年版。

38. 林山田:《刑罚学》,台北,商务印书馆1975年版。

39. 李伟:《犯罪被害人学教程》,北京大学出版社2014年版。

40. 李岩、江根源、赵凌:《青少年网络暴力和色情:现状、机制与相关治理》,浙江大学出版社2017年版。

41. 刘作揖:《少年事件处理法》(修订9版),台北,三民书局2012年版。

42. 任克勤:《被害人学基本理论研究》,中国人民公安大学出版社2018年版。

43. 孙雄:《犯罪学研究》,北京大学出版社2008年版。

44. 单勇:《犯罪的文化研究:从文化的规范性出发》,法律出版社2010

年版。
45. 孙云晓:《发现童年的秘密》,浙江文艺出版社2016年版。
46. 王玲:《校园突发事件的危机干预》,暨南大学出版社2011年版。
47. 王丽华等:《犯罪被害救济制度》,社会科学文献出版社2013年版。
48. 王牧主编:《新犯罪学》(第3版),高等教育出版社2016年版。
49. 汪庆祺编:《各审判厅判牍》,李启成点校,北京大学出版社2007年版。
50. 吴宗宪:《西方犯罪学》(第2版),法律出版社2006年版。
51. 吴宗宪:《西方少年犯罪理论》,商务印书馆2021年版。
52. 徐久生主编:《校园暴力研究》,中国方正出版社2004年版。
53. 徐美君:《未成年人刑事诉讼特别程序研究——基于实证和比较的分析》,法律出版社2007年版。
54. 熊云武编著:《犯罪心理学》,北京大学出版社2007年版。
55. 姚建龙:《少年刑法与刑法变革》,中国人民公安大学出版社2005年版。
56. 姚建龙主编:《校园暴力控制研究》,复旦大学出版社2010年版。
57. 姚建龙:《长大成人:少年司法制度建构》,中国人民公安大学出版社2003年版。
58. 姚建龙:《青少年犯罪与司法论要》,中国政法大学出版社2014年版。
59. 严景耀:《中国的犯罪问题与社会变迁的关系》,吴桢译,商务印书馆2019年版。
60. 杨旭:《意大利少年司法社会化研究》,中国社会科学出版社2015年版。
61. 于阳:《城市青少年犯罪防控比较研究——基于英美国家的理论和实践》,天津社会科学院出版社2015年版。
62. 张保平、李世虎编著:《犯罪心理学》,中国人民公安大学出版社2006年版。
63. 周长康主编:《中国现阶段犯罪问题研究(浙江省分卷)》,中国人民公安大学出版社2006年版。

64. 张鸿巍:《少年司法通论》(第 2 版),人民出版社 2011 年版。

65. 张明楷:《外国刑法纲要》(第 2 版),清华大学出版社 2019 年版。

66. 张小虎:《当代中国社会结构与犯罪》,群众出版社 2009 年版。

67. 周晓虹:《文化反哺:变迁社会中的代际革命》,商务印书馆 2015 年版。

68. 曾赟、孔一、张崇脉:《犯罪原因分析》,清华大学出版社 2010 年版。

69. Albert K. Cohen, *Delinquent Boys-the Culture of the Gang*, Glencoe, Free Press, 1955.

70. Barry Goldson, *Juvenile Justice in Europe: Past, Present and Future*, New York, Routledge, 2019.

71. Elizabeth S. Scott, Laurence Steinberg, *Rethinking Juvenile Justice*, *Cambridge*, Harvard University Press, 2008.

72. Glen R. Hanson, Peter J. Venturelli, Annette E. Fleckenstein, *Drugs and Society* (Thirteenth Edition), Burlington, Jones & Bartlett Learning, 2018.

73. James C. Howell, *The History of Street Gangs in the United States*, New York, Lexington Books, 2015.

74. James C. Howell, Elzabeth Griffiths, *Gangs in America's Communities* (Third Edition), Los Angeles, SAGE Publications, 2019.

75. James C. Howell et al., *A Handbook for Evidence-Based Juvenile Justice Systems* (Revised Edition), New York: Lexington Books, 2019.

76. Kathleen M. Heide, *Understanding Parricide: When Sons and Daughters Kill Parents*, Oxford University Press, 2013.

77. Marianna Muravyeva, Raisa Maria Toivo, *World Histories of Crime, Culture and Violence*, Palgrave Macmillan Press, 2017.

78. Marvin D. Krohn, Jodi Lane, *The Handbook of Juvenile Delinquency and Juvenile Justice*, *West Sussex*, Wiley-Blackwell, 2015.

79. Michael Gottfredson, Travis Hirschi, *A General Theory of Crime*, Stanford, CA, Stanford University Press, 1990.

80. Peter J. Benekos, Alida V. Merlo, *Controversies in Juvenile Justice and*

Delinquency (Second Edition), New York, Routledge, 2015.

81. Peter C. Kratcoski, Lucille Dunn Kratcoski, Peter Christopher Kratcoski, *Juvenile Delinquency: Theory, Research, and the Juvenile Justice Process* (Sixth Edition), Springer Nature Switzerland, 2020.

82. Robert J. Sampson, John H. Laub, *Crime in the Making: Pathways and Turning Points Through Life*, London, Harvard University Press, 1995.

83. Ronald L. Akers, *Deviant behavior: A Social Learning Approach*, Belmont, CA, Wadsworth, 1973.

84. Scott H. Decker, Nerea Marteache, *International Handbook of Juvenile Justice* (Second Edition), Switzerland, Springer, 2017.

85. Thomas J. Bernard, Megan C. Kurlychek, *The Cycle of Juvenile Justice* (Second Edition), Oxford University Press, 2010.

86. Travis Hirschi, *Causes of Delinquency*, Burkeley CA, University of California press, 1969.

二、论文类

1. [加]安东尼·N. 杜布:《加拿大少年司法制度述评》,曹波、袁如心译,载《预防青少年犯罪研究》2013 年第 5 期。

2. 安琪:《校园欺凌问题的困境解构与法律破解——以美国反欺凌立法为借鉴范式》,载《中国青年研究》2017 年第 5 期。

3. 安新予:《广州市外来未成年人犯罪的调查研究》,载《青年探索》2004 年第 6 期。

4. 白婕、赵芳芳、孙彪:《分立与合并:论内设机构改革中少年法庭与家事法庭的关系处理》,载《最高人民法院司法体制综合配套改革与刑事审判问题研究——全国法院第 30 届学术讨论会获奖论文集》(上)2019 年第 8 期。

5. 卜建华、徐凤娟:《网络社会青年信仰泛娱乐化庸俗化风险的"文化景观"与破解策略》,载《中国青年研究》2020 年第 1 期。

6. 崔海英:《生命历程理论对未成年人犯罪危险防控的启示》,载《预防青少年犯罪研究》2017 年第 1 期。

7. 崔杰、李陶深、兰红星:《基于 Hadoop 的海量数据存储平台设计与开发》,载《计算机研究与发展》2012 年第 S1 期。

8. 常进锋、尹东风:《改革开放 40 年中国青少年犯罪的社会学理论阐释》,载《当代青年研究》2019 年第 4 期。

9. 丛梅:《未成年人再犯实证研究》,载《河南警察学院学报》2011 年第 5 期。

10. 陈睿毅、刘双阳:《"互联网 +"背景下电信诈骗犯罪防控机制研究》,载《犯罪研究》2019 年第 3 期。

11. 陈伟、袁红玲:《我国触法未成年人处遇之审视与完善——以〈刑法〉第 17 条第 4 款为中心》,载《时代法学》2015 年第 6 期。

12. 陈伟、熊波:《校园暴力低龄化防控的刑法学省思——以"恶意补足年龄"规则为切入点》,载《中国青年社会科学》2017 年第 5 期。

13. 楚雪华:《电信诈骗犯罪的惩治与防范研究——由"徐玉玉事件"引发的思考》,载《吉首大学学报(社会科学版)》2016 年第 S2 期。

14. 程晓璐:《瑞典的罪犯矫治和少年犯处遇制度考察及启示》,载《青少年犯罪问题》2010 年第 6 期。

15. 陈欣欣:《澳门青少年犯罪问题的未来趋势及其控制对策》,载《当代青年研究》1999 年第 2 期。

16. 储殷:《当代中国"校园暴力"的法律缺位与应对》,载《中国青年研究》2016 年第 1 期。

17. 陈云松、朱灿然、张亮亮:《代内"文化反授":概念、理论和大数据实证》,载《社会学研究》2017 年第 1 期。

18. 段红伟:《青少年网络犯罪诱因分析——基于符号互动论视野》,载《人民论坛》2010 年第 2 期。

19. 段松、司汉武:《关于校园霸凌现象的思考》,载《法制与社会》2017 年第 4 期。

20. 邓泉洋、汪鸿波:《我国未成年人"双向保护原则"的实践困境及破解之策》,载《中国青年研究》2020 年第 5 期。

21. 杜雄柏、王广聪:《青少年暴力犯罪的生成机制——基于湖南省 X 市 32 个寻衅滋事案例的实证研究》,中国犯罪学学会第十八届学术研讨会会议论文,2009 年 8 月于浙江绍兴,第 365 ~ 372 页。

22. 方俊杰、肖圣兵、秦明、陈林:《“杀亲案件”135 例法医学回顾分析》,载《中国法医学杂志》2017 年第 3 期。

23. 冯建军:《走向道德的生命教育》,载《教育研究》2014 年第 6 期。

24. 范洁琼:《国际早期儿童家庭亲职教育项目的经验与启示》,载《学前教育研究》2016 年第 11 期。

25. 冯卫国:《“后劳教时代”未成年人刑事处遇制度的改革与完善》,载《山东警察学院学报》2016 年第 3 期。

26. 冯源:《儿童监护模式的现代转型与民法典的妥当安置》,载《东方法学》2019 年第 4 期。

27. 广东省法院未成年人司法制度和社会帮教体系课题组:《关于港澳地区未成年人司法制度和社会帮教体系的调研报告》,载《法庭》2014 年第 3 期。

28. 顾泠涓:《专门矫治教育的权利保障功能及其运行机制展开》,载《预防青少年犯罪研究》2021 年第 3 期。

29. 高铭暄、张杰:《中国刑法中未成年人犯罪处罚措施的完善——基于国际人权法视角的考察》,载《法学论坛》2008 年第 1 期。

30. 高瑞:《当代青少年弑亲犯罪的特点及对策研究》,载《江西警察学院学报》2015 年第 3 期。

31. 葛双龙:《媒介暴力对青少年暴力犯罪的影响及其控制》,载《中国人民公安大学学报(社会科学版)》2014 年第 6 期。

32. 黄河、张庆彬、刘涛:《破解打击电信网络诈骗犯罪的五大难题——〈关于办理电信网络诈骗等刑事案件适用法律若干问题的意见〉解读》,载《人民检察》2017 年第 11 期。

33. 韩宏伟:《青少年犯罪的亚文化分析》,载《青年探索》2005 年第 2 期。

34. 胡剑波:《试论索绪尔的概念化理论》,载《湖南科技大学学报(社会科学版)》2019 年第 4 期。

35. 何树彬:《美国霸凌的有效治理论析》,载《青少年犯罪问题》2017 年第 6 期。

36. 何挺、张丽霞:《未成年人司法社会支持体系之思考:基于风险控制理论范式的视角》,载《中国应用法学》2020 年第 2 期。

37. 何挺:《附条件不起诉适用对象的争议问题:基于观察发现的理论反思》,载《当代法学》2019 年第 1 期。

38. 何挺:《罪错未成年人分级干预的体系性要求》,载《人民检察》2020 年第 19 期。

39. 何萍、张金钢:《窃取网络虚拟财产行为的教义学阐释》,载《青少年犯罪问题》2019 年第 2 期。

40. 侯倩、林晓萌:《试论未成年人罪错行为干预体系的分层构建》,载《青少年犯罪问题》2019 年第 4 期。

41. 黄行福:《校园暴力:危害学校教育的毒瘤》,载《思想理论教育》2004 年第 1 期。

42. 胡勇、于倩倩:《家庭环境与青少年犯罪的实证研究——以四川地区为例》,载《预防青少年犯罪研究》2017 年第 2 期。

43. 胡云腾:《论全面依法治国背景下少年法庭的改革与发展——基于域外少年司法制度比较研究》,载《中国青年社会科学》2016 年第 1 期。

44. 江界华、江帆:《校园霸凌心理形成机制及预防研究》,载《青少年犯罪问题》2018 年第 4 期。

45. 金民卿:《后现代精神和中国大众文化发展》,载《北京大学学报(哲学社会科学版)》2001 年第 2 期。

46. 纪秋发:《青少年网络犯罪:原因与对策分析》,载《青年探索》2007 年第 5 期。

47. 蒋淑媛:《鄙视链视域下青年文化的群体偏见与认同危机》,载《中国青年研究》2018 年第 12 期。

48. 江勇:《海峡两岸打击电信诈骗司法协助研究》,载《理论月刊》2017 年第 6 期。

49. 姚远:《民国时期青少年感化教育探究——从上海公共租界案例谈起》,载《青少年犯罪问题》2010 年第 2 期。

50. 孔一:《少年再犯研究——对浙江省归正青少年重新犯罪的实证分析》,载《中国刑事法杂志》2006 年第 4 期。

51. 孔玉欣、赵向前:《青少年网络犯罪的心理分析》,载《青岛行政学院学报》2009 年第 1 期。

52. 廖斌、何显兵:《论收容教养制度的改革与完善》,载《西南民族大学学报(人文社会科学版)》2015 年第 6 期。

53. 李泊毅:《专门矫治教育的基本权干预性质及规则完善》,载《预防青少年犯罪研究》2021 年第 5 期。

54. 李川:《从刑罚论视角看刑事责任年龄的修正根据与适用》,载《环球法律评论》2021 年第 4 期。

55. 刘灿华:《德国、日本少年司法制度的变迁及其启示》,载《时代法学》2011 年第 6 期。

56. 刘大千、修春亮:《国内外犯罪地理学研究进展评析》,载《人文地理》2012 年第 2 期。

57. 李丰沛:《网络诈骗犯罪的被害人研究》,载《理论观察》2015 年第 6 期。

58. 雷杰:《我国收容教养制度的困境与完善路径》,载《预防青少年犯罪研究》2019 年第 3 期。

59. 卢君:《"未成年人犯罪记录封存制度"的反思与完善》,载《法律适用》2014 年第 11 期。

60. 刘计划:《香港少年司法制度要览》,载《人民检察》2012 年第 7 期。

61. 刘磊:《未成年人刑事诉讼程序的新思维与再修改——解读〈刑事诉讼法〉(再修改草案)中的未成年人犯罪案件诉讼程序》,载《青少年犯罪问题》2012 年第 1 期。

62. 柳林、张春霞、冯嘉欣、肖露子、贺智、周淑丽:《ZG 市诈骗犯罪的时空分布与影响因素》,载《地理学报》2017 年第 2 期。

63. 刘丽洪、朱彤:《电信网络诈骗协同治理模式探析》,载《上海公安学院学报》2020 年第 1 期。

64. 鲁礼堂:《谈工读教育的重要性与对策》,载《湖南公安高等专科学校学报》2004 年第 6 期。

65. 李玫瑾:《构建未成年人法律体系与犯罪预防》,载《法学杂志》2005 年第 3 期。

66. 李茂生:《台湾地区新少年司法与矫治制度实施十年的经验与展望》,载《青少年犯罪问题》2010 年第 2 期。

67. 李佩遥:《侵犯网络虚拟财产行为之定性研究——以 73 份判决书为样本的分析》,载《大连理工大学学报(社会科学版)》2020 年第 4 期。

68. 路琦、郭开元、刘燕、张晓冰:《新时期专门学校教育发展研究》,载《中国青年研究》2018 年第 5 期。

69. 路琦:《工读教育与未成年人违法犯罪预防》,载《预防青少年犯罪研究》2013 年第 1 期。

70. 刘仁文:《后劳教时代的法治再出发》,载《国家检察官学院学报》2015 年 2 期。

71. 李淑娟:《青少年网络犯罪及其治理路径探究》,载《云南大学学报(法学版)》2014 年第 1 期。

72. 林维:《未成年人专门教育的适用难题与制度完善》,载《探索与争鸣》2021 年第 5 期。

73. 陆伟、宋映泉、梁净:《农村寄宿制学校中的校园霸凌研究》,载《北京师范大学学报(社会科学版)》2017 年第 5 期。

74. 李旭、冯承才:《大学校园财产犯罪的空间视角》,载《华东理工大学学报(社会科学版)》2019 年第 6 期。

75. 李欣红、叶伶俐:《关于民间借贷纠纷案件执行情况的调研报告》,载《山东审判》2016 年第 1 期。

76. 李锡海:《暴力文化与暴力犯罪》,载《中国人民公安大学学报(社会科学版)》2006 年第 2 期。

77. 林晞楠、滕若芊:《广东省涉罪未成年人学校型观护基地发展路径研究》,载《预防青少年犯罪研究》2020 年第 1 期。

78. 刘燕:《从工读学校教育历史发展探究其时代价值》,载《预防青少年犯罪研究》2018 年第 3 期。

79. 李艳:《宽严相济刑事政策在惩治电信网络诈骗犯罪中的科学运用——基于“两高一部”〈关于办理电信网络诈骗等刑事案件适用法律若干问题的意见〉的分析》,载《法律适用》2017 年第 9 期。

80. 李杨:《暴力亚文化对青少年犯罪的影响——以美国“街头守则”为视角》,载《犯罪研究》2018 年第 4 期。

81. 李玉凤:《盗窃虚拟财产的定罪研究——基于对 62 份裁判文书的分析》,载《洛阳理工学院学报(社会科学版)》2020 年第 2 期。

82. 林毓敏:《中国当代青少年犯罪状况调查》,载《福建警官学院学报》2017 年第 2 期。

83. 刘艳莎、刘亮、周娟清:《媒介素养:对抗网络诈骗的武器》,载《传媒论坛》2020 年第 8 期。

84. 栗志杰、吴春、李玉娥:《论我国工读教育法制改革——以未成年人不良行为矫治法制一体化为视角》,载《犯罪与改造研究》2013 年第 11 期。

85. 栗志杰、田越光、吴春:《俄罗斯预防未成年人失管和违法法制建设》,载《犯罪与改造研究》2014 年第 10 期。

86. 李中良、毕宪顺、燕丽:《劳动教养制度废止背景下专门学校的司法化改革》,载《预防青少年犯罪研究》2017 年第 2 期。

87. 马雷、狄小华:《我国未成年人刑罚替代措施的重构》,载《青少年犯罪问题》2020 年第 2 期。

88. 马麒:《未成年犯罪嫌疑人的心理特征及审讯对策研究》,载《预防青少年犯罪研究》2018 年第 1 期。

89. 聂阳阳:《预防青少年网络犯罪之立法反思与重构》,载《北京青年政治学院学报》2011 年第 4 期。

90. 欧阳爱辉、刘旋:《专制型教育模式对青少年严重暴力犯罪心理的影响——以益阳弑母案为视角》,载《中国监狱学刊》2020 年第 1 期。

91. 欧阳本祺:《论虚拟财产的刑法保护》,载《政治与法律》2019 年第 9 期。

92. 齐辉:《未成年人犯罪亚文化分析及对策研究》,载《犯罪与改造研究》2016 年第 9 期。

93. 秦兰珺:《论青年亚文化与互联网生产方式的互动》,载《文艺理论与批评》2018 年第 4 期。

94.《青少年犯罪问题》编辑部:《就"社会服务令"访长宁法院丁寿兴院长》,载《青少年犯罪问题》2003 年第 4 期。

95. 钱贤良:《澳门独特的违法青少年教育监管制度》,载《人民检察》2008 年第 3 期。

96. 任海涛:《"校园欺凌"的概念界定及其法律责任》,载《华东师范大学学报(教育科学版)》2017 年第 2 期。

97. 孙传浩、于阳:《未成年人严重不良行为专门教育制度完善路径》,载《行政与法》2021 年第 10 期。

98. 孙春雨:《我国行政矫治措施之问题与出路》,载《政法论坛》2011 年第 3 期。

99. 孙鉴:《我国少年司法中的不定期刑试点及其未来》,载《青少年犯罪问题》2018 年第 6 期。

100. 孙鉴:《我国预防未成年人犯罪地方立法的现状与比较》,载《预防青少年犯罪研究》2018 年第 5 期。

101. 宋洨沙:《法国未成年人刑事司法制度评介》,载《中国刑事法杂志》2011 年第 11 期。

102. 沙晶莹、夏培芳:《同伴对青少年暴力行为的影响——有中介的调节模型》,载《中国人民公安大学学报(社会科学版)》2020 年第 6 期。

103. 孙萍:《中国社区治理的发展路径:党政主导下的多元共治》,载《政治学研究》2018 年第 1 期。

104. 宋欣等:《北京未成年人暴力犯罪生物学及其他相关因素的研究》,载《中国行为医学科学》2003 年第 4 期。

105. 尚秀云:《网络色情、暴力:未成年人犯罪的新成因——对 100 名在押未成年犯的调查报告》,载《新安全》2004 年第 9 期。

106. 单勇、侯银萍:《中国犯罪治理模式的文化研究——运动式治罪的式微与日常性治理的兴起》,载《吉林大学社会科学学报》2009 年第 2 期。

107. 邵阳、谢斌、乔屹、黄乐萍:《男性暴力型违法犯罪青少年的愤怒情绪特征与父母教养方式对照研究》,载《中国临床心理学杂志》2009 年第 4 期。

108. 时延安:《个人信息保护与网络诈骗治理》,载《国家检察官学院学报》2017 年第 6 期。

109. 宋英辉、苑宁宁:《未成年人罪错行为处置规律研究》,载《中国应用法学》2019 年第 2 期。

110. 宋英辉、苑宁宁:《完善未成年人保护和犯罪预防法律体系与司法体制的构想》,载《预防青少年犯罪研究》2016 年第 4 期。

111. 宋英辉、苑宁宁:《完善我国未成年人法律体系研究》,载《国家检察官学院学报》2017 年第 4 期。

112. 邵雅利、张晓玲:《浅析青少年网络犯罪的特征及其心理成因》,载《北京人民警察学院学报》2001 年第 6 期。

113. 宋育珊、张良、常淑敏:《童年期虐待与青少年暴力犯罪:冷酷无情特质的中介作用》,中国心理学会发展心理专业委员会第十三届学术年会会议论文,2015 年 7 月于吉林长春,第 78 页。

114. 宋志军:《未成年人刑事司法的社会参与问题研究》,载《北方法学》2016 年第 2 期。

115. 滕飞:《校园霸凌行为法律规制进路探析》,载《行政与法》2017 年第 8 期。

116. 滕洪昌、姚建龙:《中小学校园欺凌的影响因素研究——基于对全国 10 万余名中小学生的调查》,载《教育科学研究》2018 年第 3 期。

117. 谭堃:《校园暴力问题的风险治理与少年司法模式》,载《青年探索》2017 年第 2 期。

118. 田相夏、朱翀、郑娴:《地方性预防未成年人犯罪条例的立法研究》,载《当代青年研究》2012 年第 6 期。

119. 王春林、潘炎莉:《青少年网络诈骗犯罪心理因素评析》,载《广州市公安管理干部学院学报》2013 年第 2 期。

120. 王传敏、李子熙:《我国专门教育制度的由来及未来制度建构》,载《中国司法》2020 年第 9 期。

121. 吴桂翎、辛涛:《校园暴力研究的回顾与前瞻》,载《中国特殊教育》2009 年第 6 期。

122. 王嘉:《关于电信网络诈骗的被害分析》,载《北京警察学院学报》2017 年第 5 期。

123. 武立:《经济发展与青少年犯罪率关联机制研究》,载《青少年犯罪问题》2017 年第 3 期。

124. 汪明松:《青少年弑亲行为探析——基于 47 例弑亲案例分析》,载《青年探索》2013 年第 4 期。

125. 吴美照:《探寻规律,预防犯罪——略论青少年初始财产犯罪的心理特征》,载《当代青年研究》2001 年第 5 期。

126. 王平、何显兵:《论工读教育的历史发展与完善设想》,载《预防青少年犯罪研究》2012 年第 8 期。

127. 王顺安、陈君珂:《中国少年收容教养制度的系统思考》,载《上海政法学院学报(法治论丛)》2020 年第 4 期。

128. 王晓伟:《电信网络诈骗犯罪的防范与打击》,载《人民论坛》2019 年第 10 期。

129. 王小章:《论焦虑——不确定性时代的一种基本社会心态》,载《浙江学刊》2015 年第 1 期。

130. 王勇:《论轻轻重重的未成年人罪错行为治理理念》,载《吉林大学社会科学学报》2020 年第 3 期。

131. 吴燕、顾琤琮、黄冬生:《我国收容教养制度的重构》,载《预防青少年犯罪研究》2016 年第 4 期。

132. 王亚芳:《从留学生弑母案例反思我国社会教育变革的必要性与方向——兼论德国社会教育预防青少年成长危机对我国的启示》,载《青少年犯罪问题》2011 年第 4 期。

133. 吴月华:《网络游戏对青少年道德的影响机制研究》,载《上海交通大学学报(哲学社会科学版)》2020 年第 4 期。

134. 温雅璐:《收容教养制度的发展困境及司法化重构》,载《青少年犯罪问题》2020 年第 1 期。

135. 王贞会:《罪错未成年人司法处遇制度完善》,载《国家检察官学院学报》2020 年第 4 期。

136. 王志祥、王艺丹:《校园欺凌问题的刑法治理探析》,载《中国青年研究》2018 年第 7 期。

137. 薛畅宇、刘国祥:《论改革和完善收容教养制度》,载《中国人民公安大学学报(社会科学版)》2004 年第 4 期。

138. 于冲:《三网融合背景下青少年网络犯罪的现状和发展趋势探究》,载《青少年犯罪问题》2014 年第 1 期。

139. 徐国栋:《普通法中的国家亲权制度及其罗马法根源》,载《甘肃社会科学》2011 年第 1 期。

140. 谢华、罗嗣明:《青少年网络犯罪的心理因素及其预防》,载《中国临床康复》2005 年第 8 期。

141. 肖婕、王艳玲:《浅析社会转型时期未成年人再犯罪》,载《法制与社会》2012 年第 24 期。

142. 向金华、钟淑敏:《劳动教养制度废止背景下未成年人违法行为处置的困境与出路》,载《预防青少年犯罪研究》2016 年第 4 期。

143. 薛静丽:《社会团结与刑罚的变迁——走入涂尔干的刑罚社会学》,载《中国刑事法杂志》2010 年第 8 期。

144. 任海涛:《"校园欺凌"的概念界定及其法律责任》,载《华东师范大学学报(教育科学版)》2017 年第 2 期。

145. 肖姗姗:《改革开放以来我国少年司法的演进及前瞻》,载《预防青少年犯罪研究》2018 年第 5 期。

146. 修文群:《基于 GIS 的网络犯罪空间管理系统设计》,载《地理研究》

2006 年第 5 期。

147. 席小华:《社会工作介入少年司法制度之探究》,载《青少年犯罪问题》2009 年第 4 期。

148. 许育典:《校园霸凌的法律分析》,载《月旦法学杂志》2011 年第 5 期。

149. 谢银迪:《美国:"霸凌零容忍"》,载《国际教育》2015 年第 35 期。

150. 燕道成:《精神麻醉:网络暴力游戏对青少年的负面影响》,载《新闻与传播研究》2009 年第 2 期。

151. 于国旦:《保护处分及其在我国的适用》,载《国家检察官学院学报》2009 年第 3 期。

152. 于国旦、苏明月:《论少年司法制度的基本理念》,载《中国青年政治学院学报》2013 年第 6 期。

153. 杨海龙:《大数据背景下的刑事犯罪趋势分析》,载《广西警察学院学报》2018 年第 4 期。

154. 岳慧青:《关于在我国建立少年检察院的构想》,载《预防青少年犯罪研究》2018 年第 4 期。

155. 姚金菊:《我国校园安全立法模式探究》,载《青少年犯罪问题》2016 年第 2 期。

156. 姚建龙:《论〈预防未成年人犯罪法〉的修订》,载《法学评论》2014 年第 5 期。

157. 姚建龙:《中国少年司法的历史、现状与未来》,载《法律适用》2017 年第 19 期。

158. 姚建龙:《标签理论及其对美国少年司法改革之影响》,载《犯罪研究》2007 年第 4 期。

159. 姚建龙:《近代中国少年司法改革的进展与高度》,载《预防青少年犯罪研究》2014 年第 4 期。

160. 姚建龙、孙鉴:《从"工读"到"专门"——我国工读教育的困境与出路》,载《预防青少年犯罪研究》2017 年第 2 期。

161. 姚建龙、孙鉴:《触法行为干预与二元结构少年司法制度之设计》,载

《浙江社会科学》2017 年第 4 期。

162. 姚建龙、李乾:《论虞犯行为之早期干预》,载《东南大学学报(哲学社会科学版)》2017 年第 3 期。

163. 姚建龙、王江淮:《青少年网络犯罪控制的若干思考》,载《公安学刊(浙江警察学院学报)》2015 年第 6 期。

164. 姚莉:《未成年人司法模式转型下的制度变革与措施优化》,载《法学评论》2016 年第 1 期。

165. 袁林、姚万勤:《收容教养制度改革研究》,载陈泽宪主编:《行政处罚与羁押制度改革研究》,中国政法大学出版社 2016 年版。

166. 余岚:《弑亲"尖子生"的人格特点及犯罪心理成因》,载《青少年犯罪问题》2003 年第 6 期。

167. 杨猛:《App 虚拟财产犯罪新解——以占有为解释视角》,载《华东政法大学学报》2019 年第 4 期。

168. 苑宁宁:《低龄未成年人收容教养制度改革研究——应对低龄未成年人严重暴力行为的视角》,载《预防青少年犯罪研究》2020 年第 5 期。

169. 叶萍、高黄斌、马毅:《云南省呈贡大学城校园暴力问题研究——以三所高校为例》,载《新疆警官高等专科院校学报》2014 年第 3 期。

170. 杨旭:《司法社工在少年司法领域中的应用——以意大利经验为例》,载《华东理工大学学报(社会科学版)》2015 年第 2 期。

171. 叶栩闻:《网络信用卡诈骗犯罪问题探究》,载《山西省政法管理干部学院学报》2017 年第 3 期。

172. 于阳:《父母离异的未成年人犯罪原因探析》,载《天津大学学报(社会科学版)》2010 年第 6 期。

173. 于阳:《西方犯罪学社会支持理论研究及其借鉴意义》,载《犯罪研究》2012 年第 5 期。

174. 于阳、徐翠红:《惩治未成年人违法犯罪:工读学校构建与工读教育完善》,载《预防青少年犯罪研究》2019 年第 2 期。

175. 于阳、孙传浩:《罪错未成年人处遇决定机制的改革困境与合理构建》,载《政法学刊》2021年第2期。

176. 于阳、史晓前:《校园霸凌的行为特征与社会预防对策研究——基于50起校园霸凌典型事例分析》,载《青少年犯罪问题》2019年第5期。

177. 于阳、周丽宁:《未成年人违法犯罪行为干预体系的制度构建》,载《中国人民公安大学学报(社会科学版)》2021年第6期。

178. 于阳、周丽宁:《刑事责任年龄刑法规制比较研究》,载《警学研究》2021年第2期。

179. 于阳等:《中美城市青少年财产犯罪的时空分布与防范对策》,载《预防青少年犯罪研究》2020年第5期。

180. 岳玉阁、邓惠明:《提升亲职教育质量的实践模式探索》,载《继续教育研究》2019年第5期。

181. 张弛:《窃取虚拟财产行为的法益审视》,载《政治与法律》2017年第8期。

182. 张德沐、吴高飞:《未成年人罪错行为分级干预体系之构建》,载《中国检察官》2019年第21期。

183. 周东平:《隋"开皇律"十恶渊源新探》,载《法学研究》2005年第3期。

184. 赵国玲、王海涛:《少年司法主导理念的困境、出路和中国的选择》,载《中州学刊》2006年第6期。

185. 周光营:《罪错未成年人分级处遇制度构建论》,载《青少年犯罪问题》2019年第3期。

186. 朱慧劼、王梦怡:《阶层焦虑症候群:当代青年的精神危机与出路》,载《中国青年研究》2018年第11期。

187. 张鸿巍:《英国少年司法政策变化之研究》,载《河北法学》2005年第2期。

188. 张红薇:《青少年网络犯罪的心理原因及教育对策》,载《教育探索》2005年第10期。

189. 赵红勋:《新媒介依赖视域下青年群体的"信仰风险"论析》,载《中国青年研究》2020年第1期。

190. 张寒玉、王英:《应对未成年人犯罪低龄化问题之制度建构与完善》,载《青少年犯罪问题》2016 年第 1 期。

191. 赵娇、张德智:《大数据时代犯罪预测问题研究》,载《公安研究》2017 年第 10 期。

192. 张晶、解立:《动漫亚文化对青少年犯罪的影响及其对策探析》,载《预防青少年犯罪研究》2012 年第 2 期。

193. 周羚敏:《台湾地区校园霸凌的处理机制与经验》,载《吉林公安高等专科学校学报》2011 年第 5 期。

194. 赵连庆:《公民个人信息安全的刑法保护——以电信网络诈骗案件频发为视角》,载《学习与探索》2017 年第 9 期。

195. 张良驯:《工读学校"去工读化"现象及其原因分析》,载《预防青少年犯罪研究》2016 年第 5 期。

196. 张明楷:《电信诈骗取款人的刑事责任》,载《政治与法律》2019 年第 3 期。

197. 左敏:《浅析大学生生命教育——从心理健康教育到生命教育》,载《当代教育论坛》2009 年第 8 期。

198. 张美英:《论现代少年司法制度——以中、德、日少年司法为视角》,载《青少年犯罪问题》2006 年第 5 期。

199. 赵山、孔德志、崔中俭:《青少年暴力罪犯父母养育方式研究》,载《中国健康心理学杂志》2013 年第 12 期。

200. 张莎白、刘传稿:《影像中的有组织犯罪亚文化——以香港黑社会题材电影为例》,载《犯罪研究》2013 年第 6 期。

201. 张素馨等:《青少年暴力犯罪的心理社会因素综合分析》,载《中国行为医学科学》1995 年第 1 期。

202. 张威:《社会解组理论视角下青少年犯罪的社区预防》,载《青少年犯罪问题》2016 年第 6 期。

203. 张炜、林慧、周翔、钱文漪:《上海市流动人口中的未成年人犯罪问题调查》,载《青少年犯罪问题》2007 年第 5 期。

204. 周雄:《收容教养制度研究——刑法第十七条第四款之展开》,载《预防青少年犯罪研究》2015 年第 2 期。

205. 朱宣烨:《数据分层与侵犯网络虚拟财产犯罪研究》,载《法学杂志》2020 年第 6 期。

206. 左袖阳:《中英立法比较下的我国收容教养制度完善》,载《法治研究》2018 年第 1 期。

207. 周颖:《专门教育定义的思考——以中美比较为视角》,载《青少年犯罪问题》2021 年第 3 期。

208. 周颖:《再定义:专门教育的改革之路——以上海为例》,载《预防青少年犯罪研究》2021 年第 2 期。

209. 赵勇:《英国青少年司法体系的改革及启示》,载《中国青年政治学院学报》2003 年第 5 期。

210. 张祎:《校园霸凌的现状、原因及防止路径》,载《广西青年干部学院学报》2017 年第 5 期。

211. 张远煌:《从未成年人犯罪的特点看现行刑罚制度的缺陷》,载《法学论坛》2018 年第 1 期。

212. 曾一果:《新媒体与青年亚文化的转向》,载《浙江传媒学院学报》2016 年第 4 期。

213. 朱焱龙:《校园霸凌的社会生态和协同治理》,载《中国青年研究》2018 年第 12 期。

214. 曾颖祯:《基于被害人保护的校园欺凌治理——来自日本经验的借鉴和启示》,载《湖南警察学院学报》2021 年第 1 期。

215. 张续明:《整治电信犯罪到底难在哪》,载《人民论坛》2017 年第 29 期。

216. 张成虎、赵小虎:《基于链接分析的洗钱交易识别研究》,载《上海金融》2009 年第 8 期。

217. 李峰:《游离于必然与偶然之间的青少年弑亲事件:失范的视角》,载《青少年犯罪问题》2011 年第 4 期。

218. Bender D. ,F. Lösel, *Bullying at School as A Predictor of Delinquency*,

Violence and Other Anti-social Behavior in Adulthood, Criminal Behavior and Mental Health, 2011, 21(2).

219. Cooper A., *Sexuality and the Internet: Surfing into the New Millennium*, CyberPsychology & Behavior, 1998, 1(2).

220. Dakhlaoui O. et al., *Parricide: Clinical and Analytic Study of* 16 *Cases*, *La Tunisie Medicale*, 2009, 81(12).

221. Gove W., *The Family and Delinquency*, The Sociological Quarterly, 1982 (23).

222. Heide K. M., *Parents Who Get Killed and the Children Who Kill Them*, Journal of Interpersonal Violence, 1993, 8(4).

223. Karen Olivier, *The Effect of Violent Internet Games on Children and Juveniles*, Crime Research in South Africa, 2000, 1.

224. Marc Hillbrand et al., *Parricides: Characteristics of Offenders and Victims, Legal Factors and Treatment Issues*, Aggression and Violent Behavior, 1999, 4(2).

225. Marleau J. D., Auclair N., Millaud F., *Comparison of Factors Associated with Parricide in Adults and Adolescents*, Journal of Family Violence, 2006, 21(5).

226. Miró-Llinares F., Moneva A., *Environmental Criminology and Cybercrime: Shifting Focus from the Wine to the Bottles*, The Palgrave Handbook of International Cybercrime and CyberdeviancE, 2020, 24.

227. Ogunwale A., Abayomi O., *Matricide and schizophrenia in the* 21*st Century: A Review and Illustrative Cases*, African Journal of Psychiatry, 2012, 15 (1).

228. Patterson Nicholas C., Michael Hobbs., *A Multidiscipline Approach to Governing Virtual Property Theft in Virtual Worlds*. What Kind of Information Society? Governance, Virtuality, Surveillance, Sustainability, Resilience-9th IFIP TC 9 International Conference, HCC9 2010 and 1st IFIP TC 11 International

Conference, CIP 2010, Held as Part of WCC 2010, Brisbane, Australia, September 20 – 23, 2010. Proceedings. Springer Berlin Heidelberg, 2010.

229. Ratchin J. W., Hinduja S., *Byllies Move Beyond the Schoolyard: A Preliminary Look at Cyberbullying*, Youth Violence and Juvenile Justice, 2006, 2.

230. Robert Agnew, *Foundation for a General Strain Theory of Crime and Delinquency*, Criminology, 1992, 30(1).

231. Robert L. Burgess, Ronald L. Akers, *A Differential Association-Reinforcement Theory of Criminal Behavior*, Social Problems, 1996, 14(2).

232. Rowe J., *Escaping a life of abuse: Children Who Kill Their Batterers and the Proper Role of A Battered Child Syndrome: in Their Defense*, Criminal Law Brief, 2006, 2(1).

233. Thompson S. A., Thompson B., *Youthful parricide: Child Abuse is Not the Primary Motivator*, *Journal of Criminological Research*, Policy and Practice, 2019, 5(4).

234. Yalcin Buyuk et al., *Medico-Legal Evaluation of Adolescent Parricide Offenders: Thirty Nine Cases from Turkey*, Journal of Family Violence, 2011, 26(1).

三、学位论文

1. 龚玲:《未成年人犯罪与人格特质、家庭教养方式以及同伴关系的相关研究》,湖南师范大学 2010 年硕士学位论文。

2. 唐博:《网络虚拟财产犯罪研究》,重庆大学 2012 年硕士学位论文。

3. 王晶:《论盗窃网络虚拟财产犯罪的预防》,吉林大学 2010 年硕士学位论文。

4. 张晓炜:《盗窃网络虚拟财产犯罪的犯罪学思考》,湘潭大学法学院 2010 年硕士学位论文。

四、报纸

1. 沈寅飞:《徐玉玉案调查》,载《检察日报》2016 年 10 月 12 日,第 5 版。

2. 宋英辉、苑宁宁、尹泠然:《少年司法与法律体系建构需进一步改进》,载

《检察日报》2016 年 6 月 30 日，第 3 版。

3. 宋英辉、苑宁宁：《尊重未成年人司法规律 推进综合审判机构建设》，载《人民法院报》2016 年 2 月 3 日，第 5 版。

4. 薛博文：《网络诈骗犯罪趋势与预防》，载《检察日报》2020 年 6 月 23 日，第 3 版。

5. 远桂宝：《电信网络诈骗犯罪的三个特征》，载《检察日报》2019 年 10 月 20 日，第 3 版。

6. 张鸿巍：《应综合考量未成年人犯罪治标与治本》，载《检察日报》2016 年 7 月 4 日，第 3 版。

7. 朱宁宁：《收容教养退出历史舞台》，载《法治日报》2021 年 1 月 5 日，第 5 版。

8. 宋英辉、苑宁宁：《尊重未成年人司法规律建立分级干预体系》，载《检察日报》2019 年 2 月 11 日，第 3 版。

9. 张自然：《面对校园暴力，美法两国零容忍》，载《中国教师报》2015 年 9 月 30 日，第 3 版。

后　记

青少年犯罪是当今世界各国面临的共同社会问题。研究青少年犯罪的发生原因、发展规律，提出预防和治理青少年犯罪的科学且合理可行的对策举措，一直是各国犯罪学研究的中心性课题之一。当前，青少年犯罪研究在整个世界的犯罪学研究中长期居于重要地位。对此问题，美国著名的犯罪学家马汶・沃尔夫冈（Marvin E. Wolfgang）曾指出，美国犯罪学研究力量的90%在研究青少年犯罪。我国著名的青少年犯罪与少年司法研究者姚建龙教授也作出了"犯罪学研究最核心、最主体的部分是研究青少年犯罪"的学术论断。由此可见，研究青少年违法犯罪的犯罪规律与治理对策问题具有极为重要的理论意义与实践价值。

2008年8月，我从西北政法大学硕士毕业后到天津社会科学院法学研究所工作。按照当时法学所犯罪学学科（本所科研人员开展学术研究的唯一学科方向）的发展规划，我结合自身刑法学学科研究背景，选择青少年犯罪问题和犯罪学基础理论作为重点研究方向。2012年1月，我曾以《城市青少年犯罪防控比较研究——基于英美国家的理论和实践》为题，成功申报一项天津社会科学院2012年度重点课题(项目编号:12YZD—09)。此后的三年半时间,我一边在吉林大学法学院攻读刑法学博士学位(我于2014年6月提前一年答辩,获得法学博士学位),一边从事这项理论与实践兼具的学术研究。2015年6月,该项课题顺利结项并获得“优秀”等级,同时还成为天津社会科学院学术著作出版基金2015年度资助项目。同年8月,我在天津社会科学院出版社出版了同一题名的犯罪学专著,这也是我的第一部学术专著。我在本书中指出,当前国内犯罪学研究的重点应当是英美国家的犯罪学理论和实践与我国的比较与借鉴,特别是城市青少年犯罪防控的比较研究。随后,我提出应在比较研究的基础上,引入英美国家防控青少年犯罪的理论和相对成熟的实践经验,并进一步去学习和借鉴,以指导我国城市青少年犯罪预防的社会实践。应当指出,本项研究成果是我从事这一犯罪学研究领域以来的一次努力与尝试。我在该书的后记中曾经写到:“这部专著是七年多来我在从事犯罪学学习与研究过程中正式提交的一份作业,她标志着我的刑事法学研究方向和学术旨趣已发展到犯罪学领域。”

2016年9月,天津大学正式复建法学院(北洋法学)后一年有余,我受天津大学法学院复建后的首任院长、国内著名的环境法学者孙佑海教授的诚挚邀请,从天津社会科学院正式申请调动至天津大学法学院工作,主要从事刑法学、犯罪学的教学科研工作。其间,我除了给法学院2017~2020级本科生开设《犯罪学》选修课、给2016~2021级刑法学硕士研究生开设《犯罪学专题》必修课并培养犯罪学方向硕士研究生外,我的犯罪学研究(主要还是聚焦在青少年犯罪与少年司法研究领域)始终未曾中断——仍然在持续开展中。主要表现在以下几个方面:(1)以中国留守儿童权益保护问题为突破口,我作为项目主持人成功申报一项中国法学会重点委托课题。2016年11月,中国法学会下发《课题立项通知书》,将2016年度中国法学会部级法学研究重点委托课题《留守儿童权益保护情况实证调查研究》[项目编号:CLS(2016)ZDWT13-2]委托给天津大学法学院进行研究,由天津大学法学院刑事法律研究中心首任主任黄太云教授和我共同主持(我作为校内负责人)完成,本项课题主要采取实证调研方法,采用入户访谈、热点案件分析、调查问卷等多种实证研究方法,从留守儿童相关权益保护现状、存在问题及原因分析、相关对策建议三个方面分别对我国留守儿童监护权保护问题、教育权保护问题以及健康成长权中的核心内容——"留守儿童犯罪预防与被害防治问题"进行深入调研。课题组对两次走访调研汇总的共130份访谈问卷(儿童访谈卷72份,监护人访谈卷58份)进行了数据统计。与此同时,课题组成员还对先前搜集的150余份留守儿童权益保护典型案例进行了整理汇编和案例分析,形成了《留守儿童权益保护情况典型案例汇编》。同时,课题组成员还整理了关于留守儿童大数据方面的《留守儿童问题舆情大数据分析》和《留守儿童问题裁判文书大数据分析》,在此基础上,最终形成了关于留守儿童权益保护情况的长达8万余字的调研报告。该研究报告在充分分析数据、深入研究论证以及在全方位、多角度考量的基础上,提出了落实和保护留守儿童权益的相关对策,以期能够为国家有关部门开展留守儿童权益保护工作提供决策建议,从而促进我国留守儿童问题的改善和根本解决。2018年4月,该课题经鉴定顺利结项并获得"优秀"等级。(2)以青少年犯罪研究为突破口,我作为项目主持人成功申报一项司法部国家法治与法学理论研究部级一般项目。2019年12月,我申报的2019年度司法部国家法治与法学理论研究部级一般课题《中美城市青少年犯罪的时空分布与防范对策比较研究》(项目编号:19SFB2023)获批立项。本项课题首先就中美城市青少年犯罪时空分布理论与犯罪防控理论述评,在此基础上,分别就中美城市青少年暴力犯罪、性犯罪、财产犯罪、网络犯罪、毒品犯罪以及女性青少年犯罪的时空分布与防范对策进行比较,重点探讨美国城市青少年犯罪具体犯罪主体(犯罪类型)的时空分布规律、防范对策以及对我国的启示和借鉴。目前,该课题进展顺利且已完成,正在准备后续相关结项材料。(3)以上述两个课题为依托,我相继独立(或者指导研究生合作)在国内法学、犯罪学专业期刊发表了一系列研究成果(论文或者研究报告)。除专门就留守儿童的犯罪防治与被害预防、留守儿童受教育权保护、留守女童性被害原因及预防对策、"两童"群体的社会治理、刑事政策与法律保护以及中美城市青少年毒品犯罪和财产犯罪的时空分布与防范对策进行相关课题研究外，还重点针对校园霸凌行为、青少年弑亲行为、青少年网络虚拟财产犯罪、青少年网络信用卡诈骗犯罪以及罪错未成年人处遇决定机制、未成年人违法犯罪行为干预体系、未成年人严重不良行为专门教育等进行专题研究。以此作为上述两个课题研究的副产品，初步形成了本著作的大致轮廓（雏形）。最后，需要说明的是，本著作还是我主持的2019年度司法部国家法治与法学理论研究一般项目“中美城市青少年犯罪的时空分布与防范对策比较研究”（项目编号：19SFB2023）的阶段性研究成果。

项目组成员按照完成本著作章节的先后次序，具体分工如下：

于阳（天津大学法学院副教授、博士生导师、法学博士、天津大学刑事法律研究中心研究员）合作撰写绪论、第一章、第二章、第四章、第五章、第六章、第七章、第八章、第九章，指导第三章撰写。

周丽宁（天津大学法学院刑法学专业博士研究生、天津大学刑事法律研究中心助理研究员）合作撰写绪论、第二章、第七章，本著作第二著者。

史晓前（天津市公安局红桥分局民警、天津大学法学院法律硕士）合作撰写第一章。

徐翠红（天津市河西区人民检察院检察官助理、天津大学法学院法学硕士）独立撰写第三章，合作撰写第八章。

黄烨（天津大学法学院法学硕士）合作撰写第四章。

王常阳、孙艺桐、康瑀格、谢敏杰、许佳琪（天津大学法学院2017级、2018级本科生）合作撰写第五章。

孙传浩（天津四方君汇律师事务所实习律师、天津大学法学院法律硕士）合作撰写第六章、第九章。

本著作的顺利出版同时受2018年度第六批天津市宣传文化“五个一批”人才培养工程、天津大学法学院资助。需要特别提及的是，天津大学法学院不仅将本著作纳入“天大法学文库”，而且慷慨给予资助。在此，我要对天津大学法学院各位领导、院学术委员会各位委员以及法学院各位同人们表示深深的谢意。

本课题部分阶段性成果(论文)曾相继发表在《中国人民公安大学学报(社会科学版)》、华东政法大学主办的《青少年犯罪问题》、中国预防青少年犯罪研究会主办的《预防青少年犯罪研究》、广东警官学院主办的《政法学刊》、吉林行政学院主办的《行政与法》等国内知名的公安学、犯罪学、法学专业期刊以及由中国检察出版社出版的《现代社会与犯罪治理:网络犯罪专题研讨——中国犯罪学学会第二十九届学术研讨会论文集(2020年)》《现代社会与犯罪治理:经济犯罪专题研讨——中国犯罪学学会第三十届学术研讨会论文集(2021年)》上。其中,《中国人民公安大学学报(社会科学版)》"犯罪研究"栏目编辑胡隽副教授、《青少年犯罪问题》编辑部主任陈波副教授、《预防青少年犯罪研究》编辑刘宇轩副研究员等对于论文的发表、稿件编排以及质量把关等付出了辛勤的劳动。我在此对上述各家期刊、中国犯罪学学会年会论文集编委会以及各位编辑同人,表示深深的感谢与敬意!

衷心感谢法律出版社的编辑似玉女士。似玉编辑对待工作认真负责、一丝不苟,她的辛勤劳作为本书的顺利出版做出了不可或缺的积极贡献。

衷心感谢南京大学法学院教授、博士生导师,南京大学犯罪预防与控制研究所副所长单勇为本书题写序言。单勇教授是国内犯罪学、数据法学等研究领域的知名青年学者,近年来他在犯罪制图、犯罪技术治理、犯罪数据治理等研究方向,先后在《中国法学》《法学研究》等国内权威期刊发表了一系列重量级研究成果。此外,他还在法律出版社出版犯罪学专著两部,先后主持十余项国家级、省部级科研项目。我们同为吉林大学刑法学博士且研究旨趣多有重合之处,单勇师兄一直是我努力学习和追赶的榜样。师兄乐意为本书提笔写序,令我十分感动,在此深表谢意。

最后,不得不提的是我指导的天津大学法学院研究生群体。在著作的撰写和统稿过程中,我指导的研究生徐翠红、孙传浩、周丽宁、胡林林、周玲玲、黄烨、吕金泽等同学对书稿的部分内容以及格式体例进行了认真的校对,特别是我指导的刑法学博士研究生周丽宁对书稿大部分章节文字、注释和参考文献内容及格式体例等进行了认真修订，并对全部书稿进行了细致的排版。她们能够参与书稿具体的修订和校对工作，协助我对书稿进行统稿，客观上降低了我的工作强度，确保了书稿的质量、格式编排准确以及确保了按期交稿。衷心感谢各位弟子的付出！

于　阳

2021 年 12 月 26 日于天津大学卫津路校区法学院